未来へ手渡す
HOUSING POLICY

大阪　住宅・まちづくり政策史

北山啓三

大阪公立大学共同出版会

未来へ手渡す
HOUSING POLICY
大阪　住宅・まちづくり政策史

目次

006　はじめに

第1章　戦前の住宅政策

010　1.　大阪のまちの原点——近世の大坂

014　2.　明治時代の近代化の動き
・近代の幕明け
・市街地の変化

019　3.　大正時代から昭和へ
・「軒切り」による市街地の変化
・都市計画法・市街地建築物法の制定の動き
・都市計画法、市街地建築物法の内容

033　4.　關一市長の理念と政策
Ⅰ　救済研究会「都市社会政策」講演での住宅政策
Ⅱ　『住宅問題と都市計画』
・住宅問題の位置付けについて
・住宅難の原因について
・住居費負担率について
・住宅難の別の原因——住居の意義に対する意識について
・密集住居（スラム）について
・住宅監督制度及び住居法について
・住居の集中と分散について
・建築法規について
・都市計画について
・交通機関の発達について
・都市の宅地政策について
・建築費や家賃に対する補助政策について
・住宅供給主体について
・關市長の著作にふれて

054　5.　關一論文以降の住宅政策・まちづくり政策の展開
・都市計画法・市街地建築物法の適用区域の設定
・市域拡張
・高速鉄道の整備
・土地区画整理事業
・戦前の住宅施策

第2章 戦後復興期の住宅政策 （戦後～昭和40年代）	070	1. 国の住宅政策の確立と市営住宅等の建設 ・戦災直後の住宅対策 ・公営住宅法の制定 ・公共住宅建設への政策転換 ・古市中団地の建設——大規模開発モデル団地 ・分譲住宅の建設 ・住宅金融公庫の設立 ・大阪市住宅協会の設立（その後住宅供給公社に） ・日本住宅公団の設立 ・耐火助成事業 ・市営住宅建替事業のスタート ・住宅統計調査（昭和33年）と不良住宅地区調査 ・住宅地区改良法の制定と住宅地区改良事業の実施 ・中小企業従事者住宅 ・市営住宅事業組織の整備
	085	2. まちづくり政策としての住宅行政の必要性
第3章 人口回復に向けた 住宅・まちづくり政策 （昭和50年代～）	088	1.「大阪市住宅審議会」と企画室の設置
	089	2. 新たなまちづくり政策の展開 －毛馬・大東地区住環境整備事業－
	091	3. 人口動態調査と都市政策としての住宅政策
	094	4. 新たな人口調査（ハウジングチェーン調査）
	095	5.「本格的な人口移動メカニズムの解明」
	100	6.「淀川リバーサイド地区」など大規模な住宅地再開発の推進
	103	7. 中間所得者層対策 ・中間所得者層に対する賃貸住宅政策 ・中間所得者層に対する持家政策
	105	8. 新婚世帯政策（家賃補助政策を含む） ・新婚世帯政策の背景 ・市営住宅の別枠募集とローン助成 ・バブルの中での「新婚世帯向け家賃補助制度」の創設 ・過去にあった「住宅食管制度」の議論 ・新婚世帯に限定した家賃補助政策
	111	9. 都心居住政策
	113	10. 都市防災不燃化促進事業
	114	11.「中高層共同住宅の2戸1化設計指導」

第4章 「大阪市HOPE計画」と都市居住の活性化をめざす住宅・まちづくり政策（昭和60年代〜）

118　1.「大阪市HOPE計画」
　　　・「大阪市HOPE計画」創設の背景
123　2. 桜之宮中野地区での都市型集合住宅開発設計競技(コンペ)
　　　・開発方式
　　　・経理局とコンペのためのプロジェクト・チームの形成
　　　・設計競技の概要
128　3.「ハウジングデザイン賞」の創設
130　4.『大阪都市住宅史』
132　5. 特定優良賃貸住宅（借り上げ住宅）
135　6. 老朽鉄筋市営住宅の建替事業に着手
138　7. 酉島地区整備事業
139　8. 民間老朽住宅の建替支援事業
142　9. 生野区南部地区整備事業
　　　・経過と密集市街地整備の現状
　　　・整備手法の検討
　　　・種地確保の問題
　　　・まちづくり協議会
　　　・「まちづくり基本構想」
　　　・地上げ問題の発生と対応
　　　・住宅地区改良事業に対する反対運動
　　　・事業種地での受皿住宅の建設
　　　・狭隘道路の拡幅整備
　　　・地域の人々との連携による住宅やまちかど広場の設計・建設
152　10.「住まい情報センター」と
　　　　「住まいのミュージアム（大阪くらしの今昔館）」
　　　・「住まい情報センター」構想のスタート
　　　・事業スキームの検討
　　　・住宅関連外郭団体の統合
　　　・設置場所の検討
　　　・「住まい情報センター」の全体設計
　　　・「住まいのミュージアム」の展示設計
　　　・「住まい情報センター」と「住まいのミュージアム」の発足後の利用実績
160　11.「HOPEゾーン事業」
　　　・「HOPEゾーン事業」のスタート
　　　・平野郷地区HOPEゾーン事業
　　　・住吉大社周辺地区HOPEゾーン事業
　　　・空堀地区HOPEゾーン事業
　　　・マイルドHOPEゾーン事業——上町台地地区

- ・「都市居住魅力戦略推進会議」の設置とHOPEゾーン事業の新たな展開
- ・船場地区HOPEゾーン事業
- ・天満地区HOPEゾーン事業
- ・田邊地区HOPEゾーン事業
- ・HOPEゾーン事業の今後の展開に向けて

177　12. 大阪市マンション管理支援機構
179　13. 耐震改修助成と大阪市耐震改修支援機構
182　14. 大阪市営住宅ストック総合活用計画
184　15. 法善寺横丁の再生
188　16. 建ぺい率の緩和と防火規定及び中間検査の強化
191　17. 「CASBEE大阪」の創設
193　18. 建築計画事前公開制度

第5章　住宅・まちづくり政策の今後の展開方向

196　1. 市政改革期の新たな政策展開
- ・市民住宅構想——市営住宅から市民住宅へ
- ・住まい公社構想——住宅供給公社から住まい公社へ
- ・ファシリティーマネジメント（FM）の創設

209　2. 密集市街地整備の戦略的推進
- ・「密集住宅市街地整備推進戦略策定委員会」の提言
- ・都市計画道路整備と住宅政策の一層の連携
- ・避難路沿道等の不燃化の強化
- ・「自由空地」拡大システムの検討
- ・伝統的市街地での集団規定の緩和

214　3. 都市居住魅力の戦略的推進
- ・「HOPEゾーン事業」の全市的展開
- ・「住まい情報センター」と「住まいのミュージアム」を核に多様なネットワークの形成と多角的事業展開
- ・「生きた建築ミュージアム事業」の推進

217　4. 政策立案のための基礎資料の調査・分析
219　5. 共同テーブル方式・パートナーシップ方式での事業展開

221　引用・参考文献一覧
224　写真・図表等出典一覧
228　おわりに

　　　大阪　住宅・まちづくりマップ

はじめに

　大阪は、難波の宮に遡る古い歴史を有するまちであり、中世には大坂本願寺の寺内町が形成され、近世には大坂城を中心に八百八橋と言われる美しい水の都・天下の台所として栄えてきた。近代になっても東洋のマンチェスターと呼ばれ、商工業の中心地として、またその後は西日本の中枢都市として大きく発展してきた。

　住宅やまちづくりについても、近世には優れた町家・長屋が立ち並び、かつモジュールが統一されていた。借家が多く、しかも戸締りの建具以外、畳や室内の建具は借主が用意するいわゆる「裸貸し」であり、中古建具も流通していた。また町並みのコントロールや橋等の維持管理も町人自治で行われるなど今日から見ても極めて先進的であった。

　近代においても大阪市は、経済発展に伴う人口の集中の中で生じた都市問題を解決するため、關一市長のように欧米の知識をいち早く取り入れ、国に先駆けて政策提案を行い、都市計画法や市街地建築物法の制定、土地区画整理、不良住宅地区の改善などにつなげていったという優れた先進的なアイデンティティーを有している。

　戦災で大半の市街地が焼失した後の復興期においても、厳しい財政事情の中で、先人たちの大変な努力により、多くの公共住宅が建設され、市民生活の安定に大きく寄与してきた。今日、大阪市の公共住宅ストックは全国的にも最上位にある。

　また近年には、人口回復のための政策や大規模な住宅地再開発、都心居住促進のための住宅容積ボーナス制度、密集住宅市街地整備、住まい情報センターや住まいのミュージアム、歴史を生かしたHOPEゾーン事業、マンション管理支援機構など多様な住宅・まちづくり政策を展開してきている。

住まいや住環境は生活の基本である。優れた住まいや住環境を有し、かつ歴史的・文化的にも魅力ある地域が、今後ますます多くの人々が住み、働き、訪れる場となり持続的・安定的に発展することになると思う。この事は大都市でも変わらない。その意味で「住宅・まちづくり政策」の重要性は今後も変わることがないであろう。

　筆者は建築分野の出身で、長年、大阪市において住宅・まちづくり行政に携わってきたが、その大半が企画・政策部門であり、その意味で特異なケースである。そのため、大都市大阪において、その時々の課題に住宅・まちづくり行政としてどのように議論し対処してきたのか「住宅・まちづくり政策」の歴史を通史的にまとめるべき責任があると退職以来ずっと考えてきた。今回多くの人たちの協力を得てやっとまとめることが出来た。

　タイトルも多くの方々からアドバイスを頂き、「未来へ手渡すHOUSING POLICY　大阪 住宅・まちづくり政策史」とした。

　今後の未来を拓く若い人達や住まい・まちづくりに係る専門家の方々、多くの市民の方々に読んで頂ければ筆者として望外の幸せである。

2016年夏　　　北山啓三

第1章

戦前の住宅政策

1．大阪のまちの原点――近世の大坂

　大阪は、7世紀半ばの難波宮にさかのぼる我が国最古の都市であり、中世には大坂本願寺の寺内町として栄え、近世には天下の台所として我が国経済の中心地として大きな役割を担ってきた。江戸時代、天保年間（1830〜1844）の大坂の町家や町並みについては、平成13年（2001）に多くの専門家の方々の協力を得て開設した大阪市立住まいのミュージアム（大阪くらしの今昔館）でその実物復元を見ることが出来る。

　町家の造りは、近世最大の商業都市にふさわしく立派で美しく、華やかである。江戸に比して本瓦葺[*1]が多い屋根、漆喰を塗り込めた「虫籠窓」[*2]や袖壁[*3]、引き戸や格子に見られる細やかで洗練されたデザイン、多様な店が軒を連ねた賑わいのある町並みなど、当時経済力に富んでいた大坂の町の様子がしのばれる。また、表通りの町家の裏側には裏長屋が路地に沿って建てられ、庶民生活の場であったが、1室か2室の押入れのない簡素な間取りで、路地の奥には共同の井戸や便所が設けられていた。便所についても、瓦葺であるなど江戸に比して造りがしっかりしていた。

　こうした町家が建設されたのは、それを支える優れた大工集団が存在したからである。江戸時代に大坂三町人といわれ特別の待遇を得ていた豪商は、大工、材木商、瓦師といずれも都市や住宅建設に関係がある町人であった。こうした大工集団は、大坂の陣後の復興を担うだけでなく京や江戸での建設にも活躍しており、大規模な工事に大坂の建設技術と流通機構が欠かせなかったことを示している。

江戸時代（天保年間）の大坂の町並み（大阪市立住まいのミュージアム）

とりわけ大坂では合理的な建築技術・生産システムが早くから発達し、建築部材の切組みを工房で行い、それを建築現場に運んで組み立てる一種のプレハブ工法が完成しており、近世最大の商業都市・情報都市の利点を生かして広範な地域の建設活動に参画していた。また、京・大坂をはじめとする上方の大工は、京都を本拠とする中井役所の支配下にあったが、大坂の大工年寄には摂津・河内両国の寺社作事の願書を改め裏書する任務が与えられているなど特別な位置づけが見られる。ちなみにこうした寺社や町家の建設に携わる職人（大工・大鋸・木挽）は作事方と呼ばれ、このうち大工は18世紀半ばの大坂では2,000人を超えていた。

　また、町家の建設にあたって、各部屋の大きさを決めるのに柱割[*4]でなく畳割[*4]で行われており、その寸法も統一されていたため、建具や畳に互換性があり商品として中古品の再利用も含め流通がなされていた。こうしたことを背景に、戸締りの建具以外、畳や室内の建具は借家の場合、借主が用意するいわゆる「裸貸し」という独特の借家システムとなっていた。このような高度なシステムが整備されていたことは、今日から見ても驚くべきことである。

　一方、住宅の所有関係を見ると、元禄2年（1689）における大坂の借家率は84％と高く、その多くが長屋建であった。表通りの持家は建物構造上独立した町家であったが、商人等の借家も表通りにありそれらの多くは長屋建であった。所得の低い階層の住む裏長屋の借家と合わせて長屋建の借家の多いことが大坂の特色であった。

　人口比で見ても、同年で、家持が15％、借家人が61％、住み込みが24％となっていた。ちなみに借家人は町政への参加が認められなかったが、こうしたことにこだわらない気風もあり、大坂では借家住まいが広く一般的となっていた。借家長屋から商売を始め、繁盛して持家町家に移る、また、その逆にといったように浮き沈みの激しい商売の町らしく経済状況に応じて住み替えすることが容易になっていた。

　借家経営については、有力町人も安定した利殖先として参画しており、またこれだけ多くの借家が存在したことを考えると、この当時の借家経営システムが比較的安定的に機能していたと見ることが出来る。

　また、近世の大坂は町割がきちんとなされ、例えば船場では、東西の町通りと南北の筋とによって、40間四方のブロックが形作られ、中央に東西に背割り下水が通っている構造であった。1つの町は、道路をはさんだ両側の町並みによって構成され、地縁的な住民組織によるコミュニティーを形成していた。その運営には、家持のみが参加し、独自の法である「町式目」[*5]や「勘定仕法」[*6]が定められていた。火の見櫓のある町会所では、定期的に町の管理に関する寄り合いがもたれ、町の清掃、屎尿処理、消防、道や橋の維持管理をはじめ、触れの伝達などがなされ、まさに町人による高度な自治が行われていた。

　町家の普請についても、正保4年（1647）に3階建ての町家の禁止など

松屋呉服店「浪花百景」
（大坂城天守閣蔵）

順慶町の夜店「雲煙過眼」
（大阪歴史博物館蔵）

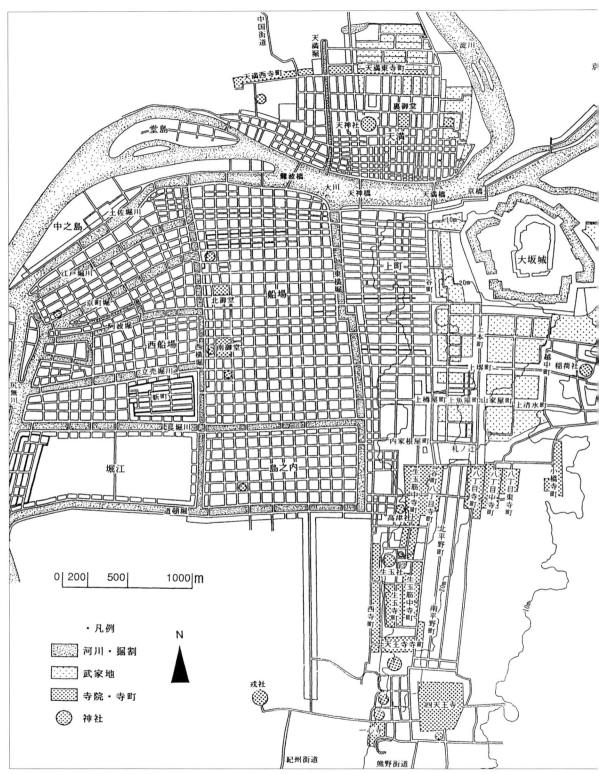

明暦期の大坂城下町復元図（『大阪都市住宅史』）

「公儀の禁令」が出されていたが、「町式目」においても、この禁令の遵守に加えて、町ごとに、通りに面する建物の表構えや蔵の位置、敷地の高さ、軒下や軒先の利用、近隣との調整などの事項が定められ、良好な町並みを確保するための規制が町としてなされていた。

　この当時の大坂の市街地は、船場、西船場、島之内、上町、天満が範囲であり、「北」「南」「天満」に分かれて「大坂三郷」と呼ばれていた。今日から見れば比較的狭い地域であるが、その後、しだいに周辺も開発され、三郷と一体となった市街地が広がっていった。天保初年（1830）の大坂の人口は約36万人であった。このように近世の大坂は、三郷を中心に良質な町家や長屋を有しており、まちの管理運営も町人が行っていたという自治システムも含めて、比較的良好なストックとして近代・明治に引き継がれたといえる。その中で営まれ培われてきた生活文化も含め、まさに大阪のまちの原点、アイデンティティーである。

船渡御風景「浪花天満祭」五雲亭貞秀（大阪府立中之島図書館蔵）

* 1 **本瓦葺**　平瓦と丸瓦を交互に並べて葺いた屋根で、古くから用いられていた。一方江戸では、桟瓦葺とこけら葺が混在していた。桟瓦は波形断面の瓦で本瓦より重量は約半分、簡略瓦ともよばれる。
* 2 **虫籠窓**　喰で塗り込めた窓。泥棒除けや火の用心のため。虫籠に似た形状をしているため虫籠窓とよばれる。
* 3 **袖壁**　2階正面の両端に設けられた延焼を防ぐための漆喰塗の壁。意匠的な工夫が凝らされていた。
* 4 **柱割と畳割**　建築の各部屋の大きさを決めるのに柱の真々距離、すなわち一間を基準長とした柱間の間隔を用いるのが柱割。一方、畳を基準に各部屋の大きさを決定するのが畳割。柱割では畳の寸法は、部屋ごとに異なる。畳割では畳寸法は一定。
* 5 **町式目**　町ごとの決まりごとを定めた法令。箇条書きで記されている。
* 6 **勘定仕法**　町の管理運営に必要な経費の負担方法を規定したもの。

2．明治時代の近代化の動き

近代の幕開け

　明治維新により大阪は急激な変動を受けることとなった。一時は大阪に遷都する議論もあったが実現せず、首都は江戸・東京になった。大阪は、銀目の廃止、御用金や蔵屋敷の廃止等により大きな打撃を受け、大名貸しをしていた両替商は、苦境に立たされた。

　明治2年（1869）6月には大坂三郷が廃止され、東・西・南・北の4つの大組に改組された。また、明治4年7月には廃藩置県が行われ、7年には江之子島に大阪府庁が建設された。

　木津川をはさんで江之子島の対岸の川口には、幕末の慶応4年（1868）の大阪開港に伴い外国人居住のための居留地が設けられ、洋館が建てられた。西洋式の生活に必要な洋服店や洗濯屋、理髪店、肉・パン・牛乳の店なども開業し、教会や宗教活動の一環としての女学校も建設された。川口居留地は、大阪における西洋文化の窓口であり文明開化そのものであった。

　また、明治5年8月には「学制」が定められ、大学、中学校、小学校の設置が全国的に進められることとなった。また、13年には、大阪商業講習所（のち大阪商科大学を経て大阪市立大学）が設立された。

　明治7年には大阪・神戸間の、9年には大阪・京都間の鉄道が開通し、曽根崎に大阪駅が出来、「梅田ステンショ」とよばれた。また、11年には大阪株式取引所が設立されている。

　一方、大阪城は、軍事拠点として構想され、兵学寮が置かれるとともに、陸軍の武器工場である造兵司（後の大阪砲兵工廠）がつくられた。また、明治4年には大川沿いに造幣局が完成している。

　こうした動きは、その後の大阪の近代工業化の契機となった。明治12年に渋谷紡績が、16年に大阪紡績ができ、20年代になると市街地周辺に紡績工場が次々に建設され、日清戦争（明治27年）頃には大阪は紡績産業の中心地となり「東洋のマンチェスター」と呼ばれた。また、14年には大阪鉄工所が出来、造船が盛んとなり、17年の大阪商船会社の創設によりさらに発展した。

　明治21年になって市制町村制が公布され、22年4月に実施され大阪市が成立した。当初は特例で府知事が職務をしており、30年4月の第一次市域拡張（市街地接続部分を編入）を経て、31年10月に市長・助役が選ばれ大阪市役所が設置された。

　その後、明治36年3月に第5回内国勧業博覧会が開かれ、初めての海外からの参加で18か国が出品し、入場者は530万人に上った。

　また29年から洪水対策として、新淀川に付替える大規模な淀川改修工事が始まるとともに、36年7月には築港大桟橋が完成し築港の整備がなされた。ま

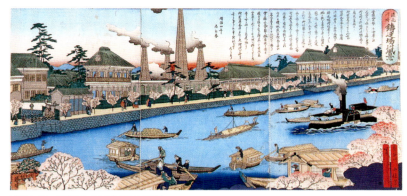
明治初期の造幣局(大阪城天守閣蔵)

川口居留地模型(大阪市立住まいのミュージアム)

た、コレラの流行や大火への対策を兼ねて上水道網の整備が進められ、明治28年には市内戸数の4分の1に供給し、その後大正3年には給水能力は150万人に飛躍した。さらに下水についても、旧大坂三郷の背割り下水の改修が32年に完成するとともに、44年から新たな区域での整備が始まった。また、36年9月には市営事業として市電事業が創始された。

このように見ると、明治維新により経済的な打撃を受けた大阪は、近代工業や西洋文化の導入、教育の振興、都市基盤の整備、博覧会の開催などの多くの分野において各種の施策・事業を展開し、大阪の経済復興に多大な力を投入してきたことがわかる。

市街地の変化

大阪の近代化に合わせて、市街地も大きく変化していった。旧大坂三郷の地域でも少しずつ洋風化の影響が見られるようになってきた。官公署の洋風建築や工夫を凝らしたデザインの小学校、鉄橋の出現、洋風の銀行や商店の増加などにより市街地の雰囲気が変わっていった。

住宅についても、正保4年(1647)に3階建ての町家を禁止する公儀の禁令が出されていたのが、幕末の慶応3年(1867)には大坂など人家が稠密

な都市部では3階建て町家が許された。また、明治5（1872）年1月の大阪府令により「住居之狭小、不便より心得違も致す儀に付、向後二階、三階、四階等取建勝手たるべく候」と町家にも二階建て以上のものが改めて許され、中二階の軒が高くなる本二階建ての町家が現れたが、その数はきわめて少なかった。経済力が成長する明治後期になって、本二階建ての町家が増加していった。また、商家の表構えを見ると、軒先のガス灯や横文字の看板、ガラス戸、洋式の椅子など洋風化の動きが見られるようになってきた。

このように旧三郷地域では近代化にともない町並みの変化が見られる一方、産業・工業の発展により人口が急増し急速に無秩序な市街地が広がっていった。明治元年の旧三郷の人口は28万余人であったが、大阪市制が成立した明治22年には47万人、第一次市域拡張をした30年が76万人、その後、38年107万人、大正元年（1912）133万人と増加していった。

こうした人々を受け入れるため、住み込みはもちろん、安普請の住宅が道路や排水、便所などの設備が不十分なまま建てられていった。例えば、周辺に立地した工場等の周りでは、工場で働く職工のための寄宿舎や下宿、低質な長屋などが虫食い状に拡がっていった。明治の初めからもみられた木賃宿を中心に低質な住宅が集積していた地域に加えて、近代化に伴い無秩序な開発が進められたエリヤの多くがのちに対策を必要とする不良住宅地区につながっていった。

近世には、すでに見たように、建築に当たって、「公儀の禁令」や自治組織である町の「町式目」によりコントロールがなされていたが、明治維新によりそれらのシステムはなくなった。こうした分野で新しい行政組織やその機能が整備されない段階で、無秩序な市街化が急速に進行していったといえる。

明治10年になって、九州方面からコレラが大阪に広まり、大阪での患者総数は1619人、そのうち死者は1228人、死亡率は75.8％にのぼった。伝染性が強く、死亡率も高いため、人々に恐れられ、その対策が求められた。

大阪府「長屋建築規則」の制定

そうした社会情勢の中で、明治19年5月に大阪府「長屋建築規則」が定められた。近代における我が国初の本格的な建築規制例規で17か条から成り

大阪市の煙突と煤煙（『大阪府寫眞帖』）

立っており、警察行政が所管して行われたものである。その内容は、長屋を新設、改造、または増設するときは、所定の書類・図面を整え、所轄警察署へ願い出で許可を受ける事が義務付けられるとともに、長屋1棟の戸数、敷地の高さ、窓の位置と面積、敷地内の通路の広さ（5尺）、裏長屋における表家を通過しない路地口の確保、便所の数、便所・ごみ置き場と井戸の隔離距離、便所の構造、床下の空気窓の位置と面積、床板の高さ、下水溝の設置とその勾配・構造などが具体的に定められていた。

また6月には、規則改正され、既存長屋でも衛生上有害危険なものは日数を限り改造や居住禁止を行うこと、便所・ごみ置き場と井戸の隔離距離の規定は既存長屋にも及ぶことが定められた。さらに10月の改正では、他の建物との距離、表の軒下へのごみ置き場・便器の設置の禁止、居住の現状が不潔で有害なものの立ち退き命令などが定められた。あわせて罰則規定も設けられていた。きわめて具体的な規定であり、建物とあわせて衛生面の規定が重要視されていたことがわかる。

明治42年7月に「北の大火」[*1]が発生した。焼失戸数1万1365戸、死者6人、被災地面積1.2平方キロに及ぶ史上有数の大火であった。それまでにも大規模な火災が発生し、その対策が求められていた。また、30年代に入るとペストへの対策が特に港湾を有する大都市で急がれていた。こうしたことを背景に、長屋だけでなく建築物全体に対する規制が検討されてきていたが、「北の大火」を契機に、その直後明治42年8月に大阪府「建築取締規則」が急遽制定された。そして明治19年「長屋建築規則」はこれに吸収されることとなった。

大阪府「建築取締規則」の制定

明治42年の「建築取締規則」は多岐にわたる規定からなっている。まず第1章は総則で、第1条で建造物とは住家、倉庫、その他各種の建物、陸橋、塔、煙突、牆壁、門戸の類をいうと対象を幅広く定義している。第2条から8条で住家、公衆用建築、倉庫、道路及び通路、表家及び裏家、長屋、外壁及び界壁についてそれぞれ用語の定義を規定している。第9条で建造物の面積及び建坪、軒高、棟高、床高、天井高それぞれの測定法を定めている。第10条で防火材料、防水材料、防鼠材料の内容を規定している。

第2章では、第15条で、道路または通路に沿う建造物は、道路及び通路との間に1尺5寸以上の距離を設けること、第17条で建物敷地が道路又は通路に沿うときは境界線内に雨水溝を設けること、第18条でその地盤は防水材料とすることが規定されている。第19条で各戸に建坪四分の一の餘地を設けることとし、餘地とは建坪以外の敷地としている。また、敷地が、建物前面以外に河・池など建造物の建たない餘地に接する場合は一定緩和することが規定されている。今日の建蔽率に相当するものであるが、75％の建蔽率は稠密に

見えるが、当時の都市住宅としての町家の実態[*2]から見て現実的規定であったといえる。

次いで第20条で、軒高は、前面または側面における道路または通路の幅員の広きものの2倍を超えないこととされ、道路等との関係で建物高さを制限している。また、軒高35尺以上、4層以上の建物は木造を禁止することや、地盤などの構造、通風孔、界壁の構造、採光面積、床高、天井高、階段の数・幅・蹴上・踏み面・踊り場、屋上の防火材料、屋根勾配、避雷針について定めている。さらに第45条では、軒・螻羽・庇の隣接建物と2尺未満の距離にある部分は防火材料をもって構造または被覆することとされており、その他、煙突、便所関係の規定も詳細に定められている。長屋についても、間口15間を超えてはならないこと、木造長屋間は3尺以上の距離をとること、裏家には通路を設け2方向以上に道路または通路に接続させること、通路幅員を6尺から9尺とすることなど19年の「長屋建築規則」をさらに充実させている。そして第3章で申請手続き、第4章で罰則が定められている。明治42年の大阪府「建築取締規則」は、この当時としては極めて総合性を持った緻密な内容であり、後の市街地建築物法や建築基準法の源流ともいえる。

このように明治時代の中期から後期にかけて、建築規制の制度が整ってきたが、なお敷地単位の規制であり防火や衛生面からの緊急対応的な側面を有しており、都市的スケールでの対応には至らなかった。

以上、明治時代の近代化による西洋文化の導入や産業の発展などプラスの面と合わせて、急激な人口増加による無秩序なスプロール的な市街地や不良住宅地の形成、伝染病の発生など近代化がもたらした歪みともいえるマイナス面も含めて次の時代に推移していったといえる。

[*1] 北の大火　明治42年7月31日に発生した。北区空心町(くうしんまち)から出火した火の手は強風にあおられて丸一昼夜燃え続け、ようやく鎮火した。焼失戸数は1万戸を越えた。

[*2] 谷直樹氏（大阪市立大学名誉教授、大阪市立住まいのミュージアム館長）が、大阪船場の旧愛日小学校所蔵の「町家取調図面」を詳細に調査され、その内容を『町に住まう知恵―上方三都のライフスタイル』（平凡社2005、4）に記載されている。当該地域の建物の大半は、19世紀前期から中期の建物で、その後の改造を経た明治19年当時の現状図であるとし、さまざまな事項を分析しているが、その中で建蔽率については、愛日学区全体で、70.5～72.5％の間で町ごとの差はあまり見られないとしている。なお、大正8年の市街地建築物法や戦後の建築基準法の建蔽率は、住居系地域60％であり、既成市街地の実態に合わないものであったが、後述するように近年になって緩和された。

3．大正時代から昭和へ

　大正時代は、明治にはじまった近代化をさらに進めるための課題と合せて、その歪みへの対処をしなければならない大変な時代であった。そして、それは太平洋戦争まで続く。

　この時期の大阪市政は、大正2年（1913）10月に選任された池上四郎市長と大正3年7月に助役に選任され、その後大正12年11月から池上市長の後を継いで昭和10年1月まで市長をつとめられた關一市長が担当した。關一市長は21年間にも及ぶ長期間にわたってその職責を果たされ、その間に都市政策の法制度の確立やそれに基づく市街地整備、第二次の市域拡張、住宅政策や各種の社会事業の展開など近代の大阪市政の基盤が構築された。この時代の市政の動きを市街地整備や住宅政策を中心に見ることとしたい。

「軒切り」による市街地の変化

　近代化に伴い、より一層の経済的発展を目指すためには、伝統的市街地を改造することが必要となってきた。とりわけ都市内の交通が急激に増加し、近世からの狭い道路では対応できなくなってきた。また、道路内への建物の張り出しや商品を並べるなど道路の占拠も大きな問題となっていたが、明治期に取締規則が何度も出されたにもかかわらず改善が図られなかった。こうした状況に対処するため、大阪市は、大正6年から強制的に道路幅員を回復する道路整理事業をおこした。この事業は、建物移転費の一部を市が負担して強制的に道路幅員を回復するもので、年度ごとに路線を指定し計画的に実施された。こうした道路整理事業や路幅整理事業のことを一般に「軒切り」と呼ぶんだが、さらには市電の敷設に伴う道路拡幅や都市計画道路の建設による家屋の後退も「軒切り」とよばれた。大正から昭和にかけて大阪の通りという通りでいずれかの形で「軒切り」が行われた。

　軒切りによって道路沿いの建物は、改築や建て替えなどが必要となり、その際に、近代的な建物に変わったり、外観が洋風に変化したり、中には3階建ての町家に建て替わったり町並みが大きく変化していった。大阪市立住まいの

薬種問屋の荷造り（『大阪府寫眞帖』）

昭和7年の北船場模型
（大阪市立住まいのミュージアム）

ミュージアムの8階では、こうした時代の町並みの変化がわかる昭和7年の北船場を再現した模型を見ることが出来る。軒切り後、店の間を板敷きの事務所にした町家が並ぶ道修町や新しい街灯が立てられモダンな町並みに生まれ変わった平野町、市電を通すため大きく拡幅され生駒時計店などの近代建築が建てられた堺筋など、旧大坂三郷の近代化の様子を感じることが出来る。

　ちなみにこの地域で戦災を免れ、現在も残っている旧緒方洪庵家住宅（適塾）は江戸後期の建物であるが、北側正面が軒切りされている。また、小西儀助商店も明治36年（1903）の建物であるが、西側部分が堺筋の軒切りによって改造されている。

　こうした伝統的市街地での広い範囲にわたる道路の整理や拡幅である「軒切り」は、他の都市に見られない大阪の特色といえる。

都市計画法・市街地建築物法の制定の動き

　明治末から大正にかけての急速な市街化は、道路などの基盤が無いまま進行するいわゆるスプロールの状況を呈していた。とりわけ大正3年（1914）に始まった第1次世界大戦以降経済は大幅に拡大し、一時恐慌の影響もあったが、関東大震災により東京・横浜が大打撃を被ったこともあり、大阪経済の全国的地位が上昇し、人口集中が急速に進んだ。大正3年から8年の5年間の大阪市の人口増加率は11.3%であったが、周辺の西成郡は50.4%、東成郡は43.6%、となっており、特に大阪市に隣接する生野村は81.3%、鶴橋村が80.7%、鷺洲町78.0%、津守町72.3%と急激な人口増加であり、農地の多かった周辺地域に、工場などの進出に合わせて道路や下水の無い無秩序な市街化が進行していった。

　また、住宅の不足も深刻であった。大阪市内の空家率は、大正3年に8.36%であったが、大戦による建築資材・地価の暴騰を背景に家主が貸家建設を手控えたこともあり大正5年には0.84%、大正8年には0.15%と低下するとともに、これに反比例して家賃は大正3年から8年までのわずか5年間に約1.5倍に上昇した。絶対的な住宅難が生じていた。

　また、あわせてゴミなどの不法投棄や工場のばい煙や廃液など河川と大気の汚染が進んだ。このように都市施設の不足の中で急速な都市膨張が起こった結果、交通運輸問題・住宅問題・スラム問題・公害問題などの多面的な都市問題が発生し、相互に複合して激しい社会問題を引き起こした。大正7年に主要都市を中心に米騒動が起こったが、その背景には、こうした都市に住む多くの生活困窮者の状況があった。

　こうした近代化に伴う人口の都市集中がもたらした都市問題を解決するためには、新たな都市政策とそれに基づく法整備が必要であった。東京には、首都としての整備を図る必要から、近代日本最初の都市計画法規といえる「東

京市区改正条例」が明治21年（1888）に制定されていた。東京市区改正は、主に幹線道路の新設・拡幅によって中心市街地の整備を図ろうとするものであった。この当時も、また明治30年の第一次市域拡張に際しても大阪の市区改正が国に要望されたが実現せず、大阪では、前述した軒切りや市電敷設工事に伴う街路の新設・拡張など限定的なものに止まらざるを得なかったのである。

しかしながら様々な都市問題の発生は、いよいよ新たな抜本的な法整備を必要とする段階となっていた。こうした中で、大阪市では、大正6年4月に関助役を委員長として、市の幹部職員や片岡安（建築家・関西建築協会[*1]初代理事長）など11人からなる都市改良計画調査会を設置し本格的に都市改良への取り組みを開始した。『新修大阪市史』[*2]によれば、11回の審議の機会を持ち翌年4月に市長に報告書を提出したが、その中で「緊急調査事項」として、「商業、工業及住宅地区の決定」、「建築条例の制定、労働者への衛生的家屋供給の方法」、「各種市中心の決定及び研究」、「街路計画」、「右事項に関する財政及法制」などの項目があげられていた。調査会が広範な構想をもって都市改良に取り組もうとしていたことがわかると『新修大阪市史』は記載している。

都市改良計画調査会の概報については、大阪市役所商工課が戦前に発行した『大阪市商工時報』第6号（大正6年6月）、第7号（大正6年8月）、第8号（大正6年12月）に掲載されている。

第1回調査委員会で、大藤高彦委員より調査案が提案され、その内容は上記市史に記載されている「緊急調査事項」以外に「普通調査事項」があり、その調査内容は実に広範・多岐にわたっている。その中で住宅政策に関するものを抜粋すると以下の項目となる。

(I) 市街測量—現状、傾向及び要求の調査
　　（F）家屋問題
　　（a）現在状態、（b）建築と衛生規定、（c）建築制限、（d）地帯制、
　　（e）防火区、（f）建物の高さ、その規定
(II) 将来の商業、住宅及び実業として最良地区の決定

また第3回調査委員会で以下のように決定されている。

・B 家屋測量
（1）住居人及び状態
　　貧民窟、労働者町その他特に人口稠密なるか又は住居状態の劣悪なる地域につき居住人、住宅、生活状態等の実情を調査すること、而して市内一部につき結核予防協会の実査したる材料等を蒐集するとともに市自ら

特殊地域を選定し新たに実地調査を行う要あるも先ずこれに要する経費及びその出所を調査し漸次この実行を期すること。小学校児童の健康状態を負担区別に比較調査し市内各地区の衛生状態を知るの資とすること

(2) 模範的宅地分割及び区画

市内における優秀なる住宅及び区画の調査を為し参考として箕面有馬電鉄会社、東成土地会社等の経営せる郊外住宅設計状況を調査すること

(3) 模範的家屋平面

現在比較的優良なる家屋の間取を参酌して住宅に適当なる家屋の設計を為すこと

(4) 地価の階級

地価を階級別に課査し且つ累年の変遷状態を調査すること、又家屋税、賃貸価格等による階級を見ること、なお色別として図表すること

・D 人口増加に関する報告

市内4区及び接続町村における過去10か年間の人口増加率を調査すること

・E 都市改良計画に関係ある法令

本邦及び外国の実例を蒐集すること

また第4回調査委員会において以下のように決定されている。

・G 火災の危険に関する報告

各都市に惹起せる火災につき可及的精密にその原因結果及び火災の状況を調査し広く火災に関し家屋の構造及び材料、風速、風位、時刻、焼失家屋数と時間との関係消防機関等すべて火災に関する諸関係材料を蒐集すること、而して日本家屋の火災の危険に曝露さるる程度如何を当局者及び一般に知悉せしむること

・H 建築条例

内外における建築条例の実例を蒐集してその長短を研究するとともに条例

天満橋（『大阪府寫眞帖』）

制定の必要に関する根本思想を涵養し世論を喚起して理想的条例の制定を促進すること

　さらに第5回調査委員会において、「細民」の住居状態については片岡委員の手元にて調査しつつあるをもって終了の上はその結果を本会に提供される事と決められている。

　以上、都市改良計画調査会における住宅政策の検討は、片岡委員が担当した「細民」の住宅状態調査や人口稠密や住居状態の劣悪なる地域の実態把握等「スラム」対策につながる調査だけでなく、良質な住宅供給の観点から模範的な住宅地や住宅平面の調査も行なわれている。
　さらに都市計画的観点に立って、人口増加状態や地価、将来の商業、住宅などの最良地区の検討、火災対策、建築条例等の検討が行なわれている。こうした調査・検討は外国の実例も踏まえ進められており、『大阪市商工時報』第9号（大正7年1月）にはパリ市の建築条例も掲載されている。住宅政策についても実態に基づき総合的観点から検討されていることがわかる。
　なお片岡委員は、この時期「都市住宅について」と題する講演を行っており、その講演記録が『大阪市商工時報』第8号（大正6年12月）に掲載されている。その内容を要約すれば以下の通りである。

- 住宅問題は全ての国民に重大なる関係のある問題であり、我々の毎日の行動、努力、その他人格等を支配することが大きく、社会国民という問題を超越して人類の幸福という意味から考えても十分に研究する価値がある。
- 住宅は生命財産を安全に保護して、出来るだけ人間の幸福を増進することが最後の目的、最後の理想でなければならない、それに加えて我々の日々の行動、即ち努力を終始助けてくれなければならない。その意味から考えると、今日の日本の住宅は殆どその目的を達していない場合が多い。
- 都市住宅について述べると、住宅としての家という意味と、都市の重要なる構造物であるという意味の2つが都市住宅にはついている。従って、その家屋が住宅として適当であるかという問題と共に、都市全体として合理的なものであるかを終始考えねばならない。
- 最も大きな問題は、経済上合理的のものかという問題である。その都市の一般の市民が容易に負担できる程度でなければならない。イギリス、ドイツ、フランス等においては、中以下の所謂職工階級に対する住宅を、都市が公営している。自治体が公債を募って家を作り合理的な値段で貸す。イギリスなどの法律を調べると、非常に深く研究した結果一致点を見出し、経済上かかる住宅が出来得ることを証拠立てた。しかし我国では、経済

上の標準が低いので、都市や団体が住宅を公営して経済上うまく行くかは疑問であるが、おそらくある時期に達したならこの問題は容易に解決しうるものと思う。西洋の例を参照し、自分等の経験から割り出し、そういうものを設計し、工費を計算してみると行けるように思うが実際に行って見ない事なので明瞭に断言できない。大阪市や大阪府で公営の舎宅を作る機会に研究したら良いと思う。

・また都市住宅は、地震や火災などを考えると木造であってはならない。西洋でも、ロンドン大火の後木造が禁じられた。畳の日本家屋は、ある意味において経済原則にあっているが、都市住宅としては、将来的には椅子生活も考えていかなければならない。

・また都会の人は死亡率が高い。国家の損失である。西洋各国でも深刻に考え、上水・下水を設け、その他衛生上の設備をして都市住民の健康に留意している。上水・下水が完成した外に住宅改良を企ててそれに成功したのが都市住民の健康状態を一般に著しく向上したという結果になった。大阪、東京、京都などの住宅はどうであるか。都市に多数ある貧民住宅を調べると多数の人間が実に恐るべき非衛生の住宅に住んでいる。西洋では法律でこうした地域を買収し、取り壊して平地にし、公債を募って衛生的な住宅を公営する。しかし我が国には衛生上そういうことを徹底的にやる法律は何もない。

・例えばペストが発生し、段々中心地まで食い込んでくると、衛生上幾らか自信がある人でもそういう危険に触れないとも限らない。即ち都市に居住する以上は、自分だけ好ければ好いという訳にはいかない。

・私等は東京、大阪、京都のごとき大都市の住宅改良の急務なるを知らしむるの道は、所謂下層住民の住宅が衛生上戦慄すべき状態にあるということを一般に知らしむることが最も近道であると信じている。

・また細民の家屋のみならず中流或は上流においても衛生上甚だ恐るべき住宅が沢山有ると見なければならない。

・この住宅問題が今日まで先覚者の間に殆ど問題とされておらぬ。また国民全体からもそういう重大問題とも思われずに閑却されているということは、日本の文明の進歩に非常な阻害を與へていると私は常に考えている。

・この問題については、私共はこれからも社会に向かって大いに叫ぶが諸君も共に之を助けられんことを希望する。

大阪港（『大阪府寫眞帖』）

　この調査会の活動と合わせて、国に対し、都市改良のための法律制定の働きかけがなされた。『新修大阪市史』は、この間の動きについて詳細に記している。『關一日記』や当時の新聞報道をもとに、關助役が大正7年1月に自ら「大阪市街改良法草案」をまとめ在阪代議士に同法発布の依頼をしたこと、内務省は同草案に賛意を表し、大阪に限らず6大都市共通の法として制

定する意向もあったことを記載している。また、「大阪市街改良法草案」の内容について、新聞報道及び「関西建築協会雑誌」、東京市政調査会所蔵の「大阪市街改良法草案」と題された小冊子を踏まえ内容的にほぼ同じとしたうえ、成案と見られる小冊子をもとに分析している。それによると、草案は、本文18条、付則1条の計19条で構成され、内務大臣の監督の下に、市街改良設計と毎年度施行すべき事業計画を決める委員会を置く点は、市区改正条例と基本的に同じであったが、以下のような市区改正条例に無い規定を有していたとしている。

①市域外をも法の適用区域としたこと、②土地増価税、受益者負担金などを特別税としたこと、③地帯収用の制度を設けたこと、④スラム改良のための土地・建物収用権を認めたこと、⑤宅地造成などのための土地区画整理制度を設けたこと、⑥条例によって建築及び土地使用制限をなしうるとしたこと。

そして、大阪市街改良法草案は、都市を取り巻く新しい情勢と都市計画についての新知識の産物であり、都市計画法・市街地建築物法を先取りするものであったと記している。

こうした中で、内務省は、前述のように、「大阪市街改良法草案」については、大都市共通の法律として制定の検討を進めることとし、当面の措置として、大阪市が別途都市改良計画調査会でまとめていた幹線街路計画に対する法的根拠としては、東京市区改正条例の準用法を制定する方針としたのである。準用法は、大正7年3月25日に成立し、大阪・京都・名古屋など5都市に適用された。こうして御堂筋を含む47路線・126キロの街路計画が法律的根拠を得て動き出すこととなった。また、準用法成立の翌日3月26日、都市計画調査会設置費が帝国議会で承認され、内務省に調査会が設置され、7月から都市計画ならびに建築法制の審議が開始された。

都市計画調査会には、大阪から關一と片岡安が委員として参加し、法案作成に重要な役割を果たした。こうして翌大正8年4月4日に都市計画法及び市街地建築物法が同時に成立した。

この間の歴史的経緯を分析した渡辺俊一監修の「旧都市計画法の成立過程」(『建築研究報告』№.122, 建設省建築研究所、平成元年6月)においても、都市計画調査会の議事録ほか各種の資料を検討した結果の全体的考察として、「大阪法案は、少なくともキッカケとしては準用法等や、旧法の成立に大きな力を与えたことが明らかになった。それは、欧米近代都市計画の日本への伝播過程において、東京市区改正条例と旧都市計画法とを結ぶミッシング・リンクとして、重要な位置を占めている。では、計画技術の面ではどうか。旧法の内容は、区画整理・土地利用規制の導入等の点で、東京市区改正条例よりもはるかに大阪法案に近い。そして、これら欧米近代都市計画の諸手法の導入の背後には、關一の姿が大きく浮かび上がってくる。「建議案」・特別法としての大阪法案はついに制定されなかったが、關を通じ、旧法を通じ

四ツ橋電車交叉點(『大阪府寫眞帖』)

て都市計画技術の面でも、現代日本の都市計画に大きな遺産を残したと言えよう」としている。

都市計画法、市街地建築物法の内容

それでは次に、大正8年（1919）に成立した都市計画法及び市街地建築物法の内容について見てみよう。

都市計画法

都市計画法は、33か条で構成され、第1条で都市計画の定義を、「交通、衛生、保安、経済等に関し永久に公共の安寧を維持し又は福利を増進するための重要施設の計画にして市の区域内において又はその区域外に亘り施行すべきものをいう」としている。

また、第2条で前条の市は、勅令をもって之を指定し、その市の都市計画区域は、関係市町村及び都市計画委員会の意見を聞き主務大臣が決定し内閣に認可を受けるとしている。

第3条で都市計画、都市計画事業、毎年度執行すべき都市計画事業は、都市計画委員会の議を得て主務大臣が決定し内閣の認可を受けることとしている。

第4条は都市計画委員会の組織、権限、及び費用に関する規定は、勅令で定めるとしている。

第5条は、都市計画事業は、勅令の定めるところにより行政庁が執行すること、主務大臣が特別の必要があると認めるときは勅令の定めるところにより行政庁以外のものにその出願により都市計画事業の一部を施行させることが出来るとしている。

第6条で都市計画事業に要する費用は、行政官庁が執行する場合は国、公共団体を総括する行政庁が行う場合はその公共団体、行政庁以外が行う場合はそのものの負担としている。また都市計画事業により著しく利益を受ける者にその利益の限度において費用の全部または一部を負担させることが出来ることとしている。

また第10条では、都市計画区域内において市街地建築物法による地域又は地区の指定、変更、廃止を行うときは、都市計画の施設として行うべきことを定めるとともに、風致又は風紀の維持のために特に地区を指定しうるとしている。第12条で都市計画区域内の土地については、宅地としての利用を増進するため土地区画整理が施行できることまたその際には別段の定めが無い限り耕地整理法を準用するとしている。

第16条では、道路、広場、河川、港湾、公園、その他勅令を持って指定する施設に関する都市計画事業として内閣の認可を受けたものは必要な土地

を収用又は使用できるとしている。

（大正8年11月27日都市計画法施行令21条で、鉄道、軌道、運河、水道、下水道、土地区画整理、運動場、一団地の住宅経営、市場、屠場、墓地、火葬場及び塵埃焼却場を指定する施設としている。）

　第17条では、土地区画整理のため又は衛生上もしくは保安上の必要による建築物の整理のため必要あるときは建築物その他の工作物を収用することが出来ると規定している。第18条ではこうした収用または使用は本法に別段の定めある場合を除き土地収用法を適用するとしている。

　前述したように、關助役が起草した「大阪市街改良草案」の先進的な提案であった市域外をも法の適用区域とすること（第1・2条）、受益者負担の導入（第6条）、土地区画整理制度の創設（第12条）、スラムクリアランス*3 のための土地・建物の収用（第17条）、建築及び土地の使用制限（第10条及び市街地建築物法）などの考え方が取り入れられていることが判る。

　この都市計画法および後述する市街地建築物法の帝国議会での審議を見ると、いくつかの論点の中で、時代の状況を反映し事業の裏打ちとなる国の補助について厳しいやり取りがなされている。（大正8年3月10日第41回帝国議会衆議院委員会議録）

　当初の都市計画法の原案にあった「内務大臣は特に指定する都市計画事業に対しては国庫よりその費用の一部を補助することを得」という条文が議会提出案から削除されていることに対し、元に戻し国が補助すべきだとの質問に対して、高橋是清大蔵大臣は、以下のように答弁している。「法律文に無いからといって、補助せぬという意味でない」、「国庫より補助することは、法律が無くても、従来予算より補助して来ているので、やはり都市計画についても国

完成した御堂筋とビル群（『写真で見る大阪市100年』）（大阪歴史博物館蔵）

庫の補助の必要を認める場合には、国庫より補助をする、法律の明文が無くても予算を持って補助しうるのであります」、「ご承知の通り国が富んで剰りがあれば、都市は盛んにやればよろしいが、国防と都市とどっちが先にやらなければならぬか、何れが必要かという問題になってくると、都市さえ盛んになれば良いとは言えない、ご承知の通りアメリカでも第1に禁じたものは市債である、国の経費の必要なために、国民の貯蓄の力を挙げて使わなければならぬ時に、第1に禁じたのは市債である、他に国家に必要のない場合は都市を飾るのもよろしゅうございましょうが、大蔵大臣一人がいくら奮発してみたところで、国の富がそこまで進んでおらぬというと、国防が大事か都市の計画が大事かということを、秤器にかけなければならぬというような場合に、貴方のようなご希望を達するわけにはいかなくなるであろう、どうも国の富による仕事ですよただ都市ばかりという訳で、力をそこに専らに注ぐ訳にはいかぬであろうと思いますね」

　こうした中で両法案は成立した。厳しい予算状況の中で、また国防を重視する時代の流れの中で、今日の基礎となる制度が構築された。このことにより、後ほど見るように、御堂筋をはじめとする街路の整備や土地区画整理事業、不良住宅地区のクリアランスによる整備など多くのまちづくり事業、建物規制が可能となっていった。

市街地建築物法
　市街地建築物法は、都市計画法と同日に制定され、26か条からなっている。第1条で主務大臣がこの法を適用する区域内に、住居地域、商業地域又は工業地域を指定することが出来るとし、第2条で建築物にして住居の安寧を害する虞ある用途に供するものは住居地域内に建築出来ないとしている。
　第3条で建築物にして商業の利便を害する虞ある用途に供するものは商業地域内に建築出来ないとしている。
　第4条では、工場、倉庫、その他これに準ずる建築物で規模大なるもの、又は衛生上有害もしくは保安上危険な虞ある用途に供するものは工業地域内でなければ建築出来ないとしている。また主務大臣は著しく衛生上有害又は保安上危険な虞ある用途に供するものについては、その建築につき工業地域内に特別地区を指定できるとしている。
　第7条で道路敷地の境界線をもって建築線とし、特別の事由あるときは行政官庁は別に建築線を指定することが出来るとしている。
　第8条では建築物の敷地は建築線に接することとしている。
　第9条は建築物は、建築線から突出できないこと、但し建築線が道路幅の境界線より後退して指定されているときは建物の前面突出部又は基礎は道路幅の境界線を越えない範囲で建築線より突出できるとしている。
　第10条で行政官庁は、市街地の体裁上必要と認めるときは、建築線に面して建築する建築物の壁面の位置を指定できるとしている。

第11条は、建築物を建築する場合の建物の高さ、敷地内の空地に関しては、地方の状況、地域及び地区の種別、土地の状態、建築物の構造、前面道路の幅員などを参酌し勅令で必要な規定を定めることとしている。必要な規定が記載された大正9年9月29日市街地建築物法施行令の関連条文を見ると、第4条で建築物の高さは、住居地域内においては65尺、住居地域外においては100尺を超えないこととしている。但し周囲に公園や広場などがある場合は緩和している。また第5条で建築物の構造種別ごとに建物高さや軒高さを規定している。第7条で建築物の各部分の高さは、その部分より前面道路の対側境界線までの水平距離の1倍4分の1（1.25倍）を越えないこと、且つ前面道路幅員の1倍4分の1に25尺を加えたものを限度とするとしている。さらに住居地域外では1倍4分の1を1倍2分の1（1.5倍）にするとしている。また、第14条でいわゆる建蔽率を規定しており、住居地域で6/10、商業地域で8/10、その他の地域は7/10を越えないとしており、主として住居の用に供する建築物は、住居地域外にあっても住居地域内にあるものと看做すとしている。

　第12条で主務大臣は建築物の構造、設備又は敷地に関して衛生上又は保安上必要な規定を設けることが出来るとしている。

　第13条で主務大臣は、防火地区を指定し、その地区内の防火設備または建築物の防火構造に関し必要な規定を設けることが出来るとしている。

　第14条で学校、集会場、劇場、旅館などの特殊建築物の例示を上げその位置、構造、設備又は敷地に関しての規定をおくことが出来るとしている。

　第15条で美観地区を指定し、建築物の構造、設備、又は敷地に関し美観上必要な規定を設けることが出来るとしている。

　第17条では次の各号の一に該当するときは、除却、改築、修繕、使用禁止、使用停止その他必要な措置を命じることが出来るとしている。

　①保安上危険と認めるとき②衛生上有害と認めるとき③違反建築物を建築したとき

　第18条はいわゆる既存不適格建築物の取り扱いについて定めており、行政官庁は相当の期間を定めて前条に規定する措置を命じることが出来るとし、そのときは公共団体に補償させるとしている。

　また第26条で道路と称するは幅員9尺以上のものをいうとしている。

　このように市街地建築物法は、都市計画法と連動して建築物に関する総合的なコントロールを図ろうとするもので都市計画法と合わせて我が国の近代のまちづくりの出発点になり大きな役割を果たしたといえる。

　一般的に法は本来その歴史的条件の変化や施行の状況等を受け、追加、変更など改正されていくものであり、市街地建築物法についても今日の建築基準法につながる過程において、多くの改正が図られてきている。しかしながら、現行の建築基準法の持ついくつかの問題の中には、市街地建築物法に源流

を有し、地方の実態に合わないままなお今日改正されていないものもある。また逆にその後の改正の結果、かえって混乱が生じ市街地建築物法の当初の精神に戻る必要の感じられるものもある。ここでは、本論からは少し外れるが、関連する事項として、少し観点を変えてそうした課題について論じておきたい。

① 用途地域について

市街地建築物法で始まった、用途地域に基づく建物用途規制は、その後さらに地域が分化し現在の建築基準法・都市計画法では、12の用途地域になっている。

（第1種低層住居専用地域、第2種低層住居専用地域、第1種中高層住居専用地域、第2種中高層住居専用地域、第1種住居地域、第2種住居地域、準住居地域、近隣商業地域、商業地域、準工業地域、工業地域、工業専用地域）

住居系地域が細分化されるとともに、近隣商業、準工業、工業専用が加わっている。工業専用については、市街地建築物法においても、工業地域内に特別地区を指定できるとしている。細分化は地域の実態に即して対応しうるメニューが拡大されたという点で理解できる。しかし、用途地域制の当初からある商業地域については、名称や概念は発足当初のままの商業の利便を害さないという商業を中心とした用途純化主義に立っているが、都心での人口回復に見られるように今後の方向としては、ミックスユースの考え方に立つべきであり新たな理論構成が必要である。また、工業地域も、現行では大規模な住宅の建設が可能となっているなど目指すべき方向と実態が乖離している点がある。さらに商業地域内で地域の風紀を乱している風俗などの用途規制については、学校などの施設からの距離など文教施設側での規制にとどまり、地区計画[*4]で都市計画決定しない限り用途地域制としてのコントロールは出来ないこととなっており大きな課題となっている。今一度、原点に立ち返って、再構成を図る必要がある。

② 斜線制限など形態規制について

市街地建築物法においても、建物のコントロールは敷地単位であったが、敷地単位をこえた良好なまちなみを確保するための手法として、斜線制限[*5]以外に絶対高さ制限、建築線[*6]と壁面線[*7]が設けられ、これらの組み合わせによりまちなみのコントロールが出来るようになっていた。

こうした規制が、大阪では、御堂筋の景観形成[*8]や後退建築線による船場のまちなみ形成[*9]につながった。また市街地建築物法を受けた大阪府施行細則においても、第5条で、「従来存在する幅員9尺以上の道路においては、道路幅の境界線より1尺5寸を後退したる線を以って建築線とす」と前述の明治42年の大阪府「建築取締規則」の規定を踏襲しており、この規定が大阪での良好な長屋地区の形成に大きな役割を果たした。その後、建築基準法に移行し土地の高度利用が重視される中で、高さ制限が第1、2種の低層住

居専用地域以外は地区計画の都市計画決定をしない限り無くなり、容積率制限が斜線制限と合わせて中心的なコントロール方法となり、規制内容や緩和規定も極めて詳細になってきている。

また建築線は無くなり、壁面線も活用が限られている。こうした状況の中で、建築確認が敷地単位でなされるため、市街地の形態が混乱し乱雑になっている。さらに、近年の天空率[*10]の導入も混乱を一層拡大している。もう一度市街地建築物法の基本に立ち、美しいまちなみをつくる観点に立って、壁面線指定や高さ制限も取り入れた新たな規制方法を確立する必要がある。

③ 建蔽率について

建蔽率については、住居地域が6/10とされた。明治期の密集した市街地形成の反省の上に立って、新しく建設する市街地を良好なものにするという観点から見るとこの建蔽率の規制は必要なものであったが、それまでにすでに形成されていた近世の市街地や明治期の市街地の実態とは乖離があり、多くの既存不適格建築物を生むこととなった。

前述したように、大阪船場の旧愛日小学校所蔵の「町家取調図面」によると、当該地域の建物の大半が、19世紀前期から中期の建物でその後の改造を経た明治19年（1886）当時の建蔽率の実態は愛日学区全体で70.5％～72.5％であった。また明治42年の大阪府「建築取締規則」では建坪4分の1の餘地を設けること即ち建蔽率75％とされており、スラム等を除いて当時の既存の市街地の実態はこの程度であったと考えられる。この建蔽率の考え方は、戦後の建築基準法にも踏襲され、昭和25年の基準法成立時には敷地面積から30㎡を除いた面積の6/10とさらに強化された。さすがにこの規定は実態に合わず、その後、元の6/10に戻され近年まで継続してきた。その結果、古くからの市街地では、後述の道路規定による制限も加わり、老朽住宅の合法的な建て替えや大規模な改修が困難となり違反建築を数多く生み出していた。

第4章において後述するように、大阪市では、こうした状況を改善するため、建蔽率の緩和を長年に亘って国に働きかけてきたが、平成12年の建築基準法の一部改正で「建蔽率許可制度」が創設された。さらに平成14年の一部改正で、住居系地域などでの8/10建蔽率メニューの追加や前面道路幅員による容積率の緩和等がなされた。大阪市ではこれを受けて平成16年4月から一定の建物ガイドラインを守るものを対象に建蔽率の緩和を行う一方、緩和を行う建物はその規模に応じて、準耐火または耐火構造にするよう条例で防火規制の強化を行った。

④ 道路について

市街地建築物法の道路に関する規定をみると、道路幅員は9尺（2.7m）とされている。前述のように、明治19年の「長屋建築規則」では道路幅員は6尺（1.8m）、その後の明治42年の大阪府「建築取締規則」では9尺（2.7m）となっていた。

市街地建築物法は、「建築取締規則」と同幅員とされている。その後、昭和13年（1938）に4mに改正されたが新たな市街地での整備を目標としたもので既存の地域については2.7mの緩和規定があった。つまり新市街地と既成市街地は分けて考える方向である。

　しかしながら戦後の昭和25年に新たに建築基準法が制定された際は、新市街地も既成市街地も道路は4m以上の幅員のものと規定された。そしてこれに満たないもので基準法制定時にすでに道であったものは道路中心から2m後退した位置を道路境界とする緩和規定が置かれた。いわゆる法42条2項道路[11]であり、市街地建築物法の緩和措置と異なり既成市街地でもこの規定で4m道路の拡幅を進めるねらいであった。しかし、実態は、道路後退が困難なエリアが多い既成市街地では、道路拡幅は限定的であり、適法な建築が困難なため公的融資も適用されず密集市街地の更新が進まないという問題をなお今日も抱えている。また京都等の町家や裏長屋、あるいは漁村などの歴史的に形成されてきた旧市街地がその個性や実態に即してその更新を進めることが困難となっている。

　以上道路規定について述べてきたが、前述の建蔽率の緩和がなされたように、既成市街地の道路規定も大胆に見直すべき時期に来ていると思う。例えば敷地レベルではなく地域・地区レベルで新たな景観や安全のコントロール規定を置き、道路幅員や斜線を実態に即して大幅に緩和するなど政策転換を図るべき時期が来ていると考える。

---

*1　関西建築協会はその後大正8年1月に日本建築協会に改称
*2　第6巻第1章第5節芝村篤樹氏執筆
*3　**スラムクリアランス**　環境悪化の著しい地区の改善を図るため、老朽化した住宅を全面除却し、従前居住者用の住宅や公共施設を整備することを言う。
*4　**地区計画**　地区計画は、地区ごとのきめ細かなまちづくりをおこない、良好な市街地環境を創出するため、ベースの用途地域等による一般的な規制に加えて、道路・公園などの施設の配置や建築物の用途や形態に関する制限などを詳しく定めるものである。
*5　**斜線制限**　斜線制限は、道路の反対側の境界線や隣地境界線から、一定の基準で引かれる斜めの線による制限のことで、建物はこれらの斜線を超えないようにしなければならない
*6　**建築線**　市街地建築物法では、今とは異なり建築線の規定があり、建物は建築線のあるところに建築しなければならず、かつ建築線を超えて建築することが出来なかった。基本的には道路敷地の境界線をもって建築線とし、特別の事情のあるときは行政官庁は別に建築線を指定することが出来るとされていた。
*7　**壁面線**　街区内の建築物の位置を整え、町並みをそろえて環境の向上を図るため、法的に指定される線。この線を越える壁・柱・門などの建築はできない。
*8　**御堂筋の景観形成**　御堂筋の隣接建物には、建物の絶対高さ制限が設けられていた。それが百尺（約30メートル）制限である。この制限により御堂筋の美しい景観が形成された。
*9　**後退建築線による船場のまちなみ形成**　船場地区は、幅員約6m及び8mの道路を中心に古くから市街地が形成された地区であるため、市街地建築物法を現況の道路境界にあてはめた場合には、限られた高さや規模の建物しか建築できない状況であった。そのため市街地建築物法第7条ただし書にもとづき、昭和14年4月に大阪府告示404号によって道路境界から後退して建築線が指定された。その結果、船場建築線が道路境界とみなされ、より高い建物の建築が可能となるとともに優れた景観形成につながった。
*10　**天空率**　平成14年建築基準法改正において斜線制限の緩和条件として天空率が盛り込まれた。天空率とは、天空の占める立体角投射率をいい、魚眼レンズで天空を見たときに建物の部分を除いてどれだけ空が見える割合が残るかを示したもの。
*11　**法42条2項道路**　建築基準法42条第2項に定められていることから2項道路と呼ばれている。この2項道路に接した敷地に建築物を建築する場合には、道路の中心線から2m後退したところに道路境界線があるとみなされるため、セットバックする必要がある。

4．關一市長の理念と政策

　大正6年4月に大阪市において「都市改良計画調査会」が発足し、關一委員長の下に建築家片岡安を含め11人の委員で都市改良の取り組みが進められ、住宅政策については海外での事例も研究しながらスラム対策だけでなく良質な住宅供給を進める方策について都市計画的観点からも検討されていたことは前述した通りである。そして翌大正7年4月に市長に報告されている。

　一方都市計画法制については、大正7年1月に關助役が自ら「大阪市街改良法草案」を取りまとめ、国への働きかけを行った結果、東京市区改正条例の準用法が大正7年3月25日に成立し、御堂筋をはじめ主要な街路の整備が法的根拠を得て動き出すことになった。「大阪市街改良法草案」には、スラム改良のための土地・建物収用権、土地区画整理、条例による建築及び土地使用制限など、住宅政策にとって重要な事項が含まれていた。そしてその後内務省に「都市計画調査会」が設置され、同年7月から検討が開始され關一助役や片岡安も委員として参画していたことも前述した通りである。

大阪市廳（『近代建築畫譜』）

大阪市中央公會堂と大集會場内部（『近代建築畫譜』）

こうした大きな変革の時期に關一は住宅政策について極めて重要な講演を行っている。大正7年5月11日に大阪府知事官邸で開催された救済研究会での「都市社会政策」の講演である。（『救済研究』第6巻第5号及び第6号に掲載、大正7年）

講演の後半で、都市社会政策として最も注意すべき問題は住居問題であると思うとし、住宅政策について重要な視点を述べている。その内容は後に、大正7年12月5日に中央公会堂で行われた講演「都市住宅問題」（関西建築協会雑誌第二巻第14号、大正7年）や「都市住宅政策」（日本建築学会・建築雑誌33巻、大正8年）等に繋がるものである。そしてその集大成として後述する『住宅問題と都市計画』（弘文堂書房、大正12年）がまとめられたと考えられる。

従ってここでは大正7年5月の救済研究会での「都市社会政策」講演の中での住宅政策、並びに大正12年8月の『住宅問題と都市計画』の2つの資料を取り上げ、關一の住宅政策の考え方を見ることとしたい。

なお大正7年5月の救済研究会での「都市社会政策」の講演についてみると、その後の動きとして国の内務省において大正7年6月25日に救済事業調査会が設立され、7月に「細民住宅」についても附議され、11月5日に後述する「小住宅改良要綱」として報告・決議されている。「小住宅改良要綱」は国の住宅政策のスタートとして位置づけられており、關一の講演は救済事業調査会の発足前、「小住宅改良要綱」の半年前であり、そうした意味でも歴史的に見て重要な講演であると言える。

Ⅰ　救済研究会「都市社会政策」講演での住宅政策

關一は、大正7年5月11日大阪府知事官邸で開催された救済研究会において、「都市社会政策」について講演し、その後半に住宅政策について述べている。その内容を以下に要約する（見出しは筆者が付加した）。

●都市社会政策として最も注意すべきは住居問題であろうと思う。これは大都市特有の問題で、都市が商工業の繁栄と共に段々と発達し、人口が増加するに伴い家賃は著しく暴騰し、住居の欠乏を訴えることが痛切になる。

●住宅政策の目的
・元来大都市における住宅政策の目的は、第1には大都市において特別な現象として現出する不良なる家屋及び不潔なる住居の状態を除去することである。第2には適当なる家屋を安い値段で供給することである。前のを消極的政策とすれば、後のは積極的政策であり、何れも必要である。それから進んで地代の騰貴から生じてくる不労所得を地主階級が貪る弊

害を矯正することも必要である。

●不良なる家屋及び不潔なる住居状態の除去について
・不良の家屋なり不良の住居状態は、大都市の貧民窟において現れてくる特殊の現象であり、英国等では労働者の家屋に関する法律が余程以前に制定され、その後度々改正され、不健康なる家屋には住居を禁じたり、さらに数歩を進めて不健康な家屋全部の取除を命じたりして貧民窟を一掃するというようなことまでも市町村に権能を付与して実行している。
・のみならず尚進んで住居の改善を図るため、特別の監督官を設けて、不良家屋が発生しないように監督するばかりでなく、その家屋の使用状態をも監督している。（密集居住や同居人等への一定の制限）

●如何にして適当なる家屋を低廉なる家賃で供給するか
・大阪や東京の人口増加を考えると大いなる資本を要する問題であり、根本の政策としては都市計画を実行する必要がある。
・即ち市外の将来市街地となるべき部分に対して、予め道路・公園その他の適当なる設計を定めこの設計に準拠して家屋を建築させること。建築の規定もこれに伴って実施しなければならない。
・また郊外との交通を非常に敏活にならしむるよう、都市が適当なる交通機関を拵えることも必要である。即ち密集的居住の弊を防止する点から言っても、高速度の交通機関、即ち高架、地下線が必要なる施設である。

●貸家公営論について
・建築費の高い家屋を低い家賃で貸すことになって市が巨額の損失を忍んで経営せねばならない。公営貸家は慈善事業でない以上相当の利子減却消却金を見込んで家賃を定めれば借り手が少なくなって損失を見る。何れも財政上の負担が多い。
・ドイツあたりの都市において、貸家を拵え貸与しているところもあるが極く少数である。
・元来細民なり下層階級の者になると、住居に対して少しも注意を払っていない。西洋でも公営になると破損して困ると言うことである。また家賃の取り立ても余程難しいのではないか。現に東京市の経営している浅草の貸長屋は滞りが非常に多くて困っている。
・貸家公営は必要の政策としても、実行においては余程注意して行う必要がある。
・欧州の都市において普通やっているのは、市の傭人や吏員に対して貸し与えているものが多い。それから一般的なものとしては模範的な貸長屋を拵えている。労働者住居の問題は、欧州では技術家の研究も進んでい

る。下層階級の住居を営利一点張りの家主に放任して家賃のたくさん取れることのみを目的として狭い面積の中に棟割長屋や「トンネル」長屋を建て、衛生上の弊害を惹起することを看過する訳にいかない。都市は進んで技術家の研究した模範的な長屋の実例を示して貸家の改良を促すべきである。この場合、慈善事業としてではなく、比較的に低くとも相当の利子経費を見込んで家賃を定め、市の使用する労働者等に貸すこととする。また独身者のための寄宿舎、共同宿泊所も公共団体で行っても良かろうと思う。

・しかしながら、公共団体が一般的貸家を建設し、これによって家賃を安くするという所まで行くということは、余程難しくはないかと考えている。

●公営以外の住宅政策について
・都市ばかりでなく、雇主なり、或いは慈善団体なり、又は欧州でやっているごとく職工自身が預金をして組合を設けこれによって自分達の愉快なる住宅を造るというようにし、都市はなるべくこれを助長していく地位に立ち、場合によってはこれらに資金を融通するというようなことにしたい。しかも低利資金の融通は、必ずしも都市ばかりでなく、国家も労働者保険を実行してその積立金を貸出して家屋の改良をやらせるのも非常に必要である。
・あるいは市自身に土地を所有するなり、土地の値上がりに対して課税するが如き方法を取る必要もある。

　以上、共済研究会講演での住宅政策の要点について記してきた。
　關一は、現状に立脚し、住宅政策の目標を、第1には不良なる家屋及び不潔なる住居状態の除去とし、第2には適当なる家屋を安い値段で供給することとしている。そしてさらに地代騰貴の不労所得の矯正をあげている。
　第1のいわゆるスラム対策については、前述したように、大正6年4月に発足した大阪市の「都市改良計画調査会」の重要な調査テーマであり、大正7年1月に關助役自らまとめ国に働きかけた「大阪市街改良法草案」の中でもスラム改良のための土地・建物収用権を位置づけている。これがその後、都市計画法第17条につながって行ったと考えられる。また不良家屋や家屋の使用状況を監督するための特別監察官が提案されている。この政策は、その後、その根拠法として住居法も合わせて提案されたが実現しなかった。
　第2の住宅供給促進策については、關一は人口増加量や大変な資金量を考慮し、都市計画を根本的対策としてあげている。前述したように、「大阪市街改良法草案」において街路や公園の整備、土地区画整理、条例による建築及び土地使用制限などが提案されていた。そして大正7年3月25日に東京市区改正条例の準用法が成立し、街路計画がスタートするとともに、さらにその後の都市計画法・市街地建築物法につながって行った。

また郊外との交通手段、特に高架や地下の高速鉄道を都市が整備する必要性を指摘している。住宅供給促進のために不可欠と考えられたからである。
　また、公営の住宅については、財政上、管理上慎重にすべきであると指摘しており、市の吏員の住宅や技術家の研究した模範的長屋の実例を示すことにより貸家の改良を促すべきとしている。
　そして公営以外の住宅政策として、雇い主によるもの（いわゆる社宅）や慈善団体によるもの及び職工自身が預金をして設立する組合による住宅供給が提案されている。さらに大正7年（1918）12月5日の「都市住宅問題」の講演では、公益団体が含まれている。
　また、こうした政策を進めるために、都市あるいは国による低利資金融資の必要性を指摘し、そのため保険資金の活用が提案されている。
　さらに土地の値上がりへの課税など土地政策にも触れている。

　この講演内容は現状に立脚しながら、総合的な都市政策的観点に立って住宅政策を捉えており、その後の都市計画、建築規制、各種の住宅政策の骨格となる提案がなされている。そしてこれらの考え方は、後の『住宅問題と都市計画』（大正12年8月5日）において、さらに詳細にかつ総合的に展開されている。
　以下『住宅問題と都市計画』により、關一の考え方をさらに研究することとしたい。

Ⅱ 『住宅問題と都市計画』

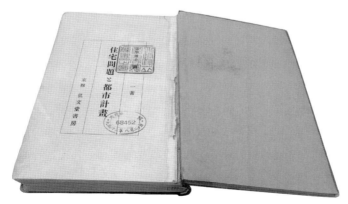

『住宅問題と都市計画』（大阪府立中之島図書館蔵）

　本書は、關市長が行政に携わって後の著書であり、大正3年7月に助役に就任し、12年11月に市長に選ばれる直前に発行されたものである。過去数年間の講演論文をもとに新たに起草されたものも加えてまとめられた大部のものである。

この著作の章構成は以下の通りである。

序
1. 住宅問題──大正11年6月社会政策講習会での講演を基に執筆
2. 集中主義の都市建設──大正11年2月「建築と社会」に掲載
3. 分散主義の都市建設──大正11年1月「建築と社会」に掲載
4. 英国住宅政策及都市計画──大正10年10月「国民経済雑誌」に掲載
5. 英国住宅補助政策──大正12年5月「国民経済雑誌」に掲載
6. 伯林郊外の発達に関する研究──大正11年1月、2月「国民経済雑誌」に掲載
7. 市街地区画整理制度及地域的土地収用制度

1. 住宅問題に住宅政策についての包括的な考え方をまとめたものであり、本著作の中心的部分を成すものである。
2. 集中主義の都市建設から6. ベルリン郊外の発達に関する研究は、5. 英国住宅補助政策を除き、いずれも1. 住宅問題の講演（大正11年6月）より少し前の大正10年10月から大正11年2月にかけて発表されており1. 住宅問題の論点の根拠や背景を構成するものである。
5. 英国住宅補助政策の内容も1. 住宅問題の中で紹介されている。
7. 市街地区画整理制度及地域的土地収用制度の論文は東京市区改正条例を京都・大阪その他の都市に準用する法律や都市計画法の制定に大きな影響を与えたものであり、分散主義に基づく計画的な市街地整備やスラムクリアランスに関する重要な論文であるがいずれも住宅問題の中で触れられている。

こうしたことからここでは、序及び1. 住宅問題について論点の要約を行い、關市長の考え方の概略を把握するとともに、著作に対する筆者の考え方を述べることとしたい。

住宅問題の位置付けについて

關一は、その著作『住宅問題と都市計画』の序において、「都市計画の目的は、我々の住居する都市を『住み心地よき都市』たらしめんとするにあるとし、故に都市改善の計画は、住宅問題と内容実質において不可離関係を有すべきである」としている。

そして各国の都市計画の流れとして、仏蘭西流・欧州大陸流の王宮を中心とした都市美観主義・集中主義の流れと英国風の家庭を本位とする分散主義の都市建設があり、その相違は、住宅問題を中心として眺めた都市計画の根本観念の相違であるとしている。

關一は、このように住宅問題を都市計画の基本として重視しており、この時代にこうした論点を先進的に展開されているのは驚くべきことであり、まさに大阪市、また我国における「住宅政策の源流」と言うことが出来る。

住宅難の原因について

　住宅難には、戦災や火災などによる一時的な急性の住宅難と、社会の下層階級による慢性の住宅難があり、この慢性の住宅難の解決が重要であるとしている。そしてその原因は、家主と借家人の関係が強者と弱者の関係にあるためであると指摘している。すなわち好況時代には、家主あるいは仲介者等が不当な利益を得る一方、不景気になっても家賃は容易に下落しない。つまり、家主は経済上の強者として借家人より耐久力が強いため、家主が家賃を引き下げるより前に借家人は劣悪でも低廉な住居を求めることとなり、大都市下層階級の住居状態がますます劣悪になると住宅難が生じる原因を分析している。本質的な分析であり今日にも通ずる視点である。

住居費負担率について

　また、住宅難を分析する過程で、所得と家賃の関係を分析している。ロシェル、エンゲル、シュワーベ、ボーレなど欧州での各種の説を紹介している。
　○英国──概略的に所得の使途を唱え、家賃は賃金の1／6（16.7％）としている
　○独逸──統計的調査により学者が様々な説を立てている。
　　■ロシェル──住居費は所得の増加とともに増進すると主張
　　■エンゲル──所得の多少にかかわらず12％の不変率
　　■シュワーベ（伯林市統計局長）──所得額の大なるに従い住居費比率は減少する（シュワーベの法則）このシュワーベの法則は現今多数学者の認識する所となっている
　　■ボーレ──大体においてシュワーベの法則を承認するが住居費比率は所得の増加と正比例に減少せず、極少額の所得を除き比較的変化少ない
　また、日本での大正5年高野博士の東京での職工家計調査や大阪市社会部労働調査報告での月収別の住居費負担割合を分析したうえ、我国においても大体「所得が増加するに伴い住居費比率は減少する」というシュワーベ（伯林市統計局長）の法則が行われていると結論づけている。また所得の2割以上を負担するものがいることを重大な問題であると指摘している。
　住居費負担率については、戦後の日本の住宅政策の立案の際には、国の住宅宅地審議会等においても、所得が上昇すれば住居費負担限度額を上昇

させる考え方を採用してきた。しかしこの間の政策の実情を見ると、中間所得層の賃貸住宅政策において多くの空家が発生するなどの問題を生じており、今一度住居費負担率の的確な分析を行う必要があると考えるものである。昭和の初期に、諸外国での研究成果も含め、日本での調査実績を基に、このような住居費負担率の分析が行われていたことは実に驚くべきことであると言える。

住宅難の別の原因──住居の意義に対する意識について

さらに官吏・教員と労働者の住居費負担率を同一所得層で見ると、官吏・教員の負担率が高いことを分析し、住居の意義を理解することに原因があるとしている。労働者は、賃金の増加に際し住居費よりも被服費、娯楽費に消費する傾向があるとしている。こうした住居の意義を理解し得ない階層が産業革命後の大都市の発達過程で大量に流入し、資本家もひたすら賃金の低廉なるを望みて労働者の住居状態に注意せず、その結果、集合する区域が貧民窟となりゆゆしき住宅問題が生ずることになったとしている。

そして住宅問題は賃金問題のみでないことを理解してはじめて、住宅問題の本質に触れるとしている。スラム発生の本質的な原因、また住教育の必要性にも関連する重要な指摘である。

密集住居（スラム）について

密集住居（スラム）は、世界の大都市共通の問題であるとし、英国ではスラムは建設されるものでなく成長するものと考えられていると紹介している。すなわち、低所得者の集団という意味ではなく廃頽した住居の集団であって、都市の場末・周囲部のみでなく市の中心部にも発生することがまれでないとしている。

そしてペストの発生毎に問題となるのはこの非衛生地区であるとしている。我国でもいくつか調査が行われているとし、大正9年大阪府調査にもとづく大阪市南部のスラム（戸数97、世帯数722）の劣悪な状況を詳細に論述している。こうしたスラム対策を進めるには空論でなく実態を調査すべきであるとし、さらに過密居住の基準の検討にあたって我国では全国的な住宅統計が存在しないことを問題であるとし、住宅対策を進めるには科学的調査が必要であると指摘している。

そしてこのような密集住居（スラム）が市の繁華街に近接して存在することは、市民全般の衛生上・社会上の脅威であり、その除去が必要であることは論をまたないとしている。当時ペスト等の伝染病で多数の死者が出る中で切実な問題であったことが判る。

こうした認識が、本稿（第1章住宅問題は、大正11年6月講演を基に執筆、大正12年8月『住宅問題と都市計画』として出版）以前の大正7年

「大阪市街改良草案」でのスラム改良のための土地・建物収用権として提案されており、それが都市計画法第17条に反映されていった。そして昭和2年に「不良住宅地区改良法」が施行され、昭和3年から大阪市では下寺・日東地区において事業が実施された。（東京、横浜、名古屋、神戸でも同時期に不良住宅地区改良法による事業が実施されている。）また「不良住宅地区改良法」は、戦後の「住宅地区改良法」につながっていった。

大阪市の下寺・日東地区の不良住宅地区改良事業は、当時としてはめずらしいRC造でデザインも斬新なものであったが、戦災に合う中で入居者が入れ替わるなど戦後入居管理が混乱し、RC造に木造で増築がなされるなど再び不良住宅化した。そのため住宅地区改良事業を再度適用し、周辺市街地を含めて市営住宅建替事業を実施し住環境の整備改善を図った。戦前の下寺・日東地区の整備については、大阪市立大学の柴田善守氏（社会福祉・元大阪市住宅審議会委員）により優れた研究報告がなされている。また再建替時に谷直樹氏・中嶋節子氏の研究チームで詳細に調査いただき報告書としてまとめられている。

住宅監督制度及び住居法について

また、住宅監督制度及び住居法が提案されている。住宅問題は、住宅そのものだけでなく住まい方にあるとの考えに立脚しており、住宅監督制度は強制力を伴うため、根拠法としての住居法の制定があわせて提案されている。実務的な英国においては、先に不良住宅の取締からスタートし、住居法を制定し、あわせて建築法、都市計画法と一体的に進めていることを紹介し、我国でもこうした取り組みが必要であるとしている。

住宅監督制度で考えられている内容は、住宅の現状の調査、風紀上・衛生上の弊害や建物の欠点の除去、予防的措置や住教育、町会区域内での住居の悪化の予防、結核その他の伝染病や乳児死亡等の住居状態と関係のある非衛生状態の除去、住居の需要供給状態の調査、不良住宅に代わるべき空家の発見、家屋の新築の奨励など多岐にわたっている。

これらの業務は地方的であり、国ではなく地方自治体が実施すべきであるとしており、またこの業務は、警察でなく自治体行政で実施すべき性格を有しており一局を設けて住宅監督その他住居に関する事項を扱うべきとしている。

また住宅監督制度は、住居として不良なものを除去するに止まっており、一種の消極的手段に過ぎないとしている。そして英国の住宅改良に尽力したオクタビアヒル[*1]の例を引いて、住宅教育の必要性を述べるとともに借家の紹介や住宅の需給関係の調査、公益団体・雇主・私人の住宅建設の奨励など積極的政策の必要性を指摘している。ハード・ソフト両面から積極的かつ総合的な住宅政策の必要性をすでにこの時代に先進的に指摘していたと言える。

關一が提案した住宅監督者制度や住居法は、前述したスラムクリアランスは別にして、その後実現しなかった。スラムクリアランスは伝染病対策等緊急性を有する対策であったのに比してその必要性が十分認識されなかったことや、その後我国が戦時体制に移行し前向きな政策を立案する時代で無くなっていったこともあったのではないかと考えられる。

　戦後においても、住宅監督制度やそのための住居法のような制度は作られていない。戦後は、まさに大半の住宅を戦争により失い、非住宅居住やバラックでの生活など大変な状況であったし、その後復興期には建設戸数を確保するのに汲々としていた状況であった。また一方では、大都市地域への大量の人口集中が莫大な住宅建設やストックの増加を生み出し、それを住宅監督するのは実務的にも人員や費用の点で困難であり、そうした政策を立案することが無かったといえる。

　しかしながら今日の状況を見ると、その理念を踏まえなければならない事態も生じている。近年は世帯の細分化が進み、単身者が増加し、子育て層も子供の数が減少してきており過密居住問題は以前に比して減少してきている。公共賃貸住宅が大きく増加したことも居住水準の向上に大きく寄与してきている。しかし、その一方で、単身の生活保護世帯が木賃アパート以上に劣悪な蚕棚のような木造改造住居に囲い込まれ、こうした住居にも一定額の住宅扶助費が支払われ、生活保護費が不当に悪質業者に詐取される状況が生じている。こうした事例は、まさに住宅という箱と居住状況というソフトをつなぎコントロールする政策の欠如から生じており、また住宅行政と福祉行政の隙間をついた事例である。こうした底辺の問題について、關一が提言した住宅監督制度の考え方を限定的に適用するのは不可能ではない。最低限守るべき住居の規模や設備の基準を明確化し、福祉行政と住宅行政が協力して、居住者の住生活を守るとともに不当な生活保護費の詐取をなくす必要がある。

大阪市全景（『大阪府寫眞帖』）

住居の集中と分散について

　欧米諸国の都市には、英国のような分散型の都市と仏やベルリンのような比較的狭い地域に高層住宅を建設する集中型の都市があるとし、それを踏まえて我国の都市のあるべき姿を論じている。

　關一は、高層住宅については、保健衛生上又に政治・社会上決して最良の制度ではないが、経済上から見ると反対論者が唱えるような不利益のものとは言えないとしている。しかし一方、理想の住宅のごとくとらえ急激な発達を望むのは問題であるとし、独やニューヨークのテネメント[※2]においての例をあげ、住居規定や建築規定が不十分なら大きな問題を生じると指摘している。そして大都市には高層住宅は避けられないものであるが、むしろ郊外への鉄道を整備することにより住宅供給を促進し、分散型の都市構造を実現する必要があるとしている。当時の我国の高層住宅の技術水準では、指摘されるような問題が生じたと思われる。戦後の復興期においても当初は中層住宅の時代であり、やがて建築基準法や消防法が整備され、耐震・防火・避難などの諸規定が整えられ高層住宅が一般的となり今日では超高層の時代になっている。都市の集合住宅のあるべき姿について高層住宅か否かの議論は今日でも見られる議論であり、關一はこの当時からこの問題に対して現実に立脚して冷静に判断しているといえる。

　また關一は、分散の結果、大都市中心部の人口減少と昼夜間人口の大きな差が生じているとし、ロンドンの商務院の調査結果から①密集地域から健康上・日常生活上、快適・低廉な住宅を求めようとする自然な要求②都市中心部の住宅を商店・事務所に変更する必要性をあげている。いわゆる「ドーナツ化現象」を把握したうえ、一方で大都市中心部には近接した区域に居住することを希望する市民が永久に存在するとし、低所得の商店・会社の使用人や肉体労働者など遠距離通勤が出来ない層の存在や地方からの移住者で娯楽施設のある場所を好む層の存在をあげている。そしてこうしたことから、都市中心部の住宅は利用率の高い建築を許し、高さや空地制限を緩和する一方、住宅の設備や各室の大小、衛生工事の可否に関する取締りによってその弊害を除去するより改善の方法は無いとしている。この当時から大都市中心部のドーナツ化現象やそこに居住しなければならない層の存在（居住立地限定階層として戦後住宅問題の専門家の中で言われはじめた観点）を指摘するなど総合的視点から大都市中心部の住宅政策を論じている。

　一方、郊外への住宅の分散に関して、「田園都市論」を1つの帰農運動であり大都市撲滅論であると批判している。そして自らは「田園郊外」という言葉を別途用いている。關一は、大都市の持つ役割・機能を極めて重視しており、その立場に立って、住宅問題の解決のために交通機関の整備により郊外への分散を図ろうとしており、「田園都市論」と立場が異なる点を明確に表

明していることは興味深い。

建築法規について

　都市の建築については、いかなる時代も全く私人の任意に放置したことは無く、むしろ細かい点まで干渉したものであるとしている。（前述のように近世においては、町式目などにより建物の形態規制が行われ、町の運営管理も町人による高度な自治が行われていた）

　しかるに近代化以降に、自由放任主義、個人主義の思想が勃興するに従いこれらの取締りが非常に寛大になり、都市膨張の中で乱雑極まる市街地が現出し、大正8年（1919）の市街地建築物法の発布となったとしている。

　しかし市街地建築物法の適用範囲が、都市計画を施行する6大都市の市内に限定されており、大阪市では周辺市町村に全く実施していないと指摘している。そして、このままでは劣悪な市街地が形成され将来大きな問題になるとし、都市の拡張地域に早急に指定すべきであるとしている。今日の大阪市の密集市街地には、この当時市街地建築物法の適用外で形成されたものが多くあり、この時代の産物といえる。

都市計画について

　都市計画法と市街地建築物法が同時に施行されたが、住宅政策から見れば、いかにして都市計画によって住居分散の目的を達し得るかを考えなければならないとしている。

　そして都市計画事業は骨であって建築物は肉であり、地域地区制度[*3]も都市計画で定めるが利用の仕方は建築物法で定める。また街路は都市計画事業であるが、建築線を決定することとなり、建築線が定まったところでなければ建築を許さない必要性があるとしている。

　そして序文と同様、都市計画は住み心地よき都市を建設する骨子となるものであり、住宅政策の基礎となるべきものであるとしている。

地域地区

　都市計画において住宅問題と最も関係するものは地域地区の制度であるとしている。そして我国の地域性は、用途と高さと宅地割合に対し画一の制限を設けているが、米国などにおいては用途地域、高さの地域、空地地域があるがこの3種の地域は一致していないと指摘している。

　市街地建築物法は、第11条で「建築物を建築する場合におけるその高さ又は敷地内の空地に関しては、地方の状況、地域及び地区の種別、土地の状態、建築物の構造、前面道路の幅員等を参酌し、勅令を以って必要な

る規定を設くることを得」としており、地方の状況等を踏まえることにしているのに、施行令においては主として地域の種類に準拠して高さ及び空地制限を定めていることを問題としている。高さは、住居地域65尺、住居地域外100尺を越えないこととし、空地については住居地域は6/10、商業地域8/10としているとし、この他に高さについては、建物構造による制限に加えて、前面道路との比例を定めているとしている。そしてこうした施行令の画一的な取り扱いに疑問を呈している。

　關一は、むしろ画一的規定が高層住宅地区を奨励する結果を心配し、郊外住宅地はもっと制限を設けるべきとしているのであるが、一連の論点の中に、今日の都市計画法及び建築基準法における集団規定の問題が集約されていると言っても過言ではない。この画一的な施行令の規定により、その後の我国の市街地の形態は、地域的な特色のないものとなり、また前述したように空地制限なども地域の実態に合わない規定が長年にわたり残ることとなったのではないかと考えるものである。市街地建築物法は、先進的な制度であり重要な役割を果たしたが、施行令の中にこのような全国画一的な面を有しており、そうした流れは戦後の建築基準法にも引き継がれることになった。

　關一が、市街地建築物法の発足時点で指摘しているように、施行令による画一的規定ではなく、地域の実態に合った、地域の実態に則した規定を設けていくことが、今日の地方分権の時代には必要であり、集団規定は今や地方に任せるべき時代に来ていると考えるものである。そのことにより地域性を有した魅力ある景観・まちづくりが進むとともに、接道規定などで困っている既存不適格建築物の再生にもつながると思う。

自由空地

　關一は、都市計画と住宅問題に関連して、自由空地の重要性を極めて重視している。自由空地は、公園のみならず建築物でおおわれていない土地を広く含めており、このような自由空地は都市の肺であるとしている。英国においても、広大な公園や植物園があるとし、我国でも過去には、防火や軍事目的のために相当広い空地を有していたが、近年それらが開発されつつあるのは市民の保健上大きな問題であると危惧している。そして大都市は際限なく広がりゆくものでなく、中心部の高層建築区域に近く閑静なる公園を存置し、郊外住宅地との間に自然の区画を設けて、住居分散していく形態が望ましいと考え、そうした自由空地を都市計画により定めるべきとしている。

　自由空地については、他の講演でも述べられており、関東大震災後の被災地を視察した後、市民を救ったのは近代の施策ではなく近世に造られた広場や空地であったとし、震災対策の面でも自由空地の必要性を指摘している。

　このように都市生活の中における自然環境を、市民の健康や安全性の確保など多面的な面から重視しており、自由空地を住宅問題の観点から都市計画

で定めるべきとした点は注目すべきである。

無計画地に対する建築の禁止・制限

　我国の大都市の中心部は、近世の町割りによって幅員は狭いが整然として街区が形成されているのに比して、郊外は乱雑な無秩序な市街地が近年に形成されてきたとしている。その原因は何らの計画無く、道路も建築線も決定していない土地に、旧来の畦道を挟んで、出来る限り建築費を切り詰めた住宅が建築されているためとし、将来これらの改善に莫大な費用をもってしても十分には対処し得ない問題を生じるであろうと危惧している。

　そしてその対策は、無計画地にみだりに建築を許さないことにあるとしている。

　また、一日も早く都市計画法に基づく地域制度を確立し、道路その他の事業を遂行しなければならないと指摘している。前述のように法整備された都市計画法や市街地建築物法の適用区域が限定されており、適用区域外の地域が乱雑に市街化されるのを止めるための提言であった。

　こうした制度がその後も確立せず、同様のことが戦後の復興期や人口集中期に大都市郊外において木造賃貸アパートが畦道にスプロール開発[*4]され、今日密集市街地になっており、同様の歴史が繰り返されてきている。

行政組織

　東京や大阪のような100万人以上の人口を有する大都市については、郊外市町村を編入して、都市計画区域全体を包含する特別市政を布いて、都市計画や建築監督の機能を与えることが都市改善にあたって、まずしなければならない事であると行政組織について記述している。そして特別市政の必要については、2重監督の廃止によって、事務上の手続きを省略するといった末葉の問題でなく、一国文化の中枢であり商工業の中心である大都市建設の要件であるとしている。

　關一は、大都市の機能上の役割を最も重視しており、大都市機能を発揮で

大阪控訴院（『大阪府寫眞帖』）

きるための組織として都道府県から独立した権限を有する特別市政を提案している。今日２重行政の解消を理由に大阪都構想が提案されているが、大都市を分割解体し、その役割や機能を後退させ都道府県に従属させようとする考え方であり、關一とは正反対の考え方である。

交通機関の発達について

都市中心部の人口密度が、高層住宅が少ないにもかかわらず世界の大都市よりもきわめて過密な状態にあり、その結果地価も高騰しているとし、住宅の分散、郊外化を図る必要があるとしている。そしてそのためには高速でかつ輸送力のある交通機関の発達が不可欠と述べ、郊外から乗り換えなしで都心に高速鉄道を設ける必要性を指摘している。大阪市について考えると、市内に高速交通機関を有しないのみならず、郊外電車も非常に不足していて、最近の10年間、大阪市に起点を有する郊外電車として新設されたものは僅かに阪神急行、北大阪線の開通ぐらいに過ぎないとし、大阪市の発展のためにはなお数線の放射状の線路を速やかに敷設すべきであるとしている。そして住宅地供給増加の最良手段は高速度機関であってその増設改良を無視しては到底大都市を建設することは出来ないとし、「交通政策即ち住宅政策なり」と高唱するものがあるのは決して誇大の言ではないとしている。

都市の宅地政策について

都市計画による建築敷地の造成や高速鉄道による住宅分散は、有効なる間接的な宅地政策であるとしたうえ、都市がさらに一歩進んで土地を所有・管理する政策について論じている。土地市有論について述べ、この方法は市有地以外の用地に独占的価格を生じさせる惧れがあり、また買戻し権付の売却方法も転売等が出来ないため希望者が少なく実際的でないとしている。そのうえで、土地市有論の目的は、大地主になることではなく、民間大地主の売惜しみの弊害を除き、宅地の造成・利用を促進し、地価の高騰を抑制して低廉なる住宅を増加することにあるから、市が将来建築敷地たるべき土地を取得造成し、建築者または居住者に賃貸もしくは売却することを提案している。そしてこの場合は時価主義、かつ競争入札、特別会計によるべきとしている。戦前の公共によるモデル的な分譲住宅地の造成や戦後の埋立地や郊外ニュータウンでの宅地造成につながる考え方である。

建築費や家賃に対する補助政策について

建築費や家賃を補助する政策については、關一は反対の立場を明確にし

ている。その理由は、住宅難に苦しんでいる者全部を救済出来るか非常に疑問であり、実行不可能であるとしている。そして少数の者の利益にしかならず、一般に家賃を引き下げる目的を達し得ないとし、少数者の利益のために多数の納税者の負担が増加するのは不公平で有害であると厳しい判断を下している。

一方で、社会の一部には資産も無く労働能力も無い窮民があって、社会全体の負担でもってこの階級を扶養する必要があり、この窮民に対して宿泊の場を与えるのに公費を支出するのは争いの無いところであるが、建築住宅の補助制度は窮民の問題でないとしている。

そして英国の帰休軍人の例をあげ、多額の財政負担になっていること、補助金が浪費に流れやすいこと、住宅だけでなく他の事項にも拡大し財政が破壊されるとしている。

そして結論として、住宅建築についても、宅地と同様、供給の増加に重点を置くべきで、供給が増加すれば家賃も地代も自然に低下するとし、供給の増加に努めず、少数の者のみに補助を行うのは無意味であるとしている。

この議論は、住宅政策の根幹にかかわる議論であり、今日にも通ずる議論である。この当時は、大都市に多数の人口が流入し住宅が不足していた時期であり、分散型の住宅供給を促進し、住宅の供給量を増加させようとしていた時期である。従って、窮民対策あるいはスラムクリアランスを除き、建築費補助や家賃補助ではなく、郊外での宅地開発や土地区画整理などを通じて供給量の増加により解決すべきであると判断したのであろう。この背景には、当時の住宅ストックの約8割が借家であり、大地主だけでなく退職金で借家を建設・購入し老後資金に当てることが行われるなど、民間による借家供給が一定機能していたことや、実現出来なかったが住宅監督制度の効果に期待していた点もあろう。また關一の時代には、欧州においても一部公共住宅供給が見られたもののまだ本格的でなく、将来の財政問題が危惧されていた時期でもあった。

しかし都市問題としての住宅問題は、關一が住宅難の原因で述べているように、経済上の弱者として低所得の借家人がその居住状況の悪化を余儀なくされているのも事実であり、スラム対策だけでなくこの窮民対策をどの程度まで進めるべきかは、その置かれている時代の経済力、社会の考え方等によるのではないかと思う。

關一の時代以降、我国は第2次世界大戦に突入し、その戦火で大都市の住宅ストックの大半は焼失し灰燼に帰した。大阪市においても焼失や倒壊、建物疎開などで全住宅戸数の51%、約32万9千戸の住宅が失われた。戦後、バラックや市営バス住宅等の転用住宅、非住宅での居住などで雨露をしのぐ状況で、絶対的住宅不足の解消が時代の要請であった。また、民間では地主制度の崩壊、地代家賃統制令などにより借家供給システムが崩壊し、劣悪な賃貸住宅が建設されている状況であった。

この時代に、公営住宅や公団住宅が建設され始めたが、公営住宅には低

所得者層対策として1/2～2/3の建設費補助が、また公団住宅には財政投融資資金への利子補填がなされた。このように一定の所得階層への建設費等の補助による公共住宅の建設が戦後始まったが、絶対的住宅不足の中での良質な公共住宅の大量供給が、我国の戦災からの復興と社会の安定に果たした役割は大きかったといえる。また欧州でも英国や独逸を中心に、公共賃貸住宅の供給が行われ日本の戦後の公共賃貸住宅の建設に影響を与えた。

このような戦災による大量の住宅ストックの焼失等による絶対的な住宅不足、民間の借家システムの崩壊、復興とその後の経済成長による大都市地域への大量の人口集中などは戦前には予測できなかったことであろう。

また家賃補助については、欧米においては「石から人へ」[*5]という表現に見られるように、一般的に行われている。しかし我国においては、これまで、家賃補助が市場に吸収されてしまう危険性や、良質な住宅供給を促進するのが政策目的であり既存住宅に家賃補助しても質の向上につながらないといった観点から、現在に至るまで国の政策としては一貫して否定的である。そして民間の新築の特定優良賃貸住宅の家賃減額に限定的に導入されている。しかし新築住宅の家賃減額は補助額が過大で、制度上の問題もあり空き家が発生し非効率である。我国の住宅ストックは今や極めて大きくなり、賃貸住宅の空き家も相当数に上っている。こうした既存住宅も活用して、所得階層など対象層を限定し、かつ市場家賃を上昇させない仕組みを工夫しながら、家賃補助政策を立案すべき時代が来ているのではないかと筆者は考えるものである。大阪市では、これまでこうした観点から後述するように、人口流出の著しい新婚世帯を対象とした家賃補助や民間老朽住宅建替に際しての従前居住者家賃補助などを限定的に実施している。

住宅供給主体について

關一は、住宅供給主体として、どのような形態が望ましいかを非営利主義・営利主義それぞれに各種の方式に対して検討を加えている。

住宅公営

關一は、住宅公営（国家や公共団体によるもの）については、否定的であり非常に慎重である。その理由として、欧州においても住宅公営は、第1次大戦までは比較的少数で、官舎や不良住宅地区の立ち退き用住宅に限定されていたことや、またグラスゴー市の調査委員会が保健上の理由（スラムクリアランス）については全く異議は無いが、労働者の住宅供給を目的とするいわゆる積極的な住宅公営政策については、容易に当否を決することが出来ず、制限的にならざるを得ない状況にあることを紹介している。また公有事業については、統一的独占的性質を有する事業が最も適しているが、住宅公営はそうで

はないこと、また、管理費用が多額になり入居者管理や維持補修など借家管理が困難であることを上げている。

　ただ關一は、こうした議論は一般的な住宅公営の特質を述べたものであり、この理由で全ての場合に住宅公営を否定することが出来ないとしている。

　戦時中の欧州での軍事上の労働者住宅の建設や官公吏の住宅、スラムクリアランスのための立退き用住宅などは住宅公営を要するとし、一般的な住宅政策としての住宅公営については、前述のグラスゴー市の例のように英国では一般的な住宅政策として住宅公営を検討するようになってきているが、その目的が達せられるか疑問であるとしている。そして、住宅公営は英国新法のように住宅不足数全てを供給するのは空想であるとし、むしろ住宅の質の問題に対して模範的経営をなすべきものではなかろうかとしており、都市が一団地の住宅経営の実例を示す必要があると述べている。但し都市は家賃に関して民間の家主と家賃の競争をするのは困難であり、またその必要もないとしている。

　關一は、スラムクリアランス等の限定された住宅公営は認めているが、一般的な住宅公営は否定的で慎重であり、そのことは前述の建築費や家賃への補助の論述でも述べられている。ただ諸外国の例も把握していて、全面否定はせず慎重に見極める姿勢を持ちながら、一団地の住宅経営などモデル的な住宅公営については、その必要性を認めている。また、戦災とその後の状況の変化については、先に筆者の考え方を述べたところである。

　また關一が指摘したように、公共住宅団地の管理問題の困難さは、戦後も大きな問題となった。公共住宅団地が住宅不足の解消に大きな役割を果たしてきた反面、家賃改定の困難さとそれに伴う補修費の欠如など公営住宅会計の赤字化は、戦後の公共住宅の大きな課題であった。ようやく平成8年（1996）になって、公営住宅の応能応益家賃制度が創設され、収入による応能と住宅の立地・規模・設備など応益の両面から家賃が決まる仕組みが導入され、家賃改定がスムーズに行われるようになった。大阪市では、家賃収納率も2012年で99.4％になるなど管理運営の適正化を進める中で、市営住宅会計は近年黒字となってきている。

その他の非営利主義の住宅

　その他の非営利主義の住宅として、社宅や組合方式によるものが検討されている。

　社宅については、①労働者の足留策になる②供給量が限られている③労働争議や失業時において住宅を失う、などの問題が指摘されている。また欧州では、束縛された家屋制度として労働者が喜ばない流れにあるとし、将来我国もそうなるであろうと予測している。また複数の会社で住宅を建設し、従業員に割賦で売却する方法や一団地の理想的な住宅経営を行うことも期待している。

第2次世界大戦後においては、この社宅方式は人口集中期に多く建設されたが、その後、住宅供給の大きな主体とはなり得ず、近年は、合理化の観点から社宅を資産売却し、家賃助成に切り替える動きとなっている。また労働者の束縛といった点からILO115号勧告（1961年）でも否定的であり、その後リーマンショック時（2008年）には、解雇された人々が社宅から出ざるを得ず、住居を失い大変な社会問題となったこともあったが、こうした点も關一の指摘どうりである。

　一方、組合方式については、英国でも日用販売品の消費組合以外は困難であるとしており、日本でも住宅組合方式は、限られた事例にその後止まった。

営利主義の住宅

　住宅供給を促進するためには、営利主義の住宅建築の役割は大きいとしながら営利主義の住宅建築は、種々の欠点があるとし、その欠点を矯正し、弊害を緩和して将来の住宅供給を図らなければならないとしている。

　そのためには、建築上の取締や都市計画の必要性は勿論であるが、それだけでは不十分としている。官舎や学校、事務所、工場等の建築は、建築学の造詣深き技術者に依頼するが、住宅建築は経験のみによる大工に放任されていると生産過程の問題を指摘している。

　また、中流階級の住宅様式については専門家も議論しているが、小住宅の建築や一団地の住宅経営については余り研究成果が発表されていないとしており、その原因として貸家建築の大部分が小資本家や半ば高利貸的の家主に放任されているためであると指摘している。

　この解決のためには、新時代の企業組織、すなわち株式会社組織による住宅供給を進めるとともに、その監督を厳にし弊害を予防することを提案している。そして大正10年の初めに住宅会社法案を社会事業調査会に政府が諮問し、

安治川の船舶（『大阪府寫眞帖』）

調査会が可決、社会事業特別会計法を制定し、公債及び借入金を以て資金供給する案がまとめられたが、まだ実現していないとしている。

また将来の住宅建設は、相当な規模で一団地の住宅経営をすることが必要であり、特別法を制定して、こうした一団地の住宅経営を行う会社に土地の強制収用や道路、上下水道などの公共事業、公益事業を処理経営させることも慎重に検討する必要があるとしている。

そしてこうした住宅会社に対しては、資金の供給が必要であるとし、その理由は建設資金が多額であり長年月にわたって資金を回収する事業であるからとしている。そしてその資金の利子の高低が重要であるとし、各国も種々工夫をしているとし、大蔵省預金部の資金や簡易生命保険積立金を融通するようになっているが、金額は十分とは言えないと指摘している。政府自ら住宅債券を発行して、その資金を住宅会社やその他の住宅改良事業に低利で融資すべきとしている。さらに住宅会社が自ら債券を発行し、その債券に銀行や生命保険会社が投資する方法も提案している。さらに公有地の払い下げや賃貸について特別の便益を与えることも必要であるとしている。

關一は、市街地建築物法といった取締による制度だけでなく、将来の住宅供給を豊富にするためには発達した企業組織による住宅供給が不可欠であると考えており、そのためには住宅会社法を創設し、こうした企業組織に対する監督と保護を併せて行わなければならないとしている。またこうした住宅会社が開発するエリアで、英国のような借家人協同組合や住宅組合の制度を活用して住宅建築を実行できれば、最も弊害が少ない方法であると述べている。

このように關一は、近代化した株式会社組織により、技術力にも優れた住宅の供給をダイナミックに進めることを考えており、そのための資金手当てまで提案している。さらに一団地の住宅経営を進めるためには、今日の民間活用方式のPFIにも通じるような、公共施設の整備・運営や土地の強制収用までこの住宅会社にさせることの検討を提案している。戦前から戦後にかけて多くの民間鉄道会社が優れた郊外団地開発を大規模に進めてきている。また戦後はプレハブ住宅産業や分譲マンション産業が創立・発展し、良質な住宅団地の形成に大きな役割を果たしてきている。關一の提案は、こうした流れに通じる考え方であったと言える。

しかし一方で、民間の賃貸住宅の経営については、戦後も、なお小規模土地所有者によるものが大半である。企業は資金回収の早い持家の建設は進めても、長期経営を必要とする賃貸経営には、管理受託や建設事業は行っても、経営者としてはほとんど参入しない。土地価格が高く用地取得して賃貸住宅を建設すれば家賃が高額となり経営上困難な状況でもあり、既存の土地所有者が相続税対策等で賃貸住宅を供給しているものに限定されてきている実情にある。こうした民間賃貸住宅の中には、木賃アパートや文化住宅など低質なものが多く建設され郊外スプロールによる密集市街地形成など戦前と同様の

問題を生じた。震災などを契機に、民間賃貸住宅も含め耐震性能の強化や品質の確保のための施策が引き続き推進されているところである。

また關一は、建築技術が重要な建物や中流階級の住宅には向けられていても、小住宅や一団地の住宅施設には余り研究がなされていないと指摘している。關一は、その原因として生産主の問題を指摘し、発達した株式会社組織による住宅供給が必要であるとしているのであるが、建築技術者も、もっと小住宅や集合住宅、住宅団地開発などに目を向けていく必要があるとの思いではなかったかとも考えられる。同潤会などの優れた住宅開発や私鉄沿線での優れた郊外団地開発、大阪市内の新開地での土地会社による計画的な長屋住宅地の開発があったが、まだまだ限定的であったと言える。住宅営団から戦後の住宅公団の設立、プレハブ産業の発達、郊外ニュータウンの開発、都市部でのマンション開発などを経て住宅・建築分野での技術が大きく発展してきているが、さらに発展させていく必要があると言える。

關市長の著作にふれて

以上、關一の著作について紹介し、筆者の感じたところを述べてきた。關一は、住宅問題の解決を都市計画の基礎に置いており、また住宅難の原因からはじまり、スラム対策、建築費補助や家賃補助、住宅監督者制度や住居法、住宅供給主体、宅地政策や交通政策など多岐にわたる問題について、現状分析に立脚し、かつ諸外国の状況も把握したうえ、将来を見据えながら、現実的な政策立案を行っている。学者でありながら通常の学者ではない、行政マンとしての判断を兼ね備えた存在であり、時を超えて我々に感銘を与えつづける巨大な存在である。しかもこうした著作を助役時代も通して、執筆・講演し、この『住宅問題と都市計画』を刊行したのが、実に市長の就任前であった。關市長の見識の高さと熱意は、全ての行政にたずさわる人々が学び、その姿勢に少しでも近づけるようにしなければならないと思う。

中央公会堂の北東、東洋陶磁美術館の西側一角に、關市長の像が市役所、公会堂、市中心部に向かって立っている。この像の前を通りながら、いつもこのように感じる所である。

---

*1 オクタヴィア・ヒル（Octavia Hill、1838年12月3日-1912年8月13日）は、19世紀後半の特にロンドンの住民の福祉に関わったイギリスの社会改革者
*2 テネメント　ニューヨークには当時移民の人たちが住むTenement（すみか）と呼ぶ集合住宅があった。ここでは劣悪な居住状態の例示としてあげられている。
*3 地域地区制度　都市計画法に規定され、都市計画区域内の土地をどのような用途に利用すべきか、どの程度利用すべきかなどを定める。
*4 スプロール開発　道路等の計画的な整備をすることなく、都市が周辺に無秩序に拡大する現象
*5 「石から人へ」　公共住宅の建設費への国庫補助のように建物に対する補助を「石に対する補助」と呼び、一方居住者に対する家賃補助を「人に対する補助」と欧米では言われている。「石から人へ」は、公共住宅の直接建設から家賃補助を含めた住宅政策への流れを示す概念。

5．關一論文以降の住宅政策・まちづくり政策の展開

　關一市長は、前述のように住宅政策やまちづくりに貴重な提言をし、かつそれを実践し、大阪のまちづくりに多大な貢献をしてきた。前述したように、大正3年（1914）7月に助役に就任、そして大正12年11月に市長に選任され、昭和10年（1935）1月に死去するまで実に20年6か月にわたり重責を果たしてきた。ここでは『住宅問題と都市計画』（大正12年8月）以降、住宅政策とそれに関連するまちづくり政策がどのように展開されてきたのか述べてみたい。

都市計画法・市街地建築物法の適用区域の設定

　前述のように、長年にわたる關助役を中心とする国への働きかけの結果、大正8年4月4日に都市計画法及び市街地建築物法が同時に成立することになった。都市計画法は翌大正9年1月1日から、市街地建築物法は大正9年12月1日から施行された。

　都市計画法の施行に伴い都市計画区域が設定されることになり、大阪市を中心に220km²の区域が大阪都市計画区域と決定されることとなったが、この間の状況について、『大阪都市住宅史』（発行　大阪市、大阪都市協会　大阪市都市住宅史編集委員会編、1989.4）は近代都市計画の策定の項で次のように論述している。

　「都市計画法の施行にともなって都市計画区域の設定が必要となった。当初内務省が示した原案は、大阪市と堺市及び70町村、面積280km²におよぶ広域なもので、大阪市役所を中心として半径10マイル、交通機関を使った都心への到達時間が30分から1時間の範囲、また30年後の推計人口を標準の人口密度で収容できる区域という設定であった。これに対して大阪市は、都市計画区域は単に都市計画の対象地域と見るだけではなく、区域内の都市構築を市自らの手で行う区域と考え、『近き将来に於いて本市に併合し、同一の公共団体となるべき運命を有する地域に止める』ことを方針として、内務省案より狭い範囲を答申した。一方、既に人口が集積し、新しい市街地を形成しつつあった豊中は、大阪の都市計画区域から除外されることを希望した。結局原案は縮小され、大阪市の案に、現在の豊中、吹田、守口各市の一部を取り込んだ220km²の区域を大阪都市計画区域と決定し、内閣の認可を得て翌11年4月に公示された。ここに都市計画を展開するうえでの大大阪の範囲が、法に基づく正式なものとして定着することになった」

　一方、市街地建築物法については、前述のように大正9年12月1日に施行されたが、その適用範囲は同日の勅令で、東京・大阪などの6大都市が指定されることになり、第2次市域拡張前の大阪市が適用区域になった。次いで6大都市と関係を持つ都市計画区域にも適用されることとなり、大正13年3月

13日内務省告示により大阪都市計画区域内の西成郡全20町村、東成郡全24町村、三島郡吹田町及び千里村、大阪府豊能郡庄内村他4町村、北河内郡守口町、中河内郡巽村他2町村が適用区域となった。

このことにより大阪市を中心とする都市計画行政と建築行政を一体的に進めるエリアが定まった。

市域拡張

また關一は、前述のように『住宅問題と都市計画』の中で、「大都市は速やかに郊外市町村を編入して、都市計画区域全体を包含する特別市制を布いて、都市計画執行の任に当たらしむると共に建築監督の機能をも与えることが都市改善の第1着手である」と述べていた。

大阪市は、明治22年4月（市制施行）の市域面積は、15.27km²で、現在の区名で言うと北区の一部、中央区、西区、いわゆる旧三郷の区域であった。その後、明治30年4月に第1次市域拡張が行われ、さらに北区の一部、都島区の一部、福島区、天王寺区、浪速区、此花区、港区、大正区が編入され市域面積が55.67km²となっていたが、大都市として果たしている機能の実態からみると非常に狭小であった。こうした状況を打開するため、上記のような考え方に立っていた關市長は、市域拡張に取り組みそれを実現させた。

『大阪都市住宅史』「第2次市域拡張と「大大阪」の成立」の項で、その状況について次のように論述されている。

「大正12年、大阪市長に就任した關一は、それまで懸案であった大阪市域の拡張に手をつけた。すでに明治末には隣接町村の多くは市街化し、大阪市の「事実上の境域」と認められていたが、行政的にはまだ市に編入されておらず、開発への対応もまちまちであったことから、開発が秩序なく集積していく乱開発の様相を呈していた。とくに財政規模の小さな町村では、増え続ける人口と市街化の進行に対応できず、道路や上下水道などの都市基盤、学校・病院などの施設建設も遅れがちであった。ここに大阪市を中心とした広域行政実現への期待が高まる理由があった。すでに都市計画に関連のある市街地建築物法、汚物清掃のための汚物掃除法、さらに借地法や借家法などの施行区域は、都市化の実情に応じて周辺地域を含んで設定されていた。（中略）こうした現実の中で、大阪市では早くから町村の編入を想定し、大正10年に市域変更調査会を組織して市域拡張の検討を重ねていた。折から関東大震災の教訓もあって、編入早期実施の機運が盛り上がり、東成・西成両郡44町村を合併するという結論に達した。この拡張範囲は、さきの大阪都市計画区域とほぼ等しく、広範な農村部を含んでいた」

内務省は当時、農村部の編入に反対であったが、市の働きかけの結果、市の案どおりの第2次市域拡張が大正14年4月に認められることとなった。こ

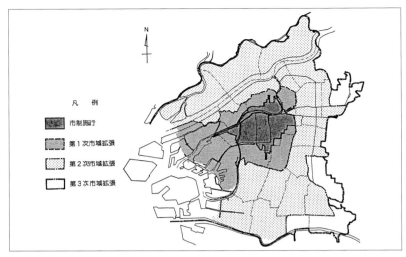

市域変遷図

の結果、大阪市の市域面積は、55.67km²から181.68km²に、人口は133万人から211万人に大幅に増加し、東京市を抜いて日本最大の都市になった。前述のように都市計画区域とほぼ同じ区域であり、關市長がめざした都市計画や建築行政を一体的に進めるための基盤が整ったと言える。

高速鉄道の整備

　關一は、住宅問題の解決のためには、住宅の郊外への分散化を図ることが必要であり、そのために高速で輸送力のある交通機関の整備が不可欠であるとして、高速鉄道の整備の必要性を指摘していた。

　高速鉄道の建設について『大阪都市住宅史』は、「御堂筋と地下鉄の建設」において、次のように論述している。

　「近代の大阪を代表する画期的な事業は、御堂筋の拡築と市営高速鉄道（地下鉄）の建設であった。御堂筋を拡築して梅田と難波を結ぶメーンストリートとする構想は、古く明治20年の市区道路改正案にさかのぼり、大正9年大阪市区改正設計で幅員24間の広路として決定され、同13年の更生第1次都市計画に基づき、工事は翌々年から着手された。一方、地下鉄敷設の構想は、大正8年市区改正部案に高速交通機関として初めて登場した。市では慎重な調査審議を重ね、同14年に1号線から4号線の路線網案を作成し、翌年3月都市計画街路の拡築・新設工事の進捗とあわせて建設することを条件に内閣の認可を得た。こうして1号線（御堂筋線）の工事は、御堂筋の拡築工事と並行して行われることになった」（以下略）

　また地下鉄建設以外の都市交通網として、市電や市バスの整備が進められた。この点については『大阪都市住宅史』は「昭和の都市整備の進展」に

地下鉄心斎橋駅（1933頃）（『写真で見る大阪市100年』）（大阪歴史博物館蔵）

おいて、次のように論述している。

「この時期に特筆すべきこととして、都市交通網の完成をあげることができる。明治36年（1903）以来順次整備されてきた市電の敷設事業は、大正5年には市内の重要路線をほとんど網羅し市民の都市活動を支えた。さらに第2次市域拡張にともない新市域を含めた路線網も整備され、大正末年には81.3km、昭和10年には104.6kmに達し、文字どおりの市民交通体系をかたちづくった」

また市バス網も整備され、地下鉄、市電、市バスという三つの市民の足が体系的に確保されることになった。

一方、市域外への高速鉄道網の整備も各私鉄により大きく進展することとなった。戦後初めて出版された「大阪市住宅年報」（昭和29年12月）「Ⅰ戦前の住宅事情、§3住宅地の発展」において、市域外への鉄道や人口の拡大についての資料が掲載されている。大阪市と衛星都市の人口増加率、私鉄営業距離数であり、高速鉄道の整備と合せて市域外へ市街地が大きく拡大していることがわかる。

土地区画整理事業

土地区画整理事業については、關市長が良好な住宅市街地を整備するうえで重要な政策として位置付けていたものであり、前述したように、助役時代の大正7年1月に自らまとめた「大阪市街改良法草案」においても記載されており、東京市区改正条例にはない新たな提案の一つであった。そして大正8年に成立した都市計画法の中に反映され、都市計画法第12条において、都市計画区域内の土地については、宅地としての利用を増進するため土地区画

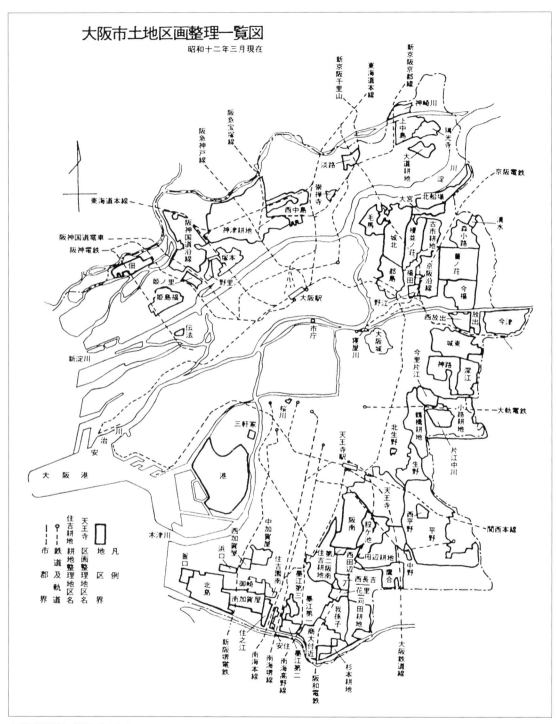

土地区画整理一覧図（1937）

土地区画整理区域内の長屋地区（阿倍野区阪南町付近1948）（国土地理院地図）

第1章
戦前の住宅政策

整理を施行できることが、また、第17条で土地区画整理のために必要があるときは、建築物その他の工作物を収用することが出来ることが規定されているところである。

都市計画法成立前後の大阪市の市街地の状況について、『大阪都市住宅史』は「新市街地の膨張」において、次のように記述している。

「大正期から昭和初期にかけての産業の飛躍的発展にともなって、庶民住宅地の建設が拡大した。臨海部に立地した大・中規模の工場労働者に対して、土地会社が組織的に住宅地の経営にのりだし、大量の長屋が供給された。長屋の住宅地は既存の市街地の外回りに位置し、大阪の市街地は一段と拡大した。それまでの無秩序な開発とは異なり区画は一応整っていたが、街路は狭く、通風や日照条件はまだ十分ではなかった。一方、市内東部、城東区の城北運河沿い、東成区・生野区には中小の工場が立地した。おもに下請けの工場であったが、この中に住宅が混在していた。工業専用地区として特化した臨海部とは対照的に、東部の内陸には住と工とが混在する密集市街地が形成されたのである。

大正末期から昭和初期にかけて農村では、耕地整理が盛んに行われた。耕地整理は田畑を効率的に区画し、食糧増産を図ることに目的があったが、大阪市街に隣接する農地の耕地整理事業は、当初から宅地に転換することを想定して実施された。大正14年（1925）に設立認可された住吉第1耕地整理組合の区域も、工事完了後すぐに住宅地となり、高級住宅地帝塚山を形成した。しかし耕地整理の街区は庶民住宅地としては大きすぎ、開発が進むと無計画に路地を通して長屋が建てられたので、明治時代の乱開発と大差ないところが多かった。

近世大阪の住宅と住宅地はそれなりの秩序をもって構成されていたが、その秩序が周辺部において近代のわずか数10年の間に混乱のきわみに達した。大正8年の都市計画法によって都市計画区域内で施行できることになった土地区画整理は、この混乱に対する切札の役割を果たした。当時の市街地を取り囲む周辺地域（現在の旭・都島・城東・東成・阿倍野・住吉・住之江各区）で土地区画整理が行なわれ広大な土地が住宅地に変わっていった。（中略）新しく区画された土地のうえに、前庭、場合によっては前庭と後庭をもった大阪独特の長屋住宅が整然と建ち並び、それまでの住宅地とはまったく面目を新たにした『中流階級の理想住宅地』が登場したのである」

こうした近代長屋建住宅については、『大阪都市住宅史』「都市居住の新しい形態」大阪の近代長屋建住宅において詳しく論述されており、大阪で発展した優れた居住形態・居住文化であり参考にされたい。またその多くが借家であった。

このように土地区画整理は、近代化に伴なう乱雑な都市開発を克服する新たな制度として、良質な住宅市街地整備に重要な役割を果たした。前述した

区画整理以前の耕地整理によるものが27地区2,280haである。そして都市計画法に基づく土地区画整理によるものが戦前において75地区4,085haという広大なエリアを占めており、別途昭和10年に事業決定された大阪駅前5haを含めて4,090haに及んでいる。

戦前の住宅施策

　大阪市では大正6年（1917）4月に「都市改良計画調査会」が発足し、住宅政策を含む総合的な都市政策が検討され大正7年4月に市長に報告が行われ、また大正7年5月11日には關一助役が救済研究会の「都市社会政策」の講演の中で住宅政策について重要な講演を行ったことはすでに述べた通りである。

　そして大正7年7月に大阪市に救済係が設置され、その後これが組織拡充され大正9年4月に社会部となった。社会部には、庶務課・事業課・調査課の3課と市民館・児童相談所があり、事業課の中に住宅係、職業係、児童係があった（大正12年時点）。戦前の大阪市の住宅対策はこの社会部において実施された。

　社会部は、住宅供給や空家の状況、居住水準、住居費やその負担率、住宅難の状況等を調査するとともに、借家・借家争議の状況の把握を行い、詳細な調査報告を定期的に刊行していた。またスラムクリアランスとしての不良住宅地区改良事業や貸付住宅の建設、分譲住宅の建設、民間の住宅経営会社や住宅組合に対する資金貸付など多様な住宅施策を展開していた。社会部の住宅セクションは、關一が『住宅問題と都市計画』の中で述べていた都市による住宅政策展開のための初めての組織であったと言える。

　一方、国においても、住宅の絶対的不足が深刻になり、借地借家争議が大都市を中心に多発し、各界の専門家からも住宅問題への対策を要求する声が高まる中で、大正7年になってようやく住宅対策への取り組みが動き出した。

　大正7年6月25日に内務省において「救済事業調査会」が発足し、今後の救済事業について7月に以下の諮問が行われた。

・第1諮問（1）小売市場設置奨励の件　（2）細民住宅改良の件
・第2諮問（1）失業者保護の施設　（2）資本と労働との関係を円満ならしむる施設
・第3諮問　児童保護に関する施設

　住宅対策は（2）細民住宅改良の件に該当し、大正7年11月5日に「小住宅改良要綱」として以下のような答申がなされた。（現代かな使いに変更）

一、公共団体に対し相当の条件の下に住宅改良の用に供する土地の収用権を認めること並びに官公有地の譲渡貸付につき便宜を図ること
二、住宅建築及び用地買入その他必要ある場合においては公共団体の起債を認め低利資金の融通を図ること
三、住宅巡視員を設置して住宅改良の歩を進め特に密集住居の弊を防ぐに努めしめること
四、公共団体又は公益団体において低廉宿泊所を設くることを奨励すること
五、官公署においてはなるべく従業員の住宅を建築すること
六、住宅改良を目的とする公益団体建築組合等を奨励し一定の条件の下にこれに保護を与ふること
七、会社工場等に従業員の住宅を供給することを奨励すること
八、住宅の所有を奨励するため相当の資格を有する者に一定の組織を設け住宅資金の融通を図る等保護の方法を講ずること
九、長屋建築及会社工場等の従業員住宅の建築については許可制度を設けること
十、衛生上又は保安上有害なりと認める住宅の一部または全部の修築を命じその使用を停止若しくは禁止し並びにその取崩しを命ずる権能を地方長官に与ふること但し取崩しを命ずる場合においては時宜により公共団体の費用をもって補償を与ふること
十一、衛生上又は保安上有害なりと認める地区の改良についても又前項の例によること
十二、市外の小住宅所在地に対する交通機関の普及を図り且つ賃銭の割引を実行せしむること

希望事項
一、住宅賃借の条件につき速に調査を遂げ相当の制限を設けること
二、小住宅建築に適する公有地はなるべくこれを保有せしむること
三、小住宅改良と密接の関係ある土地増価税及び借地料の増加に対する課税に関して速に調査を遂ぐること

　　小住宅改良要綱は、国が初めて住宅政策のいくつかの柱を明示した点で重要な意義を有するものであったと言える。しかし、その後の混乱した政治情勢の中で、提案された政策のうち実現したものは限定された。1つは、大正8年6月に内務省が地方公共団体宛通牒により公益住宅建設促進のために行った大蔵省預金部の低利融資である。地方公共団体の貸付住宅の建設に重要な役割を果たした。一方、賃貸住宅促進のための「住宅会社法案」は検討されたが実現しなかった。また、持家建設促進のための「住宅組合法案」は大正10年4月に成立し、住宅組合による住宅建設に繋がった。しかしながら、これらの政策は何れも資金量が限られていた。

關市長の住宅政策に対する認識をうけ、また限定的ではあったが国の支援策が動き出す中で、戦前の大阪市の住宅施策が社会部においてどのように取り組まれてきたか、以下その施策の概要を、大正14年に初めて発行された大阪市住宅年報第1号、戦後初めて発行された「大阪市住宅年報」（昭和29年12月）及び『大阪都市住宅史』をもとに述べることとする。

戦前の住宅政策の概要

　大正14年の「大阪市住宅年報」第1号の目次構成は、1序説、2借家争議、3借地争議、4統計的観察、5争議より見たる住宅問題、6参考資料から成り立っている。

　借家・借地争議の問題が、時代を反映して大きく詳細に取り上げられており、当時の社会部の仕事の中で、相当部分を占めていたものと推察される。

　また、序説は、住宅難の原因、住宅問題の推移、住宅問題とその対策となっており、住宅問題に本格的に向き合った格調の高い記述となっている。注目すべき論点が多くあるので、少し長くなるが引用して紹介したい。序論冒頭において次のように述べられている。

　「住宅問題の我国に起こったのは比較的最近の事項であるが、たちまちにして、すこぶる重大なる社会問題となった。この問題はひとり労働者のみの問題でなく国民全体の問題であり、ことに都市生活者にとっては生活に直面する共通の大問題であるだけ常に極度の真剣さを持って論議され研究され監視されている。

　言うところの住宅問題は、これを量的方面と質的方面との2方面から観察することが出来る。そして近時本問題の核心をなすものは、専らその量的方面に限られ、質的方面の如きは少数有閑階級の遊戯的議論の対象として取り扱われるにとどまっている。

　量的に見た住宅問題の現状について言うと、経済界の反動来ると共に最近多少緩和されたとはいえ、それはただ絶対的意味の住宅難がようやく問題の中心を遠ざかったに反し、新たに経済問題としての住宅問題が台頭したに過ぎない。従って本問題は焦眉の解決を要する点において依然現下の失業問題と共に切迫せる2大社会問題と言うことが出来る。

　言うまでもなく、慢性的不景気の来襲と共に多くの失業者は帰農した。俸給

邸宅風の長屋

洋風の長屋（大阪市立住まいのミュージアム模型）
模型では玄関先で人々が行き交う様子も再現されている

生活者も労働者も一様にその生活に異常の緊縮を加えた結果は住居も横より縦に縮んでそこに多少の空き家を生ずるに至った。しかも、地価の低落と材料安とは漸次多数の借家を供給することになったから人口に対する住宅の数はいくらか余裕を見せたのであるが、半面借家人の経済的負担能力が低下したためこれに住む能わざる多くの人を生じたのである。従って本問題は未解決のまま今だに執拗な燃焼をつづけているのみか大都会に挙った火の手は中小都会まで燃え拡ってきたように思える」

　そして序論は、不景気になって空家が生じてきても、家主はなかなか家賃を引き下げず、一方借家人の負担力は低下して家賃問題がさらに厳しくなってきている状況を論述し、不当なあっせん業者の問題等を指摘するとともに、借家争議の状況を分析している。關一が『住宅問題と都市計画』において、住宅難の原因について分析し論述した状況がまさに生じていることが判る。そして序論の後半部分において、当時の住宅施策の現状について次のように論述している。

「然してこれが解決策を講ずるに当たっては量と質の２方面から考えてみなければならぬ。即ちいかにして住宅の供給を多くし現在の住宅難を緩和すべきかというのが第１であり、いかにして不良住宅を除却し健全なる住宅を供給すべきかが第２である。しかし今日我が国において当面焦眉の問題となっているのは住宅の欠乏及びこれに伴う家賃の騰貴であり質的方面の如きは少数有閑階級の遊戯的討論の題目たるに止まり殆ど本問題の埒外に放任されているという有様であるから、ここでは量的方面についてのみ観察したいと思う。量的方面の解決策として従来主張せられ実施せられたものは、決して少なくなかった。即ち借地借家法といい或は住宅会社法、或は借地借家調停法という何れもがそれであり、しかも、そのことごとくは時代に適応した良法であることについては誰もが推賞をおしまぬ所であるが、その住宅難緩和の効果にいたっては真に九牛の一毛とも言うべきで紙上に家の建たぬ限り住宅難の問題は未解決に終わらざるを得なかった。何となれば政府の低利融資額が余りに局限されていたからこれらの企画も多くの効果をもたらし得なかったばかりか、その借地借家調停法の実施というも誠に時勢の要求を反映するものではあったが、その性質上本来消極的なもので現実の切迫した事情に対して何等緩和の力を有しなかったからである。

　これを本市の実情についてみると市自ら経営するものには１,２００戸ばかりの市営住宅と３共同宿泊所の外に共同宿舎があり、民間の事業を奨励助長するためには土地会社や住宅会社又は住宅組合などに低利の貸し付けを行ってもっぱら小住宅の増加に力を致しているが、これによって住宅難が完全に緩和され調節されたと見るは余りに無謀であり早計である。もとよりこれらの企てが住宅難を緩和し家賃の高騰を調節するうえにおいて多少とも貢献のあったことは多言を要しないところであるが、一方本市人口の異常なる膨張は特に最近における顕

著な現象であったから依然住宅払底の声は随所に罵かれ住宅問題は労働問題と相拮抗する陰惨峻烈の色彩をあらわすに至った訳である。そしてこの事実は、大正7年において37軒の貸家案内業者が同10年には115軒に激動し更に年々増加の傾向を示していることや借地借家争議が著しく増加したこと、貸家貸間を捜し求めている人の群れが今なお本市紹介係からその姿を絶たないことなどによってもっとも簡単に立証することが出来る。ここをもって見ると、住宅難は単に法律の力や申し訳的に少数の住宅を新築することによって容易に解決せらるべきものでないことは言うまでもない。要は法律の制定にせよ公営住宅の経営にせよ或は住宅組合による住宅の供給にせよ或はいう所の慈善長屋の建設にせよ、その総てを採ってこれを実施することが最も有効であり得策であり捷径である。しかし住宅難のよって生ずる根本的原因を究めずして、これを解決せんとするは恰も百年河清を待つに等しく、本問題の推移を知らずしていたずらにその解決に努むるは舷を刻んで流れに剣を求めると同様の愚であり、その傾向を察せずして之が解決に腐心するは正に琴柱に膠して瑟を鼓するの類で共に我々の採らないところである。従って、その原因なり推移なり傾向なりを察知することによって本問題の真和をとらえ、その真和に適応した施設を行い計画を樹つることが最も肝要であり根本的であると言える」

　国の低利融資が非常に限定され、住宅政策に対するバックアップが少ない中で、大阪市として最大限の施策を進めようとしており、かつ現状認識をしっかり行ったうえで、それに立脚した政策を立案しようとしていることが判る。

スラムクリアランス

　前述のように、大正8年に成立した「都市計画法」において、第17条で衛生上もしくは保安上の必要による建築物の整理のため必要あるときは、建築物その他の工作物を収用することが出来るとされ、スラムクリアランスが位置づけられた。そしてこれを実施するため、昭和2年（1927）に「不良住宅地区改良法」が制定され、6大都市をスタートとして不良住宅の改善に取り組まれることとなった。關一市長が「大阪市街改良法草案」において早くから指摘し、「都市計画法」に反映された事業であったが、この「不良住宅地区改良法」の制定を受け、大阪市においても昭和3年から事業に着手することとなった。

　「大阪市住宅年報」（昭和5年版）は、次のように記述している。
「昭和2年3月29日法律第14号不良住宅地区改良法は、昭和2年7月15日施行されたが、同法により本市にあっては、昭和3年2月9日天王寺区下寺町3丁目、4丁目及び北日東町、南日東町並びに浪速区東関谷町1丁目、2丁目、広田町の各一部を包含する総面積18,796坪にわたる地区を事業施行地区としての指定を受け、昭和2年度より昭和7年度にいたる6か年継続事業として、事業費予定額710万3,033円（内国庫補助金310万2477円、借入金

不良住宅地区改良事業による北日東町住宅　　下寺町集合住宅（『近代建築畫譜』）

339万3,000円、事業収入70万7,556円）の計上を見た」

また『大阪都市住宅史』は次のように記述している。

「建設された改良住宅は、木造2階建て280戸・鉄筋コンクリート3階建共同住宅726戸で、木造の仮住宅は144戸であった。鉄筋コンクリート住宅は、6畳と3畳の2室を標準とし、各戸に炊事場・水洗便所・水道・ガスを備えて、各階にはダストシュートが設けられた。必要により一部を店舗用または単身者用（1室4畳半）にし、さらに1戸あたり3坪の作業所または物置が付設された。鉄筋コンクリートの共同住宅自体が珍しかった当時、最新の設備を備えた改良住宅は大きな注目を浴びた。新聞は『通称カンテキ裏と呼ばれていた南日東町のスラム街が一変して、瀟洒たる客船を思わせる鉄筋コンクリートの3階建築がアスファルトの舗道を挟んで5棟も出現したんだからまったく隔世の感がある』と地域の変貌ぶりと改良住宅の『堂々たるモダニズム』を紹介している」

厳しい財政状況や困難な事業調整の中で不良住宅地区改良事業が実施され、設計上も工夫された新しい集合住宅が建設され、住環境の改善に大きな成果を上げたが、第2次世界大戦に入る中で事業は打ち切られた。

一方戦後初めての「大阪市住宅年報」（昭和29年12月）によると、昭和12年8月から12月に社会部調査課が、区役所、警察署などと連絡して、全市にわたる詳細な不良住宅調査を行っている。その結果を見ると、全市でなお333か所、17,896戸の不良住宅が存在しそのほとんどが長屋であったと記述されており、そうした地域の環境整備を進める前に戦争に突入し、不良住宅を含め市内住宅の大半が焼失することになった。なお初めての不良住宅地区改良事業が行われた日東・下寺地区の改良住宅も戦災を経る中で、管理が不十分となり老朽化し、再び建替事業を行ったことは先に述べた通りである。

貸付住宅の建設

大正8年に、大蔵省から低利資金の融資が公共住宅建設にもなされることとなり、大阪市営の貸付住宅の建設が始まった。「大阪市住宅年報」（昭

和29年12月）によると、大正8年から11年まで建設され、具体的な住宅は桜之宮、鶴町第1・第2、堀川で計1,189戸であった。その後市域拡張により、周辺市町村から玉出、平野、小路、豊崎、古市、長柄、榎並、鶴橋の住宅327戸を引き継ぎ全体戸数は1,516戸となった。

　これらの住宅は、9割が専用住宅、1割が店舗併用住宅で、構造は全部木造で、平屋建、2階建、2階建を上下別世帯で住む様式（立体住宅と当時呼ばれていた）の3種類があった。また大きさは種々変化に富み、部屋数2から5、畳数9畳から30畳までの開きがあった。これらの住宅の家賃は、一般住宅の家賃の60％〜70％であった。さらに住宅団地には共同浴場や理髪所、実費診療所などが付設されたり、住宅事務所では住宅管理事務のほかに裁縫講習会や内職斡旋などの経済保護、諸集会の開催や貯蓄奨励などの生活指導まで行う住宅団地もあった。これらの貸付住宅は、前述のように国の低利資金が縮小する中で大正11年で建設は終っている。ただ団地計画においても、優れた住宅が多く、多様な階層の居住を目指しており、また生活指導などソフト面も考慮されている点で我国で初めての公共住宅として重要な意義を有するものである。住宅に対する要望が強い中で、政府上げて取り組んだモデル的な公共住宅団地づくりであったといえる。

　關一は、前述のように『住宅問題と都市計画』の中で、公共の直接建設については慎重であり否定的であり、高速鉄道や土地区画整理により住宅供給を促進し、かつ「都市計画法」「市街地建築物法」等によりコントロールしていく方向を指向していた。しかし、公共による優れた計画のモデル的な住宅団地づくりについてはその必要性を認め、明確に同書の中で位置づけていた。貸付住宅や前述のスラムクリアランス事業として建設した日東・下寺住宅についてもそのような關一の理念が反映されていると言える。

市営貸付住宅　堀川住宅

分譲住宅の建設

　大正15年になって、大阪市による分譲住宅の建設も行われることになった。「大阪市住宅年報」（昭和29年12月）によれば、「中産以下の市民をして快適な土地つき小住宅を所有せしめ、その生活の安定と保健衛生に資する」という目的であり、大正15年には北畠、昭和2年には高見、都島、元今里、昭和3年には杭全これらを合計すると458戸の分譲住宅が建設された。初めて建設された北畠住宅104戸は、敷地25坪、木造洋瓦葺2階建、建坪18坪浴室付の立派なもので、申込者は30倍と好評であり、居住者も文化人と目されたという。しかしその後の住宅の申込者はいずれも2倍程度に止まり、昭和3年杭全住宅を最後に分譲住宅建設は打ち切られた。

　当時の社会状況を見ると、大正7、8年頃までは第1次世界大戦による未曾有の好景気が急激な人口の都市集中をもたらし絶対的住宅難が発生したが、大正7、8年をピークにして第1次世界大戦が終わった大正9年からは逆

杭全分譲住宅

に景気が後退し、物価労賃が低落する中で住宅建設が進む一方、退市者も増加し空家が急増した。しかし空家が増加しても家賃は下がらず借家人達の収入が減少する中で借家争議が急増した。こうした時期における分譲住宅建設であり、時代の限界があったと考えられる。

住宅建設会社や住宅協同組合への助成

　住宅を経営する土地会社又は住宅会社に低利融資を転貸し（資金は大蔵省の低利資金）、借家建設を助成する「住宅建設資金貸付」も大正9年から12年まで実施され、3会社で計300万円、建設戸数1,171戸に上っていた。民間の住宅建設会社を支援して借家建設を積極的に進めた政策は、土地区画整理区域などでの良質な住宅建設に大きな役割を果たしたが、前述のように国の資金が縮小される中で、大正12年で終わっている。

　關一は、『住宅問題と都市計画』の中で、住宅会社の役割を重視しており、住宅会社に対する低利融資や住宅会社法の必要性を指摘している。一定の実績が上がっているにもかかわらず終了せざるを得なかったのは、戦前の社会経済情勢に原因があったと言える。

　一方、中産階級以下に対して持家建設を奨励するため住宅組合を指導育成し、資金貸付を行う制度も実施している。大正11年から14年まで実施されたが、その建設戸数は272戸に止まっている。關一は、『住宅問題と都市計画』の中で、住宅組合の必要性を認めながら、欧米においても協同組合方式は、住宅については余り普及していないとも指摘しており、資金確保の問題と合わせて住宅供給方式としても一定の限界があったものと考えられる。

戦争前の労務者住宅の建設

　「大阪市住宅年報」（昭和29年）によると、第2次世界大戦突入前の昭和14年になって、市内の木造家屋に対して防火改修工事が開始され、また重点産業の労働力確保の目的で労務者住宅が建設されることになった。昭和16年から19年にかけ城北第1・第2・第3、北加賀屋、塚本、平野馬場の6団地で木造住宅計1,302戸が建設され、なお他の住宅も計画されていたが空襲で実現を見なかったと記されている。

　以上、戦前の住宅政策について述べてきたが、昭和20年に入ると20数回の空襲により、市の中心部の大半を失い、市営住宅も戦前5,014戸を数えていたのが、硝煙のうすれた後に残ったものは、わずかに2,590戸に過ぎなかったと「大阪市住宅年報」（昭和29年）に記述されている。

第 2 章

戦後復興期の住宅政策
(戦後〜昭和40年代)

1．国の住宅政策の確立と市営住宅等の建設

戦災直後の住宅対策

　第二次世界大戦により全国の主要都市は、廃墟と化した。大阪市においても、26回におよぶ空襲を受け、市域の約1／3にあたる51km²が焼失し、戦前にあった65万戸の住宅の過半にあたる35万戸の住宅を失った。戦後の住宅政策は、この焼失した住宅の復興に始まった。当時の大阪市内の人口は、約100万人まで減少したが、家なき人々が巷にあふれ、焼け跡にはバラックが林立し、焼け残りの建物や学校、橋の下、駅などには雨露をしのぐ被災者が住みつく状況であった。

　大阪市では、昭和20年（1945）9月に復興局に建築部を設置し、これらの人々に対する対策として木造の仮設住宅の建設を行ないはじめた。また、旧兵舎や寮、学校などを利用した転用住宅もあわせて供給された。木炭バスの廃車体を利用したバス住宅も転用住宅の一つとして作られた。バス住宅は、大阪市旭区豊里町（城北バス住宅）や都島区友淵町（毛馬バス住宅）に設けられたもので、城北バス住宅は28台のバスの内部を住宅に改造しメガネ型に配したものであった。後述する大阪市立住まいのミュージアムの8階住まい劇場の一角に城北バス住宅の詳細な模型があるのでご覧いただきたい。戦後の絶対的住宅不足の中での厳しい生活環境を知ることが出来る。

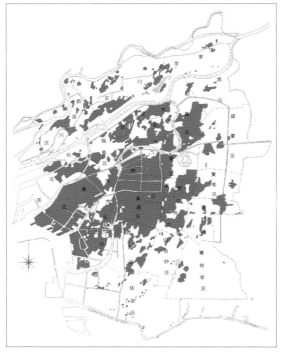

戦災地域図

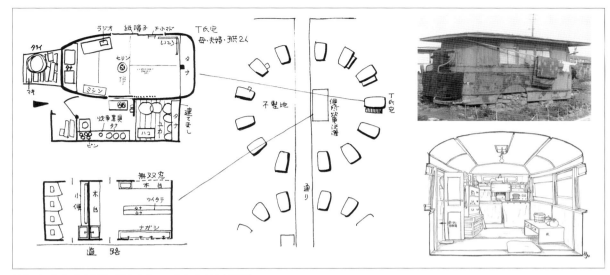

城北バス住宅（西山卯三記念すまい・まちづくり文庫蔵）

　昭和21年になると、連合軍総司令部命令として日本公共事業原則が出され、公共住宅の建設費の１／２を国庫補助金、残りの１／２は住宅を建設しようとする自治体の負担とし、自治体の負担分については多額の起債が認められた。この制度により、公的住宅の建設がスタートし、大阪市においても各戸に台所や便所をそなえた木造市営住宅が建設されることとなった。大半が木造住宅であったが、昭和23年には天王寺区の小宮住宅において戦後初めてRC造の中層住宅が建設された。市営小宮住宅は、４階建ての鉄筋住宅７棟168戸であり、建設省の標準設計48年型を採用したものであったが、その後の中層住宅建設のモデルとなった。翌24年度には小宮、勝山、空堀の３団地に168戸を建設、以降年々戸数の増加に向かった。また府営住宅も同区筆ケ崎及び夕陽ケ丘に６棟135戸の鉄筋住宅が建設された。

　また、行政組織についても、昭和22年７月には新たに建築局が設置され建築課が設けられ、市営住宅や他の公共建築物の建設がこの組織で行われることとなり、昭和24年には住宅建設を担当する専属の組織として住宅課が設けられた。

八幡屋住宅（昭和22年度）

高倉住宅（昭和23年度）

鶴見住宅（昭和24年度）

勝山住宅（昭和24年度）

小宮住宅（昭和23年度）

ジェーン台風の被害住宅

八幡屋災害住宅（昭和25年度）

昭和25年9月3日に、ジェーン台風が大阪を直撃し、大変な被害をもたらした。瞬間風速44m/sとO.P*1 3.85mの高潮を伴い、全市の21％に相当する40km²が浸水、蒙った家屋被害は床上浸水41,035戸、床下浸水25,073戸、全半壊45,388戸を数えた（『市勢要覧』昭和35年版）。「大阪市住宅年報」（昭和36年）によると、台風による大阪市の総被害額は数十億円にのぼり、市の全機関をあげて強力な救護と復旧にあたったが、住宅関係としては1,206戸の災害木造住宅と2,181戸の応急住宅の建設を必要とした。

ジェーン台風による数十億円の損害、それに加えて地方財政制度の変革により大阪市はかつて経験しなかった赤字財政に陥り、伝統的な社会事業活動も難渋する場合が多くなり、住宅対策も資金難が最大の隘路となってきた。

公営住宅法の制定

大阪市が赤字財政に陥り、住宅対策の予算確保が困難となってきたときに、昭和26年（1951）6月に、国において新たに公営住宅法が制定されることとなった。公営住宅法は、議員立法で制定され、その目的は「国及び地方公共団体が協力して、健康で文化的な生活を営むに足りる住宅を建設し、これを住宅に困窮する低額所得者に対して低廉な家賃で賃貸する」こととし、3か年ごとに計画される建設計画に対して内閣は必要な予算を計上しなければならないこと、建設基準の設定や修繕の義務付けによる質の確保、入居者資格・募集方法や選考が公正に行われることなどが法律で決められた。

こうして戦後の住宅行政の根幹をなす公営住宅の建設システムが確立し、予算確保のめどが立ち、本格的な住宅行政がスタートすることになった。同法による住宅は、地方公共団体が国の補助を受けて建設し、低所得者に対して低家賃で賃貸する住宅であるが、入居者の収入に応じて国の補助率が2種類用意され、第1種公営住宅と、より低家賃の第2種公営住宅の区分が設けられた。

西喜連団地（昭和40年頃）

井高野団地・北江口団地（昭和38年頃）

長吉長原東、長吉長原第2団地（昭和38年頃）

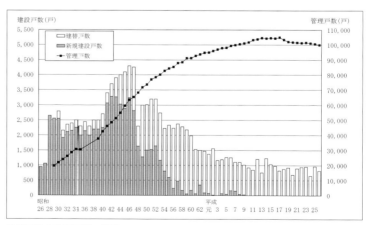
建設戸数と管理戸数の推移

公営住宅法に基づいて、大阪市内でも多くの住宅が建設されることとなり、当初は都心部やその周辺で建設がなされたが年々用地事情が厳しくなり、周辺部の農地などを買収して大団地が建設されていった。特に平野区等には市営住宅をはじめ府営住宅が大量に建設された。

　後述するように、近年こうした地域は低所得者層や高齢者の集中による地域コミュニティの課題を抱えることとなっているが、この時代としては市営住宅等の建設が住宅難の解消につながり、また子供たちのいる家族がたくさん住み活気あふれる町が形成されていた。

　大阪市の公営住宅の建設戸数をみると、昭和20年代が22,437戸、昭和30年代が21,462戸、その後の昭和40年代が35,665戸となっている。公営住宅が戦後復興に果たした役割は、極めて大きかったといえる。また、府営の公営住宅もこの間大阪市内で建設され、住宅事情の改善に大きな役割を果たした。府営住宅の建設戸数は、昭和20年代が5,906戸、昭和30年代が6,940戸、昭和40年代が2,862戸となっている。

　また市営住宅の建物構造は、昭和35年度までは木造住宅や簡易耐火造、特殊耐火造、耐火造が混在し木造の比率が大きかったが、不燃化の観点から昭和36年度からは木造は建設しないこととなり、また昭和39年度からは全て4～5階・耐火・耐震のRC造の住宅となった。なお高層住宅については、用地費の縮減を上回る工事費の増加があるため引き続き検討が進められていたが、昭和42年度から高層住宅も建設されることとなった。また昭和38年度からは、保育所併存市営住宅も建設されている。

抽選風景

申込受付

入居説明会

公共住宅建設への政策転換

　戦前には、公共の直接建設については、前述したように關一市長も慎重であり、また国の住宅政策としても限定されていた。そして公共住宅の建設は、戦前の住宅政策で述べたようにモデル的なものにとどまっていたが、公営住宅の建設により戦後大きな政策転換が行われたことになる。この間の状況を示す資料として、戦後初めて発行された「大阪市住宅年報」（昭和29年）の序文で当時の伊東五郎大阪市建築局長（公営住宅法制定の時の国の住宅局長、その後大阪市復興局長、建築局長）が以下のように述べている。少し長くなるが引用したい。

　「大阪市は未曾有の大戦災を被り、不幸その建築物の過半を喪失した。市街は一望焦土と化し、市民は職場と住居を奪われ、悲惨な状態で終戦を迎えた。以来9年、その間更にジェーン台風の大災害があったにもかかわらず、一般建築物の復旧復興に関しては相当の進捗を示し、特に諸官庁、会社、金融機関、娯楽施設関係等の大建築物が市の中心部などに続々と建設され、戦前にも見なかった盛況を呈している。

しかし一方われわれ市民の生活の本拠である住宅施設の復興についてはどうであろうか。いうまでもなく戦前においては、一般市民の住宅の需要は、政府や公共団体の関与がなくとも、民間の多くの零細な投資により低家賃の貸家が十分に供給されていたのであるが、現在はほとんどその方面の住宅供給は跡を断ち、自己の資金なり信用なりで家を建てる余力のない大多数の市民にとっては、市営住宅と府営住宅とに期待をかけるよりほかない実情となっていることは周知の通りである。

　戦前は、地方公共団体の住宅対策は、不良住宅地区の改良など、社会政策の一環として比較的小規模に行われるに過ぎなかったが、戦後大多数の市民を対象とする住宅の建設供給の事業にその本質が変り、従って本市の如き大戦災都市にとっては、この事業が財政上少なからぬ負担となるに至った。

　戦後大阪市の産業経済は年と共に復興の一途をたどり、戦前に復帰することもあまり遠くないであろう。このことはまことに慶賀に耐えないところであるが、これに伴う人口の増加と住宅需要の増大もまた年々膨大な数にのぼり、この需要に対処し住宅難を解決することは、まことに難事業といわなければならない。本市は、戦前から住宅問題に対しては相当に努力して来たのであるが、戦後特に中井市長就任以来、政府の地方財政制度の変革、地方債引締めの方針等の関係上、この種事業資金の捻出が極めて困難な際にもかかわらず、市営住宅の建設については、年々10数億円にのぼる巨額の資金を投じ、用地の取得、様式・技術面の改善等においても、絶えず最善の努力を重ねてきた。その結果投入資金の額なり建設戸数なりにおいて、全国のいずれの市、府県等にも劣らない実績をあげることができたのであって、われわれ当事者としては、今後更に市会と市民各位の御協力を賜わり、住宅対策の推進に一層の努力を尽す覚悟である」

　この序文により、戦災による多大な住宅の焼失、民間賃貸住宅市場の機能不全、復興に伴う人口の増加による住宅需要など公営住宅など公共住宅建設が不可欠であったことが判る。また、厳しい財政状況の中で、公営住宅の建設に取り組んでいたことも知ることが出来る。

　また「大阪市住宅年報」（昭和36年）は、戦後の民間貸家住宅の不振の原因について次のように記述している。

「低物価低賃金政策の一環として打たれた地代家賃の統制は一応借家人の家賃負担を軽減したが、借家経営には手痛い打撃を与えた。インフレによる物価水準の上昇は家賃統制額との間に著しい不均衡を生み出し、その後における統制額の数次にわたる改定にもかかわらず、家賃構成の償却部分・利子部分は著しい減少をみせたのである。こうして既存家主による住宅の再生産はほとんど不可能になり、その上建築資材の高騰、農地関係による建築制限、借家人の地位強化、公租公課の引き上げ等の諸事情も加わって住宅建設特に貸家住宅の建設は著しく不振となった。

他方、既存借家は上述の如く経営困難や採算割れと家主自身の生活苦によりこれを手放す家主が続出し、財産税の賦課はさらにこれを助長したので、これらの貸家は持家になることにより貸家はいよいよ減少した」
　昭和16年（1941）時点で、大阪市（旧市域）の既存住宅全体に占める借家の比率は91.2%であったが、昭和30年には54.8%に大幅に減少している。
　こうした社会経済情勢の大きな変化の中で、公営住宅など公共住宅の直接建設が必要とされたのである。

古市中団地の建設――大規模開発モデル団地

　そして、昭和28年から周辺部での大規模開発のモデル団地として城東区で古市中団地の建設が開始された。この団地は、約7.6haに及ぶ旧軍用地を活用したもので、学校や道路、公園も含めて一体的に計画した大規模開発のモデルとなるものであった。住宅の敷地面積は約5.2ha、戸数は835戸で昭和28年から37年にかけて建設された。設計は、ドイツ・イギリスで建築を学んだ久米権久郎氏によるもので、住戸計画から、変化に富んだ住棟配置、久米カラーといわれた独特の色彩計画、カーブを描く団地内道路、5角形の公園など外構も含めた総合的なものであり全国的にも注目され、その後の住宅公団の計画にも大きな影響を与えた。住宅公団が設立される前に、こうした優れた団地づくりを企画・計画した当時の行政マンの心意気を感じることができる。
　その後、古市中団地は老朽化し、設計競技（コンペ）に基づき建て替えられることとなった。

大阪市営古市団地配置図

大阪市営古市団地近景

大阪市営古市団地全景

山之内モデル分譲住宅
（昭和27年）

分譲住宅の建設

　大阪市は、戦後まもなく公営賃貸住宅の建設と並行して、昭和22年度から分譲住宅の建設を行っている。資材を確保し低利の住宅建設資金を融通して市民の持家建設を促進しようとするもので、専用および店舗付木造住宅を建設しその分譲を行った。昭和22年度、23年度は宅地の所有者に貸し付けを行う方式であり市内に散在していたが、23年度以降は個人の用地取得難から団地建設による方式となり、さらに26年度からは住宅金融公庫の発足に伴い、公庫利用者に対する建売分譲住宅事業になった。希望者には公庫融資と同条件で市が追加の融資を行っている。

　昭和27年度に建設された住吉区の山之内住宅はモデル住宅として建設され、1戸20坪から15坪の住宅で、全体戸数36戸の団地であるが、各戸がそれぞれ36の建設業者により36通りの設計で建設され、土地付きで分譲された。新しい試みとして注目される。

　分譲住宅は、昭和22年度から31年度にかけて560戸供給されている。また別に、昭和34年度には、東淀川区北江口で宅地分譲工事が着工されている。

住宅金融公庫の設立

　公営住宅法が施行された前年にあたる昭和25年（1950）に住宅金融公庫法が施行され、この制度により、中間所得者層の個人持ち家の建設が促進されることとなり、一定の資力のある人達の自力建設を通じて戦後復興に大きな役割を果たした。前述のように大阪市分譲住宅の供給においても公庫と連携して事業が行われることとなった。

　また、昭和32年度に住宅金融公庫法の一部改正により、住宅部分が概ね1/2以上を有する店舗あるいは事務所併用の耐火建築物を建築する場合は、公庫の長期低利融資が受けられることとなった。この中高層耐火建築物融資制度は土地の高度利用や都市の不燃化を促進し、災害の防止と都心部の住宅確保を目的としたもので、大阪市が住宅金融公庫から委託を受けて融資あっせん事務を行うこととなった。

　さらに昭和33年度からは、新たに住宅金融公庫から委託を受けて、産業労働者住宅建設資金貸し付け事務も大阪市が行うこととなった。この制度は、勤労者の著しい住宅不足を緩和するため、会社その他事業者に長期低利の公庫資金を貸付けるもので、社宅建設の促進策であった。

大阪市住宅協会の設立（その後住宅供給公社に）

　大阪市では、昭和26年1月に大阪市住宅協会が設立され住宅金融公庫

融資を受けて中間所得者層向けの賃貸住宅を建設する事業に着手することとなった。住宅金融公庫法によれば地方自治体が融資を受けることが出来なかったので、大阪市長が会長となり市の寄付金を基本財源にして財団法人大阪市住宅協会が設立され、協会が公庫から建設資金の75％の長期低利融資を受け、残りは市が無利子で協会に資金を貸し付ける方式であった。昭和25年度から39年度に法円坂団地をはじめ16団地約2千百戸の住宅が建設された。特に、法円坂団地の北西部敷地で、昭和32年度に大阪市内で初めての高層住宅（地下1階、地上8階）が建設されたことは注目される。また協会住宅は、事務所や店舗、公設市場との併存住宅など市街地型の住宅も多く建設されている。昭和30、32年度に建設された西区の川口住宅はそうした団地の1つで、地上5階・地下1階で地階に店舗、1、2階に事務所、3～5階が住宅となっており、また住宅の規模や間取りも変化に富んでいた。さらに昭和35年度からは、分譲住宅も建設が始められ、後に住宅供給公社に組織変更されるまで499戸の分譲住宅等が供給されている。

その後、昭和40年6月に地方住宅供給公社法が公布され、大阪市住宅協会は公社に組織変更されることとなり、昭和41年2月に大阪市住宅供給公社が発足した。住宅供給公社は、中間所得者層に良質な分譲住宅を供給する事業に着手することとなった。

中間所得者層は、持家取得に際し頭金確保が困難なため、あらかじめ公社に積立貯蓄をしてもらい、これを頭金にして公社が住宅金融公庫融資付きの住宅を建設し分譲住宅を供給する、いわゆる「積立分譲」方式によるものであった。その後、積立方式によらない一般分譲も実施された。積立分譲住宅は、平成2年度に事業を終了するまで15,827戸供給され、また一般分譲住宅は平成17年度に公社が分譲事業から撤退するまで5,817戸が供給された。

相生団地（昭和27年度）

法円坂団地全景（昭和25年度～）

法円坂団地（室内）

中間所得者層が取得可能な信頼できる水準の高い分譲マンションの供給に、公社分譲住宅は大きな役割を果たしたと言える。

なお住宅協会時代の賃貸住宅の建設は、公社になってからは行われておらず、その後、平成元年から公有地等を活用しての建設が再度開始されることとなった。

中間所得者層向けの良質な賃貸住宅の供給は、昭和30年に設立された日本住宅公団がその役割を担うこととなった。

日本住宅公団の設立

住宅金融公庫法、公営住宅法に続いて、昭和30年（1955）には日本住宅公団法が施行され日本住宅公団が設立され、大阪市も2億円の資金を出資することとなった。

大阪市内では、昭和30年から公団住宅の建設が進められ、中間所得者層や単身世帯等を対象に良質な住宅が数多く建設され大半が賃貸住宅であった。賃貸住宅の建設戸数は、昭和30年代が9,470戸、その後40年代が14,760戸となっている。なお分譲住宅は昭和20年代が145戸、40年代が317戸建設されている。

大阪市内での公団住宅は、敷地規模の大きい大団地と並んで、既成市街地の中で店舗や事務所と併存した高密度な中高層集合住宅が数多く建てられている。西区にある西長堀アパート（11階建て）はそうした公団住宅の例である。

公団住宅の供給は、量的にも大きく、また集合住宅の質の面でも新しい試みがなされ、戦後復興期に中間所得者層に対して良質な住宅を供給するうえで大きな役割を果たした。

その後も、後述するように、大阪市は公団と連携して市内の住宅供給や工場跡地等の大規模な住宅地再開発に取り組むこととなる。

西長堀アパート（UR都市機構蔵）

耐火助成事業

昭和27年（1952）5月に耐火建築促進法が公布され、大阪市においても耐火建築促進条例を制定し、大阪府と共同して総延長116km、延べ面積54万㎡の防火建築帯が計画され、27年度から補助が実施された。

さらに昭和36年6月に防災建築街区造成法が施行された。この法律は、災害危険区域や防火地域内の土地を対象に、街区を単位として計画的に防火建築物の建築を行おうとするものであった。大阪市では、この事業を行う地区の関係者でつくる造成組合等への補助制度を設けるとともに融資の斡旋を行っていた。住宅金融公庫の中高層融資を適用するか、あるいは住宅公団が上

上六―下寺町防災建築街区

部に公団住宅を建設する方式で、いずれも防火建築帯の形成に合わせて良質な住宅供給を推進することに役立った。上六―下寺町防災建築街区や阪神千船駅前防災建築街区などで事業が行われた。防災建築街区造成法はその後市街地改造法や都市再開発法に統合されることとなった。

市営住宅建替事業のスタート

　昭和30年度からは、全国に先駆け木造市営住宅を中層鉄筋住宅に建て替える市営住宅の建替事業も始められた。用地事情が厳しくなり、公営住宅の住宅供給を促進するため、戦後の初期に建設された木造平屋の市営住宅を鉄筋の中層住宅に建て替えることにより、住宅戸数の大幅拡大や不燃防災化、住環境の整備をはかろうとするものであった。当初は、仮設住宅や転用住宅、ジェーン台風の応急住宅などを対象に始まり、一般の木造住宅にも広がっていった。

　木造住宅への愛着、仮設住宅への入居や家賃の上昇あるいは払下げ要求など、事業にあたって居住者の方々の理解を得るのが困難な面があった。家賃の傾斜減額や移転料など制度拡充も図りながら粘り強く説明し、順次理解を得ながら建替事業が進められていった。

　その後、用地事情がますます厳しさを増す中で、建替事業による建設戸数の割合が年々増加し、近年では全て建て替え事業によるものとなった。また木造住宅から始まった建替事業は、簡易耐火造も対象に拡大し、また建て替え後に建設される住宅も中層から高層になりさらに土地の高度利用が図られることとなった。また、後年になって、平成３年度には戦後の初期に建設された中層の老朽鉄筋住宅の建替事業にも着手することとなったところである。

池島団地（昭和47年頃）

井高野地区（平成11年頃）

市営住宅建替事業の効果

●市営住宅建替事業の事業効果
○老朽市営住宅の除却約44,000戸
○建替用地での住宅建設や公共公益施設等の整備
　　　◆公営住宅約59,000戸
　　　◆中間所得者層向け公共住宅（賃貸・分譲）　約5,900戸
　　　◆民間分譲住宅約1,900戸◆保育所25か所◆地域集会所31か所
　　　◆学校用地約11.3ha◆公園約12.5ha◆老人憩いの家37か所

　居住水準の向上・良好な住環境の整備・都市の不燃防災化・土地の効率的活用による住宅供給の促進等をめざし進めてきた市営住宅建替事業が、市営住宅だけでなく中間所得者層向け住宅の建設や各種の公共公益施設の整備等を通じて、地域のまちづくりに大きく貢献してきたことがわかる。

　昭和30年度の市営住宅建替事業の着手は、その後の大きな事業に発展する第一歩であったと言える。

住宅統計調査（昭和33年）と不良住宅地区調査

　前述したように国の住宅政策の三本柱といわれる公営、公団、公庫の制度が昭和20年代半ばから30年にかけてつくられ、戦後の住宅政策の骨格が確立し、各種の施策と合わせて住宅建設の促進が図られることとなったが、当時はまだ大都市を中心に住宅事情が依然として厳しい状況であった。

　昭和33年（1958）に全国的な住宅統計調査が総理府統計局により実施されたが、大阪市内の住宅事情について概要を記述したい。
●住戸数
　住戸数が613,200戸、内住宅が605,200戸、人の住んでいる住宅以外の建物が8,000戸となっている。
　住宅605,200戸のうち、人の住んでいる住宅は579,600戸（95.8％）、居住世帯なしの住宅（一時現在者のみ、建築中、空家）が25,600戸（4.2％）となっている。また住宅以外の建物8,000戸のうち、寄宿舎・下宿屋が3,600戸、非住宅居住が4,400戸となっている。
●住宅総数と世帯総数
　住宅総数は、空家も含めて605,200戸に対して、世帯総数は同居世帯も含めて634,700世帯となっており、なお住宅総数が世帯総数を下回っている。
●所有関係別住宅数
　人が住んでいる住宅579,600戸のうち、持家が264,600戸（45.7％）、民営借家253,800戸（43.8％）、公営借家33,200戸（5.7％）、給与住宅27,900戸（4.8％）となっている。
●狭小住宅（居住室が9畳未満）
　狭小住宅は158,900戸（全体の27.4％）あり、そのうち持家が23.1％、借家が76.9％となっている。
●過密度な世帯数（1人当り畳数が2.5畳未満）
　過密度な世帯数は234,200世帯（全体の36.9％）となっている。
●住宅難世帯数
　住宅難世帯数は、163,700世帯（全世帯の25.8％）あり、その要因別内訳は非住宅居住4,400世帯、同居47,100世帯、老朽住宅居住4,800世帯、狭小過密107,400世帯となっている。

　このような依然として厳しい住宅事情を反映して、木賃アパートや文化住宅など民間の水準の低い住宅が数多く建設されていった。また、こうした住宅の建設は、市内から周辺都市の鉄道駅周辺などにスプロール的に広がっていった。
　一方、不良住宅調査については、第1章で述べたように、戦前（昭和12年）に社会部により行われていたが、それ以降に調査がなく、昭和29年

(1954) 8月に建築局住宅課が戦後初めての調査を行った。戦後初めて出版された「大阪市住宅年報」(昭和29年) に調査結果が記述されているが、不良住宅地区数は戦前の333に対し649、不良住宅戸数は戦前の17,896戸に対し22,905戸と大幅な増加を示していた。また総住宅数に対する不良住宅の比率は戦前3.0%に対し5.2%となっていた。さらに不良住宅の建物構造を普通家屋とバラックの比率でみると戦前が13対1、戦後4対1となっておりバラックの増加が目立っていた。戦災で焼失した不良住宅も多かったが、戦災を免れ

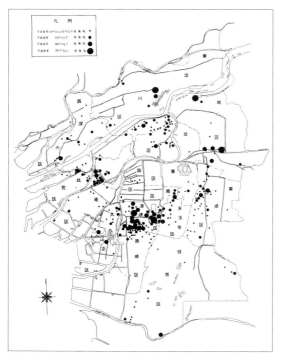
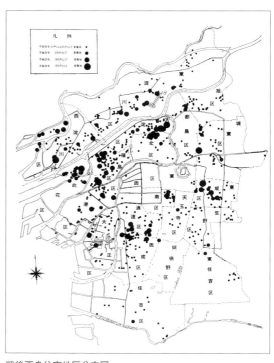

戦前不良住宅地区分布図　　　　　　　　　　　戦後不良住宅地区分布図

不良住宅地区の一例

た地区でも新たに不良住宅が発生し、また戦後の焼け跡にバラックが建てられた結果であった。住宅年報は、戦前は一定地域に特徴的にあらわれていた住宅の老朽化不良化が、戦後は全地域に拡大化し一般化する傾向を見せていると記述している。

住宅地区改良法の制定と住宅地区改良事業の実施

昭和29年の不良住宅調査を踏まえて、昭和30年度から旧不良住宅改良法の規定に基づき、不良住宅地区の改良に取り組み、昭和30年度から34年度に596戸の改良住宅建設が進められた。しかしながら、旧法は色々な点で戦後の社会情勢に合致せず、その規定での事業には困難があった。

そうした状況の中で、昭和35年に、新たに住宅地区改良法が施行され、国庫補助の充実なども図られたため、大阪市においても不良住宅が密集する地区を対象に住宅地区改良事業を本格的に実施することとなり、昭和37年2月に改良課も設置された。この事業は、不良住宅を除去するとともに改良住宅の建設とあわせて道路、公園等の生活関連施設の整備を行うものであり、歴史的、社会的な理由により生活環境の安定向上が阻害されている同和地区をはじめ老朽住宅地の住環境整備に大きな役割を果たした。昭和35年度の制度創設以降30年代に建設された改良住宅は792戸、昭和40年代に建設された改良住宅は3,388戸になっている。住宅地区改良事業はそれ以降も大規模な住宅地再開発や密集市街地整備にも適用され建設戸数の累計は7,000戸を上回っている。

中小企業従事者住宅

中小企業従事者の住宅難を緩和するため、厚生年金積立金の還元融資及び中小企業主の自己負担金をもとに、大阪市が中小企業従事者住宅（厚生年金住宅）を建設し、20年間事業主に賃貸し、賃貸料で融資を返済させ、賃貸期間経過後すなわち融資の償還後、無償で事業主に譲渡する制度である。事業主から見ると、建設用地があれば、建設資金も住宅建設の技術面も大阪市がバックアップしてくれる制度であり、昭和36年度にスタートしその後昭和51年にかけて2,767戸が建設されることになった。中小企業向けの社宅の促進策である。

市営住宅事業組織の整備

市営住宅建設の組織の面でもしだいに拡充が行われ、昭和34年（1959）には、建築局のなかに住宅部が設置され、そのなかに建設課と管理課がつく

られた。その後、補修課や住宅地区改良事業を担当する改良課、木造市営住宅の建替事業を担当する建替課もつくられ、40年代の初めには、市営住宅の建設戸数も年間4千戸を超すようになった。以下に戦後から昭和40年代までの住宅事業の組織機構の変遷を記しておきたい。

- ●昭和20年　　復興局──建築課
- ●昭和22年　　建築局──建築課
- ●昭和24年　　建築局──住宅課
- ●昭和29年　　建築局──住宅課、住宅管理課
- ●昭和32年　　建築局──住宅建設課、住宅管理課
- ●昭和34年　　建築局──住宅部──建設課、管理課
- ●昭和38年　　建築局──住宅部──建設課、管理課、補修課、改良課
- ●昭和46年　　建築局──住宅部──庶務課、建設課、改良課、建替課、管理課、整備課
- ●昭和48年　　建築局──住宅部──庶務課、計画課、建設課、改良課、建替課、管理課、整備課

---

*1　O.P　大阪湾最低潮位。大阪で高さを表すときの基準とする。O.P 3.85mは、大阪湾最低潮位より3.85m高い位置を表す。

2. まちづくり政策としての住宅行政の必要性

　公共住宅の建設も本格的に進むようになり、また民間住宅の建設も促進された結果、昭和43年（1968）の住宅統計調査において全国的に、また大阪市においてもようやく住宅数が世帯数を上回ることになった。ここにおいて、戦災復興以降量の確保に追われてきた時代は終わりを告げ、住宅行政は新たな転換期を迎えることとなった。

　昭和30年代後半から始まった高度経済成長政策は、40年代に入るといよいよ本格化し、日本経済が大きく発展するとともに人々の生活水準や生活様式、また、まちづくりの面においても大きな変化を及ぼすことになった。大阪市内では、商業・業務機能が一層集積するようになり、常住人口も昭和40年には、315万6千人（昭和25年195万6千人）と大幅に増加し、通勤や通学などで市外から市内に通う昼間流入人口は同年で88万人に達するなど、大阪市は西日本の中枢都市としての役割をますます高めるようになった。さらに、昭和45年には万国博覧会が開催され、その関連事業として地下鉄や阪神高速道路、一般道路などの交通体系が急速に整備されるとともに、建築活動の面においても、商業ビルや業務ビル、住宅の建設量が大幅に増加した。また、人々の生活水準も大きく向上し物質的に豊かになってきた。

　このように高度経済成長は、まちづくりや生活水準の面などにおいて大きな発展をもたらしたが、その一方で各種のひずみも生み出した。高速道路の建設により多くの河川が埋め立てられ、まちに潤いがなくなるとともに、モータリゼーションの進行による交通事故の増加や、大気汚染、騒音振動、水質汚染などの公害問題がクローズアップされるようになった。また、公害に反対する住民運動も盛んになり、マンションを建設する場合に周辺住民が日照や風害の問題で反対するケースも多くなった。

　こうした状況は、住宅行政にも大きな変化を生じさせることになった。その第一は量から質への転換である。戦災復興期の住宅対策は、住宅の絶対的な不足をどのようにして解決するかが基本的な課題であったが、昭和43年の住宅統計調査で住宅数が世帯数を上回るなかで、また、人々の生活水準も大幅に向上するなかで住宅政策の重点はより水準の高い住宅をいかにして確保するかという質の問題に移っていった。

　第2は、公共住宅中心の住宅行政から、民間住宅に対する助成やコントロールも含んだ、より幅広い住宅行政が求められるようになったことである。民間住宅に対する対策としては、国レベルでの住宅金融公庫融資があるが、個人融資が中心であり、木賃アパートに代表されるような低質な民間住宅をより水準の高い住宅に誘導していくような制度が地方自治体レベルで求められた。このような状況を反映して、良質な民間賃貸住宅を建設する場合にその建設資金を融資し、国と地方公共団体が利子補給を行う「特定賃貸住宅建設融資利子

補給補助制度」が昭和48年度に国で発足し、大阪市も昭和49年度からこの事業に取り組むこととなった。この融資を受けた住宅は、建物の構造・規模・設備等の基準に適合することが要求されるとともに、家賃についても上限の制限があり、かつ一定額の敷金以外は入居者から徴収してはならない事となっていた。耐火構造の良質な賃貸住宅で、市場の賃貸住宅と比べ入居時の一時金にも制限があるため入居者からは好評であった。家主の大半は、土地所有者で相続税対策としてもこの制度を利用するものが多く、民間家主の協会も活用を積極的に呼びかけてくれたこともあり、この制度は普及し昭和49年度以降28,032戸の良質な賃貸住宅が供給された。地方自治体での民間住宅政策の新しいスタートであったと言える。

第3は、住宅行政をまちづくりの観点からとらえることが求められるようになったことである。公営住宅の建設においても、その団地内だけでなく周辺地域整備にも役立つような開発が求められるようになり、大阪市でも木造市営住宅の建替事業において、まちづくりの観点から総合的な計画が進められるようになった。前述のように公営住宅の建設とあわせて公社分譲住宅など中間所得者層向けの住宅を建設するとともに、建替跡地を公園や学校、保育所、地域集会所、老人憩いの家などを整備するための用地として積極的に活用するようになった。城東区の鴫野団地や東淀川区の井高野団地等はこのようにして計画された大規模な建替事業の事例であり、その後の建替事業のモデルとなった。

また、周辺衛星都市などにおいては、住宅建設に伴う公共施設の整備が追いつかず、建築基準法以外に独自の指導要綱を作り、開発負担金を取るなど住宅建設を抑制する動きが現れた。大阪市においても、民間マンションなど民間の建設活動をコントロールするための市独自の制度として「大規模建築物の事前協議制度」を昭和49年（1974）からスタートさせた。この制度は、一定規模以上の建物を建築しようとする場合は、建築確認申請に先立って事前に計画の内容を届出させ、学校、道路、公園、上下水道、消防水利など公共・公益施設整備との調整を図ろうとするものであった。開発により児童が増加し、学校や保育所の受け入れ能力が不足することが予想される場合は、開発者が必要な用地を譲渡することも定められていた。また開発敷地内の駐車場やごみ置き場、集会所、緑地などの施設整備の基準も定め、その後次第にその基準の充実が図られるようになった。ただ大阪市は周辺衛星都市とは異なり、住宅建設についてはその促進する立場から開発負担金は取らないこととしていた。

「大規模建築物の事前協議制度」は、周辺地域に与える影響が大きい規模の大きな開発を対象に、地方自治体レベルでそのコントロールを図ろうとする新しい政策の動きであり、多くが民間のマンション建設に適用されることとなった。この制度は、まちづくりの観点から住宅行政と建築指導行政、基盤整備行政の連携に新たな局面を開くものであったと言える。

第 3 章

人口回復に向けた住宅・まちづくり政策
（昭和50年代～）

1．「大阪市住宅審議会」と企画室の設置

　前章末で記述したような住宅行政を取り巻く状況の変化は、大阪市の行政組織に新たな機構・組織を生み出すことになった。それまでの公営住宅を建設し管理するといった建設事業推進のための組織だけでなく、民間住宅も含めて今後の大阪市の住宅政策を企画立案する組織が必要となってきた。また、広く学識経験者等の意見を住宅行政に反映させる機構があわせて求められた。

　このような状況を踏まえて、昭和47（1972）年度に市長の諮問機関として「大阪市住宅審議会」が設置された。以前にあった大阪市営住宅使用者選考委員会を改組して、委員は、大学研究者、弁護士、マスコミ、ゼネコン、設計事務所、婦人団体、消費者団体、労働団体など第１線の幅広い人材から選出された。

　また、こうした住宅政策の企画立案をするための組織として昭和49年度に局内に企画室がつくられ、山本晃氏が企画室長に就任した。企画室は企画室長（部長級：建築）をヘッドに３名の主幹（課長級：建築１・事務２）、５名の主査（係長級：建築２・事務３）、４名の係員（建築２・事務２）の合わせて13名からなる組織で、住宅政策の企画立案のほかに住宅審議会の事務局としての役割、住宅供給公社に対する指導助成、市営住宅の用地買収や住棟配置等の基本計画の策定など技術・事務が協力して実施する体制であった。

　前年の昭和48年度に住宅建設課と別に住宅計画課が作られ、１年後に企画室として部組織に拡充した。企画室は、国の補助による政策だけでなく、地方自治体自ら地域の実態に立脚した全国的に見ても先進的な政策を立案しようとする強い意気込みがあった。また政策立案したものは必ず実施に向けて動くという考え方が基本的スタンスとして定着していた。

　戦後の大阪市の総合的な住宅政策は、この住宅審議会と企画室の発足でそのスタートを切ったということが出来る。

2. 新たなまちづくり政策の展開
－毛馬・大東地区住環境整備事業－

毛馬・大東地区全景

毛馬・大東地区整備構想図

　住宅審議会がスタートした時点での検討テーマは、住環境整備の方策及び住宅基準の2つであったが、検討の結果、昭和49年度に「住環境整備を促進するための方策について」（報告）がまとめられた。

　「住環境整備を促進するための方策について」（報告）は、その当時のまちづくり政策に大きな転換を示すものとなった。大阪市内には、戦前長屋など老朽住宅が密集する地域や、工場と住宅が混在する地域、生活関連施設が不足している地域など住環境の整備改善を必要とする地域が数多く存在していた。しかしながら、当時あった事業手法ではいずれも限界があった。住宅地区改良事業は、不良住宅率（当該地区内での住宅に占める不良住宅の割合）などの採択基準があり適用可能地区が限られていた。また区画整理事業は、減歩方式（個々の敷地を減少させ道路や公園を提供する方式）であり狭小な敷地が大半の市街地には困難であった。さらに市街地再開発事業は、駅前のように土地の大幅な高度利用を図ることにより事業の採算性を確保する方式でこうした市街地では不可能であった。

　これに対して、住宅審議会報告では、当時新しく整備された市街地の500mメッシュデータ[*1]を活用して、建物の建築年や建ぺい率などの指標を組み合わせて住環境整備対象地域を抽出するとともに、それらの地域を整備する新たな手法として「修復型のまちづくり手法」が提案された。

　当時国の住宅局でも、新しい修復型の事業手法として「特定住宅地区整備促進事業」いわゆるころがし方式[*2]による事業が検討されていた。市の住宅審議会においては、こうした国の動きとも連携して検討が進められ上記の報告がまとめられた。

　当時は、大阪市内にあった大規模な工場が、市外へ転出する動きが始まっ

ている時期であり、そうした工場跡地を活用したまちづくりを検討する必要があった。都島区の毛馬・大東地区において、敷島紡績の大規模な工場転出の動きがあり、この地域を対象に新しい住環境整備のモデル事業を行うことになった。こうして昭和50年（1975）3月からスタートしたのが、「毛馬・大東地区住環境整備事業」である。

大規模な工場跡地に、市営、公社、公団の公共住宅を建設し、それを受け皿に周辺の老朽市営住宅を建替え、良好な住宅地を形成するとともに、周辺にある木造アパートなどの老朽住宅などを買収除却し、その従前居住者を公的住宅を受け皿として特定入居させる。そして、老朽住宅跡地を新たな受け皿住宅の建設やちびっこ広場として活用するなど、連続的に老朽住宅地を整備しようとする構想であった。

実際には、改良事業と異なり、老朽住宅をまとまって買収除却する法的な強制力がないため老朽住宅跡地の敷地規模が小さく、受け皿住宅の建設が困難なため全てちびっこ広場になったが、それが地域の住環境整備に大きく役立つ結果となった。

これまでの新規用地を買収しての市営住宅の建設や、老朽化した木造市営住宅の建替など市営住宅の建設・建替・維持管理を行ってきた住宅セクションが初めてまちづくりへの取り組みをスタートした事業であった。

現地事務所が設置され、小学校での地元住民への事業構想の説明、地域住民等で構成するまちづくり協議会の発足、まちづくり協議会との連携による事業の実施など、修復型の新しい事業分野への初めての展開であった。事業終了後も地域住民の満足度は高かった。修復型事業が地域住民に受け入れられたと言える。

また、住宅建設に加えて、地域の課題となっていた道路整備や橋梁の拡幅整備も行ったが、こうした事業手法は、後述する「淀川リバーサイド地区整備事業」や「生野区南部地区整備事業」など、住宅建設と道路・公園等の公共施設整備を一体的に行う事業へと発展していったと言える。

このように住宅審議会での議論や報告、そしてその後の答申は、大阪市の住宅政策分野においては、単なる構想・理念ではなく、事業も制度もすべて実施を前提としたものであり、それだけに現実に立脚した方策が求められる場であったと言える。

住宅審議会はこの報告書を出して以降、昭和53年度には後述するように「今後の住宅政策の方向について」の総合的・包括的な答申が出され、その後も新たな政策を要する時代の動きに対応して順次重要な答申が行われ、答申内容が実施に移されている。

---

*1 メッシュデータ　地域を正方形に区切った区画（メッシュ）単位に整備したデータ。
*2 ころがし方式　工場跡地などの空閑地に事業の受皿住宅を建設し、周辺の老朽住宅居住者が移転し、さらに当該老朽住宅が除却されるといった連続（ころがし）的に老朽住宅地区を整備する方式。

3．人口動態調査と都市政策としての住宅政策

　大阪市の人口は、昭和40年（1965）をピークに減少し始め、いわゆるドーナツ化現象により郊外に流出していた。都市中心部の人口の減少が著しく、生活に必要な身近な店舗が少なくなっていったり、また町内活動に支障が出たり、夜はゴーストタウンと言われる状況にあった。

　当時、世界の大都市に共通した現象であったが、東京はまだ人口吸引力が強く、その後背地にあたる横浜市は人口が増加し続け、昭和53年には大阪市を上回る状況にあった。

　大阪市は市域面積が200㎢と大都市の中でも小さく、人口の減少、そして子育て層など中間所得者層の市外流出が行政上の重要な課題となってきていた。

　こうした問題にいち早く注目したのは、当時の大島市長であった。大島市長は労働省出身でジュネーブ領事もされた国際経験豊かな方で都市問題に対する見識も深く、人口問題を極めて重視していた。

　昭和53年度に大阪市住宅審議会から「今後の住宅政策の方向について」答申が出されており、これは初めての総合的・包括的な住宅政策の提案が行われたものであるが、市長からの諮問の重要事項は、人口減少に対して住宅問題としてどう対応するのかといった視点であった。

　その当時、人口問題は、経済活動などによる雇用機会の拡大など、大都市が外部から人口を呼び込む施策が重要であり、住宅政策の課題ではないという意見が、住宅審議会の中にもあり相当な議論が交わされた。そしてこうした議論を進める中で、客観的な人口動態とその要因の分析が不可欠となってきた。

　丁度、企画室ができてまもなく、京都大学に人口動態の分析調査を依頼していた。その当時、住宅政策を企画立案するうえで基礎となる統計資料は、国勢調査と住宅統計調査（現在は、住宅・土地統計調査）が指定統計としてあり、また別に国土交通省が行う住宅需要実態調査があり、これは住宅に関するニーズを聞く意識調査であった。しかし、これらの調査は、いずれも現在居住している人々を対象に、その時点での世帯や住宅、住意識を聞くものであり、いわば静的（スタティック）な調査であった。当時の人口減少とその要因を探ろうとする取り組みにはそれらの調査では不十分で、具体的な人口移動を対象にその移動世帯や移動要因を分析するいわば動的（ダイナミック）な調査を必要としていた。こうした背景から、京都大学の巽研究室に調査委託がなされたものである。

　昭和51年度に、各種統計資料及び住民異動届による基礎的な分析を行った後、昭和52年度には代表的な5区役所の人口異動届け窓口で市民の住み替えに関するアンケートを行った。

その調査データが当時一部でてきており京都大学の研究室と共に、その分析に取り組んだのが人口動態と住宅政策の関連を分析しようとした初めての取り組みであった。京都大学と行った調査結果は、「大阪市における居住構造の変容に関する調査研究」（昭和53年3月大阪市建築局）として報告書にまとめられている。

　要因別の人口移動を分析すると、仕事要因では転入超過であるが、結婚要因や住宅・住環境要因ではマイナスとなっていることがわかった。また5歳階級別5年経過人口増減という新たな分析を行い、5年間の間に5歳年齢が上昇する間の人口増減を分析し、年齢別の転出入動向を分析した結果、15歳〜25歳の層は転入超過であるが25才から40才の子育て層や働き盛りの層の転出超過傾向が明らかとなった。

　こうした状況を放置すると、人口減少がさらに進み、ドーナツ化現象が進行すると共に、人口構成も働き盛りの層やその子供の層が少なくなり、高齢者が多くなり、この傾向が更に進行していくことが危惧された。

　こうした人口移動分析をもとに、昭和53年度の住宅審議会答申においては、人口の市内定着を住宅政策の大きな柱として、大規模な住宅地再開発や中間所得者層対策、新婚世帯対策、都心居住促進策など各種の政策が提案され実行されることになった。人口回復を目標とした住宅政策を立案したのは全国で初めてであったと言える。

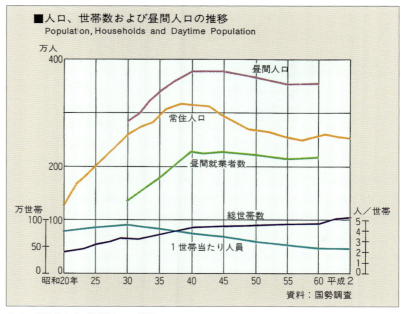

人口、世帯数および昼間人口の推移

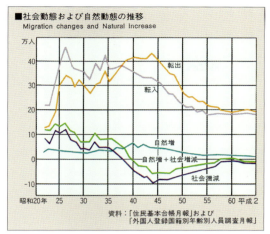

社会動態および自然動態の推移

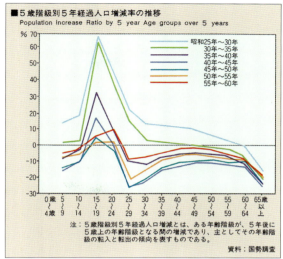

5歳階級別5年経過人口増減率の推移

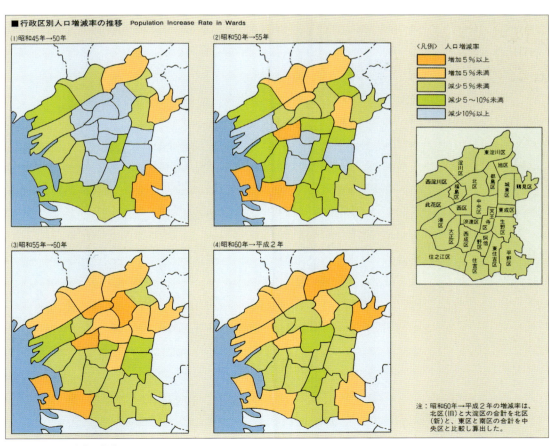

行政区別人口増減率の推移

第3章
人口回復に向けた住宅・まちづくり政策

4．新たな人口調査（ハウジングチェーン調査）

　昭和53（1978）年度の住宅審議会答申で活用した人口調査は、人口移動を近畿圏外と圏内、市内に分類し、その要因をサンプル調査で調べ、移動量に置き換えモデル化したもので先進的であったが、住宅建設との関連が明らかでなかった。つまり、新設住宅への移動か、既存住宅への移動かの区分は判らなかった。どのような住宅間を人は住み替えているのか、空家はどのように発生しているのかなど移動の全体構造を検討するには5区を抽出したヒアリング調査では限界があった。

　当時南港ポートタウンにおいて住宅建設の大プロジェクトが進行していたが、市内の住宅数が増加しているのに人口は引き続き減少していた。住宅建設が進み住宅数が増加しているのになぜ人口が減少しているのか、南港ポートタウンの新設住宅は人口の定着にどのような効果をもたらしているのかをもっと分析する必要があるとの指示が大島市長から住宅セクションにもたらされていた。

　そこで昭和57年3月に南港ポートタウンを対象として「新設住宅に係る住み替え動向調査」が実施された。いわゆる「ハウジングチェーン調査」である。南港ポートタウン居住者を対象とした1次調査と、その居住者の前住所の住宅の居住者に対する2次調査からなっていた。前住宅のエリア、前住宅の種類、前住宅は現在人が居住しているか、空家あるいは除却されているか、前住宅に現在居住している人はどのような住宅からまたどこから居住してきているのかといった新規住宅供給が住宅需給に及ぼす影響をみようとするものであった。

　ハウジングチェーンが空家や除却により途切れていたりすれば人口増につながらないチェーンであり、市外からの転入につながっていれば人口増のチェーン、世帯の分離によるものであれば人口は変化がない等人口移動の内容を調査し、その間の世帯の変化や居住水準の変化、移動圏域などを分析した。

　調査の結果は南港ポートタウンには、ポートタウンのある大阪市住之江区を中心に、南部方面の地域から相当な人口を引き込んでいるが、2次チェーンより先は多様な住宅に大きく分散しており、その実態はなかなか把握できなかった。巨大な人口移動メカニズムに対し、一部の新築住宅のハウジングチェーンをたどって切り込んでいく手法に限界があったといえる。

5.「本格的な人口移動メカニズムの解明」
― 全市を対象としたダイレクトメールによる人口移動調査を実施

　京都大学の調査や南港でのハウジングチェーン調査、また新しい統計資料などはあったが、大島市長からは大阪市全体の人口移動の動態を明らかにすべきだという一貫した質問・指示が当時の総合計画局や建築局の幹部になされていた。素直な疑問とともに、ドーナツ化現象を的確に解明し、住宅政策をはじめ都市政策に役立てたいという強い思いからであったと思う。

　新規建設が行われても、除却される住宅があり全てが住宅数の増加につながるものではない。それでも総住宅数は増加していた。にもかかわらず人口が減少するのは、空家の増加と1世帯当たり人員の減少であるとの説明を両局はしていたが、これは表面的な指標の結果としての説明であり、人口移動の動態をダイナミックに解明するものではなかった。

　そして動態的な人口移動を解明するため、昭和59（1984）年度に全市を対象とした本格的な人口移動調査を、都市整備局の住宅政策課で実施することとなった。昭和58年度中の住民異動届けから1/15の抽出率で調査対象者を抽出し、ダイレクトメールで16,847票のアンケート調査を発送し、14,248票が到達し、5,996票を回収した。到達数に対する回収率は42.1％であり、ダイレクトメールによる方法としては高率であった。

　調査結果の概要は以下のとおりである。

（1）人口移動推定モデル

　昭和58年度中に、31,800戸の住宅が新築されたが、一方では、18,100戸の既存住宅が空家化又は滅失しており、「人が居住する住宅」は13,700戸の増加に止まっている。また、人口の移動についてみると、新築住宅への市外からの転入により30,600人が増加しているにもかかわらず、既存住宅における市外との転出入の差により42,000人が減少しているため、差し引き人口は11,400人の社会減となっている。

　しかし、大阪市全体としては、自然増が約12,000人あるため人口は微増となっている。「住宅」が増加しているにもかかわらず、「人口」が減少している原因は、空家化又は滅失する住宅が多いことや、市外への転出世帯の平均世帯人員が転入世帯の平均世帯人員を上回っていること、また、結婚による世帯分離など住宅数に関係しない人口流出があるためである。

（2）移動タイプ別分析

　圏内移動及び市内移動について、移動タイプ別に移動要因、移動者の属性を見ると、以下の通りである。（圏外移動は大半が仕事要因であるため省略する）

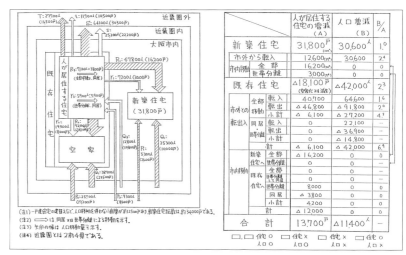

人口移動推定モデル

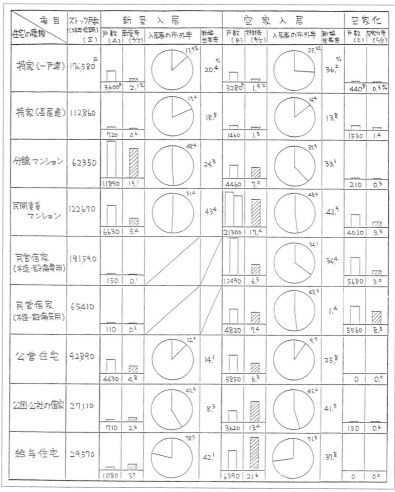

市内住宅の種類別住宅需給モデル

① 近畿圏内への転出
- 新築住宅への転出をみると、比較的所得の高い階層が、主として住宅・住環境要因により一戸建て持家等へ多く転出している。
- 空家への転出をみると、若年階層が結婚要因等により、民間賃貸マンションや木造民間借家へ多く転出している。

② 近畿圏内からの転入
- 市内の新築住宅への転入をみると、比較的若年の中間所得者層が、住宅・住環境要因等により、分譲マンションや民間賃貸マンションに転入してきている。
- 市内の空家への転入をみると、若年階層が仕事要因や結婚要因により、民間賃貸マンションや木造民間借家に転入してきている。

③ 市内移動
- 新築住宅への市内移動をみると、主として住宅・住環境要因により、分譲マンションや一戸建持家、公営住宅、民間賃貸マンション等への多様な移動が行われている。
- 空家への市内移動をみると、比較的所得の低い階層が、住宅・住環境要因や結婚要因により、民間賃貸マンションや木造民間借家、公営住宅などに移動している。

（3）入居時の重視項目
① 住宅について

住宅・住環境要因による移動者は、主として「広さ」「日当たり、風通し」などの住宅そのものの質を重視しているのに対し、結婚要因による移動者は、「住居費」の重視度がきわめて高い。

② 立地について

住宅・住環境要因による移動については、近畿圏内からの転入者及び市内移動者は、「通勤・通学の便」や「日常生活の便」などの利便性を最も重視しているのに対し、近畿圏内への転出者は、「緑・街なみ」「公害の少なさ」などの住環境に対する重視度が高い。一方、結婚要因による移動の場合は、転入、転出、市内移動ともに「通勤・通学の便」「親族・知人との近さ」を重視している。

（4）市内住宅の種類別住宅需給モデル
- 「一戸建・長屋建の持家」は新築戸数が少なく、入居者の大半は市内からの移動となっている。
- 「分譲マンション」や「民間賃貸マンション」は、活発に建設が行われており、市外からの人口呼びもどしに大きく寄与している。また、新婚世帯率も高い。

- 「木造民間借家」は、新築戸数が極めて少なく、空家化や滅失化が進んでいる。
- 「公営住宅」は、大半が市内からの移動であり、市民の居住水準の向上に役立っている。
- 「公団・公社の借家」は、新築、空家ともに市外率が高く、人口呼び戻し効果が高い。しかし新築住宅は建設が少なく、また家賃が高額化しているため新婚世帯の入居が少ない。一方空家は移動率が高く、新婚世帯率も高い。
- 「給与住宅[*1]」は、移動がきわめて活発であり、市外率が非常に高く、新婚世帯率も高くなっている。

また、人口移動推定モデル及び市内住宅の種類別住宅需給モデル、人口移動推定モデル（人口表示）を参考図として示す。

この調査結果から、住宅が増加しているにもかかわらず人口が減少している原因は、空家化又は滅失する住宅が多いことや、市外への転出世帯の平均世帯人員が、転入世帯の平均世帯人員を上回っていること、また結婚による世帯分離など住宅数に関係しない人口流出があるためであることが判った。また新婚世帯対策や中間所得者層対策、子育て層対策の必要性や、それらの層が重視している移動要因が判明するとともに、新築分譲マンションや公団・公社賃貸住宅が人口流入に寄与している状況が明らかとなった。また、その一方で、木造民間借家がしだいに空家化している実態など新築住宅や既存住宅と人口移動のメカニズムが明確となり、人口の市内定着を促進するための住宅政策の役割の重要性が客観的資料で明らかになった。まさに「都市政策としての住宅政策」の重要性が確立したと言うことが出来る。

こうした分析結果が、前述のように、その後の大規模住宅地再開発や中間所得者層対策、新婚世帯対策、都心居住政策等の理論的根拠になり、新しい政策につながって行った。

またその後も、こうした詳細な調査ではないが、定期的に人口移動の要因調査が計画調整局で行われ、住宅政策をはじめ市の政策立案に活用されている。

---

*1 給与住宅　社宅のことをいう。住宅統計調査で用いられる用語。

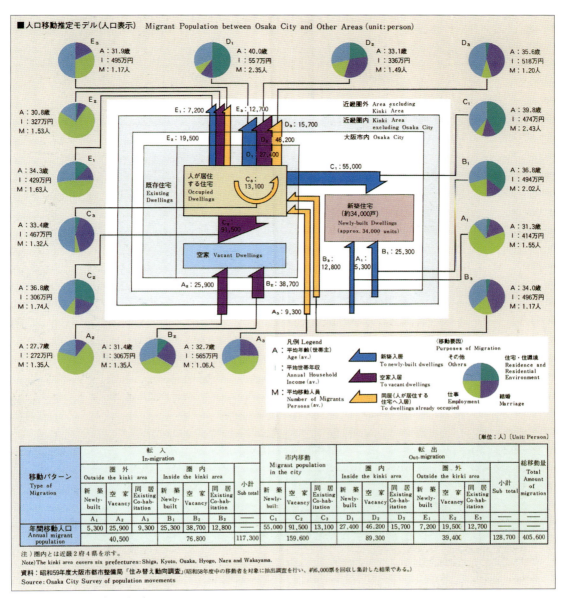

人口移動推定モデル（人口表示）

第3章
人口回復に向けた住宅・まちづくり政策

6.「淀川リバーサイド地区」など大規模な住宅地再開発の推進

　昭和53（1978）年度に、住宅建設に必要な道路、公園など公共施設の整備を重点的に進めるため、通常事業とは別枠で補助を行う「住宅宅地関連公共施設整備促進事業」制度が、国において創設された。

　行政は一般的に縦割りであり、住宅事業と道路・公園などの基盤整備事業は、それぞれに予算要求し事業を実施する仕組みであった。そのため大規模な住宅地開発を行う際に、当該事業関係の道路や公園等の予算が必ずしも確保できないといった問題が生じ、住宅建設促進のブレーキとなっていた。この「住宅宅地関連公共施設整備促進事業」の創設によって、住宅建設に必要な公共施設整備予算が、国の住宅局予算に一括して予算化されることとなり、住宅事業と都市基盤事業が大きく連携して実施されることとなった。

　昭和54年度からは、北区の「淀川リバーサイド地区」において、約3,200戸の住宅建設と公共施設の整備を行う大規模な住宅地の再開発事業がスタートすることになった。

　「淀川リバーサイド地区」は、大阪駅の北東2kmの地点にあり大川に隣接する35.6haの地域である。都心に近い交通至便な地域にありながら、地区の東半分には大工場があり、地区の西部分は老朽化した戦前長屋や小工場、小店舗などが混在するなど住環境が悪化していた。

　昭和48～49年頃から、地区内の2、3の工場が移転の動きを示し始めたの

淀川リバーサイド地区全景

をきっかけに、移転工場跡の用地取得を大阪市と住宅・都市整備公団が協力して進める一方、この地区に適した事業手法を整備するため国とも協議を進めてきていた。昭和54年度に国において、新たに「特定住宅市街地総合整備促進事業」が制度として発足し、全国に先駆けこの事業により「淀川リバーサイド地区」で大規模な住宅地の再開発に取り組むこととなった。

この事業手法は、従前居住者用住宅に対する建設費補助をはじめ、補償費や建物の共用通行部分（廊下・階段など）の整備に対する補助、さらに道路や公園等公共施設の整備もあわせて出来るという住宅地再開発の画期的な制度であった。前述の「住宅宅地関連公共施設整備促進事業」をさらに発展・拡充させた制度といえ、道路等の公共施設整備の権利者も事業の受け皿住宅に特定入居可能となった。大阪市は、この制度とあわせて、老朽住宅が密集している地区の北西部分に「住宅地区改良事業」を適用し、効果的な事業の推進を図ることとした。

工場や老朽住宅が撤去された跡に、市営住宅・公団住宅・公社住宅が建ち並び公共施設も整備された新しいまちが誕生することとなった。住棟配置計画や色彩計画については、地区全体の模型を作製し何度も修正し、色彩計画についてもタイルを実際に焼いて検証するなど徹底的にこだわって検討がなされ、住宅公団とも協議しながら最終案が策定された。

自ら先頭に立っておられた山本晃企画室長が「大変なエネルギーを長年費やして再開発しても、出来上がった建物やまちが優れたものになっていなければ、それまでの苦労が無駄になってしまうから」といつも言っておられたことを思い出す。

淀川リバーサイド地区近景

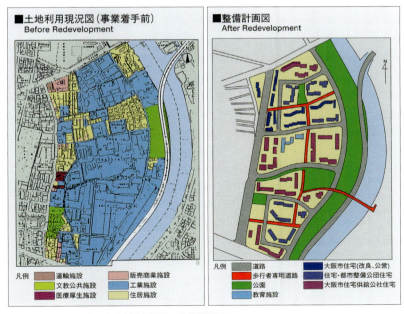

淀川リバーサイド地区土地利用現況図、整備計画図

「淀川リバーサイド地区」に引き続き、昭和59年度から此花区の高見地区51.95haにおいて、同様の事業手法を活用して、住宅建設戸数約4,000戸と道路、公園等の公共施設整備を行うまちづくりに着手することになった。高見地区は、都心に近いエリアであり鉄道駅にも隣接していたが、大規模な工場群と老朽化した住宅地が混在していた。工場群の移転に伴いその跡地を活用して、大阪市、大阪市住宅供給公社、住宅・都市整備公団が連携して大規模な住宅地再開発に取り組んだ。

こうした大規模な住宅地再開発は、昭和53年度の住宅審議会答申を受け実施した施策の中での重要施策であり、人口の市内定住・呼び戻しに大きな役割を果たしたと言える。

高見地区全景

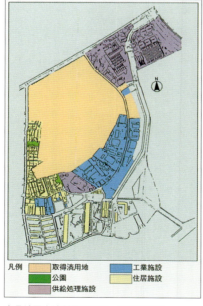

高見地区土地利用現況図、整備計画図

7．中間所得者層対策

人口の市内定着のための住宅政策の推進が重要な課題となる中で、人口流出の著しい25歳～40歳の中間所得者層の市内定住の促進策が重要な課題となってきた。

中間所得者層に対する賃貸住宅政策

中間所得者層対策は国においては公団住宅や公庫住宅の制度があり、地方公共団体が行う政策としては前述したように公社賃貸住宅の建設や昭和49（1974）年度からスタートし始めた「特定賃貸住宅建設融資利子補給制度」による民間賃貸住宅建設の促進策があった。

しかし、公社賃貸住宅は、公庫融資に対して同額の無利子資金を市から公社に貸し付ける必要があり、供給戸数が限定されていた。そのため、大阪市としても新たな中間所得者層向けの賃貸住宅政策を検討し始めた。新規用地を取得しての建設は、家賃が高額となり困難なため、市営住宅の建て替えの余剰地を活用することとし、建設資金については住宅公団の低利資金を導入する方法を検討した。公団の制度は「公営賃貸用特定分譲住宅制度」という制度であり、公共賃貸住宅を建設する地方公共団体に対して長期割賦で公団が資金を融資するもので、支払期間中は建物の所有権が公団にあるが、全額公団資金を活用しうるので、資金手当てが容易であった。そこでこの制度を活用することとし、利子の引き下げを国に要望し、昭和52年度から「市営特定賃貸住宅（中間層向け）」として建設することとなった。

その後、国においても、中間所得者層に対して地方公共団体が賃貸住宅を建設する新たな制度として「地域特別賃貸住宅制度（後に特定優良賃貸住宅制度）」が発足し、国から建設費補助が1／3及び起債が得られる制度が出来たため、前述の制度に代わり新たな制度により建設することになり「市営特別賃貸住宅（すまいりんぐ）」として昭和61年度から建設を行った。

中間所得者層に対する持家政策

次に中間所得者層に対する持家政策について述べてみたい。

大阪市は地価が高いため分譲住宅の価格が高く、住環境などの要因もあって、子育て層や中間所得者層の多くが郊外に転出していた。これらの層は将来の大阪を支える層であり、所得が比較的高く、一世帯当たりの人員も多く都市居住の促進を図るためには、これらの層の定着を図るための持家政策が必要であった。

持家を取得するには、通常担保価値の関係で新築で20%、中古で30%の

自己資金を必要とするが、残りの資金は住宅金融公庫や民間住宅ローンとなる。その民間住宅ローン部分を、銀行とタイアップして金利引き下げする政策を検討することとなった。公共資金を低利で銀行に預託する見返りに低利の銀行融資を引き出し、低利の「マンション購入資金融資制度」を発足させようとするものであり、新築住宅及び中古住宅を対象に昭和55（1980）年度からスタートさせることとなった。

　これまでの公共賃貸住宅を中心とした賃貸住宅政策から地方公共団体として新たに中間所得者層を対象とした民間分譲マンション政策に大きくウィングを広げたものであったと思う。

　それではこの当時中間所得者層としてはどのような所得階層として捉えていたのかについて記してみたい。まず、低所得者層対策の公営住宅の所得階層については戦後の制度発足時点では絶対的な住宅不足もあり所得階層で40％近くまで対象となっていたが、その後下位から1／3すなわち33％と位置付けられていた（さらに近年1／4すなわち25％に対象が絞られた）また低所得者層をさらに大きく2分割し、上位を公営住宅1種階層、より下位の層を公営住宅2種階層としていた。

　中間所得者層は、この低所得者の33％階層より上位であり80％程度までの幅広い階層を対象として捉え、80％より上位は高所得者層として住宅行政の対象から除いた。80％階層は高いように思えるが、給与所得者の場合、収入分位80％は当時粗収入1千万円程度であり、こうした階層も持家政策対象と考えたところである。

　ただ建設費補助などより多くの公的助成策を要する公共賃貸住宅においては、33％から60％程度とした。なお、公社賃貸住宅については補助は無く、より幅広い階層を対象とするものとし、上位はより高く設定するものとした。

　こうした考え方は人口調査の結果も踏まえて、昭和53年度の住宅審議会答申において基本的な枠組みが整備され、その後の各種施策を創設する際に、この基本的枠組みを踏まえて、施策対象となる収入階層を設定してきたところである。

8. 新婚世帯政策（家賃補助政策を含む）

新婚世帯政策の背景

　昭和53（1978）年度の住宅審議会の答申は、「人口の市内定着と居住水準の向上」を柱に新しい総合的な住宅政策をスタートする転換点となったが、その審議過程での人口動態の分析の中で重要な課題となったのが人口の転出超過の著しい新婚世帯に対する住宅政策であった。

　新婚世帯は、結婚を契機に確実に人口移動し住居を新しく確保する層であるが、この人達たちは若いため収入が低位で、移動にあたって家賃を最も重視していることが人口動態調査でわかってきた。また一方、新婚世帯は、利便性の高い立地にある住居を希望しており家賃が低くければ市内定住可能な層であり、人口の市内定住促進のためにはこれらの層に対する住宅対策が、中間所得者層対策と並んで必要であった。

　当時ヨーロッパの住宅政策資料が手に入り、その中にロンドンの住宅政策を紹介する冊子があった。ロンドンで行っている住宅政策の中に、新婚世帯に対して中古住宅を改修する資金を助成する制度が紹介されていた。こうしたロンドンの住宅政策も参考にして、全国で初めて新婚世帯向けの住宅政策を創設することになった。

市営住宅の別枠募集とローン助成

　新婚世帯は、所得が少ないためまず賃貸政策として、昭和54年度から以下の施策を実施することとした。
① 市営住宅で新婚世帯の別枠募集を行い入居しやすくする。
② 市営住宅の建設時に、新婚世帯が入居しやすいよう家具も備えた新婚世帯向けの市営住宅を建設する。

　また持家対策として、昭和55年度から中古マンションの購入資金融資において新婚世帯については、一般世帯より利子の低減を行い、購入しやすくすることにした。（その後、新築マンションにも拡大）

　新婚世帯に対する市営住宅の別枠募集については、市営住宅の一般募集の応募倍率が高い状況であったが、新婚世帯は、新しい住居をどうしても必要とする層であり、母子世帯や障害者世帯など福祉目的の別枠募集は別途行っており反発は少なかった。新婚世帯は家族や親類の中に大抵いるので、応援してあげようという気持ちで市民の理解が得られた面もあったと思う。

バブルの中での「新婚世帯向け家賃補助制度」の創設

　その後、バブルが進み、地価や家賃が非常に高騰した際、議会から賃貸住宅階層を対象に家賃補助の創設の要望が出てきていた。市営住宅にはなかなか入れず、民間家賃も高騰して困っている、また持家も買えない価格であるという状況であった。東京都でも大変な状況で「アフォーダブル住宅」という用語で手に入る家賃や価格の住宅をどう提供するかが重要な課題となっていた。

　平成2年（1990）の大阪市の住宅審議会答申（中間報告）は、そうした危機的な住まいの状況の中で集中的に新たな住宅政策について審議し、諮問から短期間で中間報告を取りまとめ、次年度予算に反映していったものである。その答申の中の重要政策の一つとして平成3年度から実施した「新婚世帯向け家賃補助制度」があげられている。

　議会からの要望の強かった一般的な家賃補助制度については、国も住宅ストックの状況が整っていない時に実施した場合、補助は市場に吸収されてしまうこと、また家賃補助が他の目的に使用されるなど居住水準の向上につながらないこと等を理由に反対の立場であった（この議論をもう少し遡ると、戦前の關一市長の家賃補助政策についての慎重・反対の立場が思い起こされる）

　しかし公共賃貸政策は量的に限られており、議会からの要望もこの点にあった。従来の公共賃貸住宅は限られた層に限定されており、バブルの中でもっと多くの層のニーズにこたえるためには民間賃貸住宅ストックを使って施策を拡大する必要があるという要求である。

過去にあった「住宅食管制度」の議論

　家賃補助制度の議論については、大阪市ではこのバブルの時期以前に、大島市長の時にすでに市長からの検討課題として出されていた。大島氏は、前述のように国際的な経験があり欧米の家賃補助政策を当然知っておられたと思われるが、日本の米価食管制度を例にとって「住宅食管制度」を検討すべきであるとの意見であった。つまり、大都市中心部は、当然生産者価格としての家賃は高く郊外は安い。従って、ドーナツ化現象を食い止めるには、生産者価格と消費者価格つまり負担できる家賃との差額をバックアップする家賃補助政策を検討せよという課題であった。

　当時、住宅政策を企画立案する企画室では、シュミレーションを行った結果、公営住宅のような直接的に税を補助する仕組みに比して、民間市場で建設した住宅に家賃補助する場合は、補助すべき費用が相当高額になることや、補助が市場に吸収されること、また一地方自治体では財政的にも困難なことなど説明したが、市長は納得されなかった。当時の住宅事業セクションでは、市

長が市営住宅の建替事業より家賃補助を重視しているのではないかとの心配も出ていた。若手として、こうしたことを市長にぶつけたが「市営住宅の建替などは経営的にも合理性を有するもので、市営住宅建替事業を止めるなど考えていない。僕がそんなちっぽけな男に見えるかね。都市政策としての提案をしているのに君達は頑迷固陋だ」と言われ、その後もいつも言っておられた。そうした経緯のある家賃補助政策の議論が再び出てきたのである。

新婚世帯に限定した家賃補助政策

「住宅食管制度」の時の議論も踏まえ、どのような家賃補助制度なら実現可能か住宅政策セクションの中で議論する中で、新婚世帯に対象を限定する「新婚世帯向け家賃補助制度」がアイデアとして出てきた。

新婚世帯は、前述のように人口流出の大きい層であり移動要因に占める住居費負担のウェイトが高い層である。こうした新婚世帯は、一度市外に転出するとその周辺で住み替え、市内にはなかなか戻ってこない状況にあった。市営住宅の別枠募集だけではこれらの新婚世帯のニーズに対応しきれず、入居できない層は結婚のために新居が必要なので転出してしまうという問題を抱えていた。これらの層は子供を産み、将来の都市の活力を支えていく層に、新婚世帯はもちろんその子供もなっていく層であり、人口の市内定住を図るために最もターゲットとすべき階層であると考えられた。そこで自治体独自政策としての財政負担も考え、新婚世帯に限定した「新婚世帯向け家賃補助制度」を本格的に検討することになった。

（補助の対象）

新婚世帯の年齢層は、人口政策の目的から夫婦いずれも満40歳未満とし、過去1年以内に婚姻届出した世帯や当該年度中に婚姻届出する世帯を新婚世帯とすることとし、婚姻届及び住民票で確認することとした。（その後過去2年以内に婚姻届した世帯へと拡充）

（補助が市場に吸収されない仕組み）

市場への補助の吸収の問題については、行政が特定の住宅を新婚世帯に提供したり指定したりするのではなく、新婚世帯自らが市場で流通している民間賃貸住宅を自由に選択する方法とした。この方法だと、家主は新婚世帯だけでなく各種の層を対象に家賃を表示し募集しているので、新婚世帯であると判った後に家賃を上げることが出来なくなる。つまり新婚世帯が市場の中にバラバラと入っていくシステムを採用することにした。21年間にわたり実施してきたが、この間市場家賃が上昇したといった問題は生じていない。

（家賃補助額）

　新婚世帯の家賃負担の現状を分析し、大阪市内と大阪府下（大阪市を除く）の家賃負担の差額を調査し補助することとした。（月額2万5千円）

　さらに市営住宅の家賃で比較的新しいものは約5万円であったため、新婚世帯向け家賃補助を受ける人達も5万円は少なくとも負担すべきとの考え方から、実質負担額（家賃－住宅手当）が5万円を上まわる額を補助額とした。例えば、家賃が9万円の場合、補助が2.5万円、自己負担が6.5万円となる。従って、7万5千円を上回る住宅に入居した場合は、5万円に加え7万5千円を上回る額が自己負担となり、一定レベル以上の高額な住宅への入居は抑制される仕組みとした。また補助期間は3年間とした。（その後5年間とし、さらに6年間に延長）

（対象住宅）

　木賃アパートや文化住宅など低質な住宅の市場家賃は5万円を下まわっているため、そうした住宅は選択しないとの考えから、あえて、住宅の構造や規模、設備等の内容を基準として定めることはしなかった。多くの補助対象の住宅が適合しているか否かを確認することが実務的にも困難と考えたためである。また公的賃貸住宅や社宅、親族が所有しかつ居住する住宅は対象にしないこととした。

（収入階層）

　新婚世帯対策は、低所得者対策でなく人口の市内定住を目的とするものであり、収入階層も、中間所得者層も含め、比較的幅広い階層となるよう設定した。給与所得者の場合、1人収入で粗収入約600万円以下とし、2人収入の場合は主たる収入にその他の収入の1／2を加えた額とした。共働きの場合は、別途費用もかかると考えたためである。

（抽選方式か全て受け入れるか）

　次に予算額が大きくなるため、対象世帯を抽選により限定するか否かの議論がなされた。大阪市では過去からアドバルーン的な政策手法を嫌う傾向にあり、政策は実効性・効果を伴うものでなければならないという考え方があった。従って、新婚世帯向け家賃補助が政策効果がありそれを実施する以上、戸数に限りがある公共賃貸住宅の募集のような抽選ではなく、基本的に全て受け入れるべきであるという考え方が主流となっていた。

（家賃補助予算額の見込みと制度のスタート）

　申込者をすべて受け入れる場合、その対象世帯数や補助予算額がどの程度になるかの試算を行うこととなった。対象者の推定は、市内の婚姻件数を基

に、収入階層や民間賃貸住宅に入居する割合、市外からの転入予測などを総合的に検討した。3年間の補助が続くと、補助額は年々累積して増加し3年目でピークとなる。予測はいろいろな可能性があり難しいが、いずれにしても数十億となる大きな予算を伴う大阪市独自の政策となる。従って、財政局だけで判断できない重要案件であり、当時の西尾市長も入った会議で決定することとなった。住宅政策セクションとしては、人口の市内定住の効果に加えて、民間賃貸住宅ストックの有効活用、市民税の増加、消費増による経済効果、公共施設の有効活用なども合わせて説明し、都市活性化政策としてどうしても必要であると主張し、最終的に認められスタートすることになった。

(「新婚世帯向け家賃補助制度」の実績と効果)
　「新婚世帯向け家賃補助制度」は、こうして平成3年度からスタートし、21年間の長期にわたり、家賃補助を実施してきた。この間の実績や効果を、大阪市都市整備局資料（平成24年度）から見ると以下のとおりである。

① 「新婚世帯向け家賃補助制度」の実績
・補助世帯数　約3万世帯／年間
　　（内新規申し込み　約7千世帯、継続　約2万3千世帯）
・21年間（H3年～H23）の補助世帯数　約15万世帯
・補助金額　約47億円／年間
　　（内新規申し込み　約7億円、継続　約40億）

② 「新婚世帯向け家賃補助制度」の施策効果
・受給者の4割以上が市外からの転入となっている。
　　（従前居住地　市内55.5%　市外45.5%）
・結婚を要因とした移動は、本制度創設前には市外への転出超過であったが、制度実施後には転入超過に転換している。
　　（結婚を要因とした移動：人口移動要因調査）

S58	H5	H20
6,000人減	4,100人増	5,400人増

・補助期間終了後の居住状況
　　補助終了後の受給者の状況を見ると、6年間の期間満了まで受給した世帯では、約9割が継続して市内に居住している。また、持家取得や転勤などで補助が途中で終了した世帯を含めた全体では、約6割が市内に居住している。
・補助期間満了者　（市内居住93.5%、市外居住6.5%）
・受給者全体　　　（市内居住63.3%、市外居住36.7%）

(今後の「新婚世帯向け家賃補助制度」)

　市長が変わり、「新婚世帯向け家賃補助制度」は平成23年度で終了されることとなり、平成24年度4月から新規受け付けは停止された。各方面から継続を求める意見が多く出されている。都市整備局の各種調査でも、新婚世帯の市内定住や地域活性化に大きな役割を果たしていることが明らかになっている。今後人口減少や高齢化が進行する中で、人口が定住・回帰する、とりわけ若い人達が居住する地域が活性化していく都市間競争の時代にますますなっていくであろう事を考えると、再度この制度が早期に復活されることを願うものである。

　また、大阪市の「新婚世帯向け家賃補助制度」は、抽選方式ではなく条件に適合すれば、対象世帯全てを受け入れるという他都市に例を見ない家賃補助制度であり、前述したように年間新規7,000世帯、継続を含め年間3万世帯、21年間の累計15万世帯の実績を持つものである。既存の民間賃貸住宅ストックを対象とした日本で初めての本格的な家賃補助制度であると言える。こうした本格的な家賃補助制度を市単独政策として実施し、21年間において大きなトラブルなく、かつ一定の施策効果を上げてきたことは驚くべきことであり、こうした経験を今後の我が国の住宅政策の立案にも生かすべき時期がやがて来ると考えるものである。

9．都心居住政策

都心の夜景

　昭和53（1978）年度の住宅審議会答申において、「都心部は、都市施設が充実しており本市の経済活動の中心であるが、業務商業地の拡大や職住分離の進行等により常住人口の減少が著しく、住民の地域活動に支障をきたすなどの問題が生じている地域が多い。基本的には、都心部は、業務商業地としての整備が主要であるが、これまでに蓄積されてきた社会資本を活用し、利便性の高い都心部に適正な常住人口を定着させることが望ましく、公園の周辺等住宅の立地の適切な地区については、環境条件の整備を図りながら住宅建設を進めるべきであろう」と位置づけられた。

　当時は、都心部は業務商業が中心であり、住宅は業務商業の機能をむしろ阻害するといった考え方もあり、また、業務商業の代わりに住宅が建設されるのは、業務商業機能の低下として余り評価しない傾向にあった。しかし都心部の状況を見ると、前述のように、常住人口が減少し地域コミュニティーの維持が困難となり、また人口減により生活利便施設も減少し、生活が不便になる中でさらに人口が減少するといった悪循環が生じていた。こうした中で、住宅審議会答申が「適切な地区については、環境条件の整備を図りながら」という条件付表現ながら、都心部の住宅建設を促進する方向に踏み出した意義は大きかった。

　この住宅審議会答申を受けて、昭和54年度から「都心部容積率割増制度」を実施することになった。この制度は、都心部の商業地域において、住宅を含む建築物を総合設計制度の適用を受けて建設する場合には、通常の総合設計制度の場合よりも、さらに容積率の割り増しを行い住宅建設の促進を図ろうとするものであった。都心部としての適用区域は、国鉄環状線の内側及びその周辺で、基準容積率が40／10、60／10の地域とした。

　総合設計制度は、公開空地などを有する一定基準以上の水準の高い開発に対して、公開空地の割合に応じて、容積率の割り増しを建築審査会の許可により認める制度であるが、大阪市は全国的にも最も多くの実績を有しており、この総合設計制度を活用して、緑地空間にも恵まれた住宅建設を都心部で誘導しようとしたものである。

　その後、大阪市の人口は減少幅が低下し、一時期には回復傾向が見られたが、不動産バブルが発生し、高地価の中で市内での住宅建設が極めて厳しい状況になった。東京都区部においても同様の傾向であり、その対応策として「住宅付置義務制度」をスタートさせる区も出てきていた。条例等で義務付けるものであるが法的強制力がないため、大阪市では「住宅付置誘導制度」として、開発にあたって事前協議の形で行政指導する制度を、都市計画セクションが平成6年度から発足させた。

　また、戦前に定められた船場建築線[*1]を有効に活用するとともに都心居住を

促進するため、船場建築線による敷地後退部分を歩道として整備する住宅を含む計画については、市長が認定し容積の上乗せを行う制度も合わせてスタートさせた。

さらに、前述の昭和54年度から実施してきた「都心部容積率割増制度」についても、建築指導行政セクションが平成6年度に対象エリアや容積割増率を大幅に拡充することとし、名称も「都心居住容積ボーナス制度」と改めた。

「住宅付置義務制度」や「住宅付置誘導制度」は、法的強制力がなく実績が限定的であった。また、この制度はビルの上層部に住宅を付置することをイメージしていたが、ビルと住宅の機能を建築計画上分離することが必要なため、エレベーターや階段等を別ルートで作らなければならず建設コストの上昇を招くなど困難な点があったことも実績が拡がらなかった原因の1つと考えられる。また、開発できるスペースの一部を床負担力の低い住宅に強制的に置き換える政策は、ダウンゾーニングと呼ばれる手法であり、新たなエリアに用途別容積を定める場合と異なり、すでに一定の容積率を定めている地域において実施するのは困難な面があった。

一方、昭和54年度から実施してきた総合設計制度を活用した容積率割り増し制度は、前述したように平成6（1994）年度に「都心居住容積ボーナス制度」として制度拡充され、大きな実績を上げてきている。平成26年10月末時点で、大阪市の総合設計制度の「都心居住容積ボーナス制度」を活用して建設された住宅数は、約21,900戸となっている。都心部で緑地空間にも恵まれた住宅建設の誘導に大きな役割を果たしていると言える。また大阪市内の総合設計制度全体で整備された公開空地面積は、約126haに及んでいる。

都心居住容積ボーナス制度
イメージ図

都心居住容積ボーナス制度適用事例

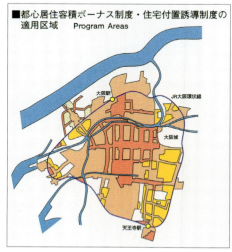

都心居住容積ボーナス制度・住宅付置誘導制度の適用区域

*1 船場建築線　第1章注参照

10. 都市防災不燃化促進事業

　都市防災不燃化促進事業は、昭和55（1980）年度に国において創設された制度で、大震火災から市民が避難する際の安全を確保するため、避難路沿道や避難地周辺の建築物の不燃防災化を促進しようとするものであり、合わせて大震火災時の延焼遮断帯の形成につながるものである。

　具体的には、避難路であれば両側の道路境界から奥行き30mの範囲を対象に、都市計画による防火地域の指定を行うとともに、あわせて当該エリア内での一定の基準を満たす耐火建築物や準耐火建築物の建設に対して助成を行うこととしている。

　民間の自主更新に一定の規制と助成を行い、防火帯の整備を誘導していこうとする制度であるが、建設費に対する助成があるため防火地域指定という規制についても地元の理解が得られやすく、かつ一定期間経過後の当該地域の不燃防災化が確実に進んできている。

　大阪市での事業実績は、昭和55年度に豊里矢田線ではじめて事業着手後、これまでに5路線、15.7km、91.3haで事業が完了し、現在さらに森小路大和川線（今里筋）沿道で事業が進められている。事業着手後おおむね10年間の事業であるが、これまでの実績によれば、その間地区内建築物の不燃化率は、20%から30%程度上昇し、避難路の安全性が概ね確保される70%近くに達している。

　民間の建設活動を通して不燃防災化が着実に進む有効な制度であり、今後もっと多くのエリアでの活用を検討する必要があると言える。

11.「中高層共同住宅の２戸１化設計指導」

　大阪市内に建設される中高層共同住宅・マンションについては、人口の市内定着や居住水準の向上を図るとともに将来の高齢化社会における老人同居需要の増大等に対処するためには、出来るだけ住戸規模の大きなものが供給されることが望ましいと考えられたが、住宅価格の高額化等により依然として小規模な住宅が多く供給される状況にあった。

　中高層住宅に、一度建設されてしまえばその増改築は構造上の制約があり、とりわけ分譲マンションについては、区分所有法上からも壁や床の共用部分の改造は管理組合の合意が必要であり事実上困難であった。中高層住宅の耐用年限は長く、将来の居住ニーズに対応するためには２戸を１戸に改造出来るようなフレキシビリティーを有する設計に当初から考慮しておくことが、良好なストック形成を図るために重要であると住宅政策セクションでは考えるようになった。

　この背景には、市営住宅での取り組みがあった。戦後の初期に建設された市営住宅が小規模で設備水準も低く、今日のニーズに合わず、その増改築や２戸１化を図る住戸改善事業を実施していたが、構造上の制約やコストがかかる課題を抱えている状況にあった。そのため新たな市営住宅の建設にあたっては、２DK住戸など小規模住戸は将来容易に改造出来るよう、隣接住戸との界壁部分にドア１枚分のブロック積みの箇所を設ける設計としていた。こうした考え方を民間住宅にも適用できないかと考えられたのである。

　民間賃貸共同住宅については、家主が計画的に２戸１化などの住宅の改造を実施することが可能であり市営住宅と共通した面があると考えられたが、民間分譲マンションについては、区分所有者で構成されているため２戸１化設計指導を実施しようとすると、計画面・技術面・法律面など総合的な角度から研究を進めることが必要であった。

　こうしたことから、「中高層分譲集合住宅の２戸１化に関する調査研究」を実施することとなった。研究会は、京都大学巽和夫教授を座長に、神戸大学法学部の石田喜久夫、安永正昭両教授、平田建築構造研究所の平田定男所長を中心に構成され、髙田光雄京都大学助手（後京都大学教授）にワーキングのまとめ役になっていただいた。筆者は、髙田氏とこのとき初めて一緒に仕事をさせていただいたが、その後、HOPE計画、大阪都市住宅史、住まい情報センター、市民住宅構想、住まい公社構想など多くの分野でお世話になることとなった。

　研究会での検討事項は以下の点であった。
① 計画上の検討課題
・２戸１化の需要がどのように発生するか、需要が実現するための条件は何か
・既存の中高層分譲集合住宅の分類と２戸１化する場合の設計上の検討

・将来の2戸1化を想定した集合住宅のモデル設計
② 技術上の検討課題
・2戸1化に伴う耐震構造上の問題の検討
（開口部の大きさや位置についての規制条件、将来の開口化に備えての構造補強方法、構造補強に伴う工事費増加額、開口工事に必要な工事費額、壁及び床開口部分の構造補強詳細図）
・2戸1化に伴う設備上の課題と対応策
③ 法律上の検討課題
・建築基準法、消防法など行政法規上の課題
（2戸1化に伴う住戸面積増に対応した消防設備強化や防火区画の設置など）
・区分所有法等私法上の課題
（2戸1化により隣戸を所有し合体化することに伴う区分所有権の移動と、一体化をめぐる法律上、手続き上、調整上の問題への対応）

　研究会報告は、「中高層分譲集合住宅の2戸1化に関する調査研究」（昭和58年7月、大阪市都市整備局）にまとめられているが、研究会での検討の結果、以下の方針により2戸1化設計指導の実施が可能なことが明らかとなった。
（1）将来の2戸1化を想定して、壁や床の一部に、少なくとも1箇所の開口予定部分を設け、どの場所か判るようにしておく。（壁ならドア1枚程度、床なら階段を作れる広さ）
（2）開口予定部分の周囲は構造補強しておく。また建物の構造計画においては、開口予定部分が全て撤去されたと仮定して構造上安全な計画にしておく。当初から計画しておけば、いずれもコスト的には無理のない範囲である。（構造補強のモデルとなる配筋図[*1]を参考に例示する）
（3）開口予定部分は、遮音性能、防火性能を十分有する構造とする。ブロック積みでなく、コンクリート構造であっても将来ダイヤモンドカッターなどにより容易に開口をあけることが出来る。（1箇所20万円程度、開口予定部分のまわりが構造補強されているため建物全体として問題はない。）
（4）開口予定部分は、将来2戸1化を行った場合の住戸計画を想定し、便所、水まわりを避けるなど適切な位置に設けること。またガス、配電、給水の設備は将来メーターを1箇所に集約できる構造にしておくこと。（分岐取出口、分岐スイッチ、貫通スリーブ等）
（5）分譲マンションの場合は、区分所有法が適用されるため、管理組合規約に以下の点を前もって明記し、また販売時にも購入者全体に判るようにしておくことにより、法的にも2戸1化が可能となる。
　① 区分所有者は2戸1化が可能な住戸を購入した場合、自己の費用で

2戸1化を行うことができること。また、他の区分所有者は、これを承認すべきものとすること。
② 　区分所有者は2戸1化を行おうとするときは、あらかじめ、これを管理組合に届け出ること。
③ 　左右の隣接住戸の2戸1化を行い、合併登記をした場合、敷地及び共用部分に対する権利は、建物専有部分の総床面積に対する各区分所有者の床面積の割合による所有権の共有とし、登記上の表示にかかわらず、共有持分計算に関する限り、従前の2専有部分の床面積を単純に合計した数値とすること。

　上記の方針に基づき、昭和60（1985）年4月1日より、大規模建築物の事前協議の対象となる中高層共同住宅を対象に、「中高層共同住宅の2戸1化設計指導」を実施することとした。設計指導の適用住戸は以下の通りとした。
　・分譲住宅は、住戸専用面積が60㎡未満の住戸（後に50㎡に緩和）
　・賃貸住宅は、住戸専用面積が50㎡未満の住戸（後に40㎡に緩和）
　また2戸1化設計を行わせる住戸数は、適用対象住戸数の5割以上、かつ適用対象外住戸との合計が全住戸数の9割以上となることとした。
　大規模建築物の事前協議制度は、前述のように当初は公共施設整備との調整を図るためにスタートした制度であったが、2戸1化設計指導は、良質な住宅ストックの形成を図るという新たな観点にたって行政指導を行おうとするものであり、全国的にも初めての試みであった。

---

*1 配筋図　鉄筋コンクリート造建造物の壁・梁・床などの構造体に入れる鉄筋の直径・寸法・位置等を記載した図面。

第4章

「大阪市HOPE計画」と
都市居住の活性化をめざす住宅・まちづくり政策
(昭和60年代〜)

1.「大阪市HOPE計画」
──都市居住の活性化をめざす新たな住宅政策の展開

都心（中之島付近）

21世紀都市居住イベント実施事例

「大阪市HOPE計画」創設の背景

　「HOPE計画」は、国の住宅制度で、正式名称は「地域住宅計画」（HOusing with Proper Environment）といい昭和58（1983）年度に創設されたものである。その内容は次の通りである。
○「HOPE計画」が目指すもの
　① 地域の特性を踏まえた質の高い居住空間の整備
　② 地域の発意と創意による住まいづくりの実施
　③ 地域住文化、地域住宅生産等にわたった広範な住宅政策の展開
○国の助成　　計画策定費に1／3国庫補助、推進事業費補助
　これまでの住宅政策は、公営、公団、公庫など住宅建設をいかに推進するかといったハード面での計画が中心であったが、HOPE計画は、一定の理念の下に、地方公共団体が計画立案するものに国が助成する方式となっており、ハードから住文化なども含めたソフトへ、そして住宅から地域へ、国から地方主体へと大きな方向転換をうながす政策であった。
　「HOPE計画」の少し前、昭和55年度には「地区計画制度」が発足していたが、その内容は、都市計画法及び建築基準法を改正し、地域住民の合意に基づいて、それぞれの地区にふさわしいまちづくりを誘導しようとするものであり、一定のエリアを対象に、高さ制限などの形態規制や用途規制を厳しくできるものであった。
　また、その後、平成5（1993）年度には「街なみ環境整備事業[*1]」がスタートしている。
　この「HOPE計画」により、住宅だけでなく周辺地域のまちなみ整備など伝統文化を生かしたまちづくりに、地方自らが取り組んでいく大きな政策的枠組みが国において作られたことは大きい。
　当初「HOPE計画」は、天竜杉を生かした住宅地づくり等地方都市を中心に展開されていた。従って、大阪市としては、「HOPE計画」は地方都市をイメージしたもので、大都市とは少し異なるというスタンスであった。
　「HOPE計画」がスタートして少ししてから、国の方から大阪市でも「HOPE計画」に是非取り組んで欲しいとの話があった。大阪市は大都市でHOPEになじまないのではないかと疑問を出すとともに、大都市として取り組むなら人口減少を食い止める都市政策としての住宅政策を推進している都市として、「都市居住の活性化」をテーマにすることは考えられると伝えると、国としてもそのテーマは重要でおもしろいので「大都市型のHOPE」として是非スタートしようということになった。
　実はその頃、筆者は、ヨーロッパの住宅政策について調査する機会があり、ドイツ西ベルリンのインターバウ（コンペを活用したイベント型の都市居住政策としての都市住宅博）やロンドンのバービカンセンター、イギリスでの「Housing

design award」の表彰を受けたコベントガーデンなどの優れた集合住宅等を訪れることとなった。そして当時のヨーロッパの都市居住に対する取り組みについて多くの情報を得ることが出来た。それらの資料も踏まえ、住宅政策セクションでは、そうした政策を是非大阪でも展開したいと考えていたところであった。

　国からの「HOPE計画」と「都市居住政策に取り組んできている大阪市」、そして「ヨーロッパでの都市居住政策の動き」が結合し、大阪市でのHOPE計画がスタートしたと言える。

　HOPE計画の基本的理念や内容を検討するため、昭和60年（1985）9月に「HOPE計画策定委員会」が作られたが、委員長に足立孝大阪大学名誉教授、委員には三輪雅久大阪市立大学教授、巽和夫京都大学教授、磯村隆文大阪市立大学教授（のちに大阪市長）、西川幸治京都大学教授、富安秀雄市浦都市開発建築コンサルタンツ代表などのメンバーであった。また事務局体制としてのワーキンググループには、髙田光雄京都大学助手（のちに教授)、谷直樹大阪市立大学講師(のちに教授)、大森敏江甲南女子大学助教授（のちに教授)、佐藤健正市浦都市開発建築コンサルタンツ大阪代表（のちに代表）らがいた。これら多くの学識経験者や専門家の方々のご尽力を得て昭和60年度末に「大阪市HOPE計画」が策定された。

　「大阪市HOPE計画」の概要を以下に記す。（詳細は報告書及び冊子を参照されたい）
　　○基本理念　「都市居住の魅力の創出とその活性化」
　　○大阪市における都市居住の現状とその課題
　　　　◆都市居住の歴史と伝統
　　　　　　―――大阪のまちは都市居住の長い歴史を持っている
　　　　◆居住地の形成過程と典型居住地
　　　　　　―――歴史の積み重ねが現在の大阪のまちをつくりあげている
　　　　◆居住地の特性
　　　　　　―――大阪のまちは地域ごとにさまざまな特色をもっている
　　　　◆居住者の特性
　　　　　　―――大阪のまちにはさまざまな人々が居住している
　　○都市居住の魅力と問題点
　　　　　　―――都市居住の魅力を生かす住まいが求められている
　　○都市居住の課題
　　　　　　―――魅力を高め多様な都市居住の可能性を拡大することが課題である
　　○施策の基本的方向と具体的イベント
　　　　◆都市居住者の多様なニーズに対応した良質な都市型集合住宅の開発
　　　　　・都市型集合住宅開発設計競技(コンペ)
　　　　　・「ハウジングデザイン賞」の創設
　　　　　・都市居住と都市型集合住宅をテーマとする基礎的研究の推進

◆地域性・歴史性の発展的継承と居住地の魅力づくり
　・『大阪都市住宅史』の編集・刊行
　・HOPEゾーンの指定
　・LIVE LOVE OSAKAキャンペーンの推進
　・ゾーン別住宅整備構想の策定
◆都市居住の魅力に関する市民意識の高揚と都市住宅文化の創造
　・都市居住フォーラムの開催
　・都市型集合住宅アイデア・論文募集
　・住まいの絵本の編集・刊行

　いずれの施策もこれまで取り組んだことのない新しい分野であり、その具体的内容までは詰め切れていなかったが取りあえず走りながら考えようということであった。

　HOPE計画を立案した昭和60年頃は人口減少がまだ続いており、都心部には居住を支える店舗等も少なくなるなどの問題が生じていた。また優れた集合住宅は、阪神間など地域イメージが高い地域に集中して建設されており、大阪市内は都心部の一部を除いてはマンション建設もまだまだ少なく、また比較的価格の安いマンションが大半であり高級なものを作っても大阪市内では売れないといった考えがマンション開発業者の間で定着していた。

　しかし一方で、旧大坂三郷や上町台地など歴史のあるエリアは、マンション立地として可能性を持つエリアであるとの意見も少数ではあるが見られた。HOPE計画により、大阪の地域が持つすぐれた伝統や歴史文化を再認識し、またすぐれた都市型集合住宅を開発し、住むまち大阪の再構築を図りたいとの思いが「HOPE計画」の各施策に反映されている。

　このように「大阪市HOPE計画」は、それまでの住宅政策の枠組みを超えて、「都市居住の魅力の創出とその活性化」をめざして幅広い多彩な政策展開を図るものであり、この政策を契機に都市型集合住宅開発設計競技（コンペ）や都市住宅史、住まい情報センターや住まいのミュージアム、HOPEゾーン事業などその後の大阪市の住宅政策の重要な柱が生まれることになった。そうした意味で「大阪市HOPE計画」は、大阪市の住宅政策の大きな転換点であったと言える。

*1　街なみ環境整備事業　街なみ環境整備事業は住宅が密集し、かつ、生活道路等の地区施設が未整備であったり、住宅等が良好な美観を有していないなど、住環境の整備改善を必要とする区域において、地区施設、住宅及び生活環境施設の整備等住環境の整備改善を行うことにより、地区住民の発意と創意を尊重したゆとりとうるおいのある住宅市街地の形成を図る事業

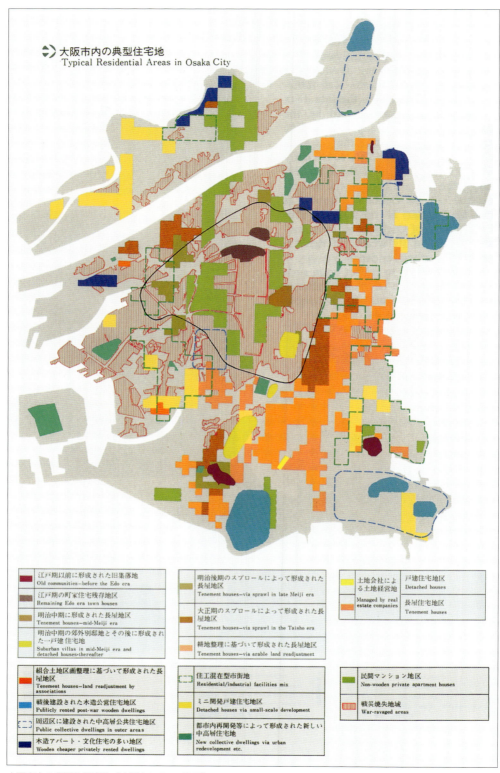

大阪市内の典型的住宅地（大阪市ＨＯＦＥ計画）

2. 桜之宮中野地区での
都市型集合住宅開発設計競技（コンペ）

　「HOPE計画」の策定を行っている丁度その頃に、大規模な住宅地開発の話が生まれてきていた。前述したように、毛馬・大東地区や淀川リバーサイド地区では、市外に転出する工場跡地等を活用して大規模な住宅地再開発に取り組んでいたが、次にはそれらの工場群に物資を輸送していた国鉄の機能が大幅に低下し、淀川リバーサイド地区の対岸にあたる桜之宮地区にある国鉄淀川貨物駅が不要になってきた。隣接して、大阪市交通局の用地もあり、これらの用地をどう活用するかが市の上層部で議論になった。当該用地は、環状線の桜之宮駅の北側、大川の沿岸にあり、大阪市内で有数の景観に恵まれた場所であり、大川に隣接する西側約4.6haを水準の高い住宅地にすることが大島市長の強い意向で決定され、山本晃都市整備局長にこれまでにないような優れた住宅地開発を進めて欲しいと言う市長からの期待が伝えられた。（貨物駅の残り東側部分は各種公共施設や総合医療センターとして整備されることとなった。）

　「HOPE計画」の章でも述べたように、大阪市内はその当時水準の高いマンションはほとんど供給されておらず、この素晴らしいロケーションを生かして今後の都市居住のモデルとなる優れた集合住宅プロジェクトを実現できれば、都市居住活性化の大きなインパクトになるとの期待と合わせて、どのようにすれば目的に沿った事業化がやり切れるかが議論になった。

開発方式

　優れた都市型集合住宅を開発するためには広く英知を集めることが不可欠であり、そのためには設計競技（コンペ）を行う必要があると考えられた。またこの地域は、大川に面し、市内でも有数の景観に恵まれた地域であり、高水準の都市型集合団地を計画することとし、中間所得者層から所得の高い層まで幅広い階層が居住する地域をめざすこととした。

　そのため、それまでの公共開発とは異なり、全体計画戸数1,000戸のうち公共団体70％、民間30％の官民連携の開発プロジェクトにすることとし、事業主体としては、公共は公社・公団・日本勤労者住宅協会、そして民間には所得の高い階層までを対象とする高水準の住宅供給を期待することとした。

　このような目的を達成するため、設計競技（コンペ）方式について検討を進めた結果、用地売却型の事業コンペ方式とすることが最も適切であるということになった。基本設計や基本計画を対象とするいわゆる設計コンペは、主として設計事務所や建設会社が応募し、最優秀者には実施設計や建設工事が実施出来るようにする方式であるが、今回の場合は事業化を前提としており、販

売計画や管理計画も含めより実現性の高い提案を求める必要があり、設計・建設・事業・管理の全ての面において対応可能な企業又は企業連合体から提案を求め、最優秀者には民間ゾーンの用地を売却し、事業化出来ることとした。

つまり、提案者には、全体敷地約4.6haの基本設計の提案に加えて、民間ゾーンについては事業計画や管理計画まで求め、当該計画にしたがって事業化することを義務づけた。また公共ゾーンは、最優秀提案の企画設計に基づきそれぞれの事業主体が、実施設計や事業化を行うこととした。さらに都市居住の魅力を高めるための施設の導入についても、民間ゾーン内に設置する提案を求め、かつその計画に基づき建設や経営を行うことを提案者に義務づけた。

なお用地の譲渡価格は、契約時の時価とし行政が鑑定に基づき定め、応募者に公表することとした。用地価格を競争に取り入れなかったのは、当該用地が国鉄から買収した用地であり、用地売却により転売利益を市が得るのは好ましくなく、また一方、周辺の道路や公園等公共施設整備に要した費用が償える価格でなければならないが、それは区画形質の変更により当該用地価格が上昇することとなるので当然そうした点も考慮された鑑定価格により売却することとした。こうして設計競技（コンペ）の提案内容だけで競う本格的な事業コンペが実施されることとなった。

経理局とコンペのためのプロジェクト・チームの形成

このような事業コンペの計画案をもとに、用地売却を担当する経理局の専門スタッフと協議を進めたが、この当時、公社・公団への用地売却は随意契約が認められていたが、民間への用地売却は南港ポートタウンの埋立地のように売却を前提とした企業会計用地以外は、一般会計用地をコンペ方式に基づき最優秀提案者に随意契約で売却したことは無かった。そのため経理局からは、当該用地をコンペ方式で売却する目的や提案に求める内容の明確化、学識経験者等で構成される審査委員会による公平な審査、そして全体プロセスに対して関係局が同意しかつ市長決裁を経て初めて可能という意見が出された。

この経理局の意見を踏まえ、都市居住の活性化をめざす「大阪市HOPE計画」の中で、「都市型集合住宅開発設計競技」を位置づけどのような都市型集合住宅をめざすのかを明確化することとし、かつHOPE計画策定委員会の主要メンバーに設計競技の審査委員会にも入っていただき、HOPE計画の理念に基づき公平・公正な審査が得られる体制を作ることとした。また用地売却という専門的な知識を要する業務のため、経理局の専門スタッフにも入ってもらって住宅政策セクションと合同のプロジェクト・チームを作りコンペに対応することとした。

設計競技の概要

◆主催者　　大阪市、大阪市住宅供給公社、住宅・都市整備公団
◆対象地区
　・所在地　大阪市都島区中野町5丁目（淀川貨物駅跡地の一部）
　・面積　　約4.6ha
　・住宅建設戸数　約1,000戸
◆設計競技対象
　・対象地区の全ての施設の基本設計及び民間住宅を建設するゾーンの事業計画を対象とした。
　・なお住宅建設戸数のうち公的住宅を約70％、民間住宅を30％とし、民間住宅ゾーンには約1,000戸の住宅の建設に伴い必要となる商業施設を設けるとともに、コミュニティー関連施設、文化施設等を自由に提案することが出来ることとした。
◆計画目標
　① 都市居住者の多様なニーズに対応した住宅供給の実現
　　この事業においては、都市居住を積極的に志向する人々の需要に対応した高水準住宅の供給をめざす。職住近接を求める人々をはじめ、都市生活の豊かさを享受する人々や、職業上都市内での生活を重視する人々などが需要層として捉えられる。またライフステージに関しても、新婚世帯、成長期の子供を持つ核家族、子供が成長した後の夫婦、三世代家族など多様な人々が想定される。こうした多様な需要層のニーズに的確に対応した住宅供給を図る。
　② 魅力ある高層・高密度居住空間の実現
　　当地区の立地条件を考慮し、今後の都市内高層・高密度住宅のモデルとなる豊かな居住空間の形成をめざす。このため、共同住宅の特質、高層・高密化のメリットを積極的に評価し、その活用を図る一方、個性豊かな住宅の実現、接地性や開放性の回復といったことなどを通じて、郊外一戸建住宅に代わりうる魅力ある居住空間の創出を図る。また、大川

桜之宮中野地区事業着手前

桜之宮中野地区全景

桜之宮中野地区最優秀作品模型

桜之宮中野地区土地利用現況図（事業着手前）

桜之宮中野地区整備計画図

及び毛馬桜之宮公園に接しているこの地区の立地条件にふさわしい緑豊かな都市景観の創造をめざす。

③ 都市内立地の特性を生かした住宅計画の実現

都市内居住を積極的に選択する多くの人々にとって、その魅力は職住の近接に伴って増大する自由時間の活用、多くの人々との交流を通じて都市生活文化の豊かさを享受できる点にある。当地区では都市生活文化の享受という観点から都市内居住を積極的に選択する需要層を主たる対象として設定し、こうした都市居住の魅力を積極的に支援し、発展させていくような住宅開発をめざす。

④ 良質かつ長期的な社会資本となりうる住宅の供給

都市居住者の住宅・住環境へのニーズの多様化・高度化が進展する中にあって、長い将来にわたって優れた社会資本として耐えうる住宅を供給するとともに、これによって定住性の高い地域社会の形成を図る。このため、物理的にも機能的にも耐久性が高く、フレキシビリティを持った住宅の供給をめざすとともに、質の高い維持・管理の実現をめざす。

◆設計競技への応募状況と審査結果

設計競技は、昭和61年度に実施し、21企業グループの応募があり、審査委員会での慎重審査の結果「桜之宮MKOグループ（松下興産㈱、近鉄不動産㈱、㈱大林組）の作品が最優秀提案に決定した。

◆周辺地域の開発

桜之宮中野地区の大規模な住宅開発を進めるためには、周辺の都市計画道路、公園等を一体的に整備する必要があり、それらの公共施設整備とあわせて、良質な都市型集合住宅に対しても一定の助成が得られる国の「住宅市街地整備総合支援事業」（特定住宅市街地総合整備促進事業から名称変更）を適用することとした。この結果、大規模な住宅開発とあわせて必要な公共施設整備が一体的に進むことになり、周辺地域の活性化に役立った。

◆設計競技の成果

当時大阪市内には高水準な集合住宅の建設がほとんど見られなかった中で、今後の都市居住のモデルとなる優れた都市型集合住宅が、計画に基づき完成し比較的順調に販売され事業化されたことのインパクトは非常に大きなものがあった。

超高層住宅は当時極めて少ない中でのチャレンジであり、民間関係者も相当なリスクを感じながらの取り組みであったと思う。現在では、大阪市内で超高層住宅の建設が多く進み、都市居住の流れになってきているが、当時はまだそうした動きは無く、都市居住プロジェクトの先駆けであり先導的モデルであったと

言える。

　大阪市の住宅セクションにとっても、これまで市営住宅団地や公共による大規模な住宅開発に取り組んできたが官民協同のプロジェクトは初めてであり、かつ実際に提案に基づき事業化する点で21の応募者からの提案はいずれも非常に価値の高い提案であり、事業コンペから大きな刺激を与えられた。

　一方で住宅セクションのスタッフにとって自ら開発するのに比べ、設計競技（コンペ）ははるかに多くのエネルギーを要した。敷地測量図、地中障害物図、ボーリングデータ、上空の電波法の制限状況の調査、上下水道・消防水利等の設置条件、提案図書要領の作成等優れた提案をしてもらうために提供しなければならない必要な基礎資料の作成に加え、計画目標や提案に求める事項、計画及び設計条件、一団地としての建築基準法の取り扱い、用地売却条件等設計競技で求める内容の明確化、また審査委員会事務局として客観的比較資料の作成等の業務も大変な仕事量であった。こうした作業は大阪市の住宅セクションの貴重な経験になった。

　また一方、コンペに参加した民間企業も大変なエネルギーと費用を費やされたと思う。最優秀企業連合はもとより、多くの企業が参加され、積極的な提案が行われたことに深く感謝している。

桜之宮中野地区全景

3.「ハウジングデザイン賞」の創設

「大阪市HOPE計画」を策定した頃の大阪市内の住宅供給を見ると、民間分譲住宅や民間賃貸住宅の水準は、良質なものが少なかった。景観や建築計画などデザイン上優れたものは、阪神間等居住環境の良い地域には建設されていたが、大阪市内には大量生産型の平凡な住宅が多く、住んでみたいと思うような優れた都市型集合住宅は極めて少なく、そうした水準の高い分譲マンション等の建設は大阪市内では無理ではないかとの意見も多かった。

大阪市内は、以前は大気汚染や水質汚濁など公害の問題もあり、また緑も少ないといったマイナスの居住環境イメージが強かった。しかし公害も少なくなり、河川もきれいになり、街路樹も全国的にもトップ水準に増加するなど、住むまちとしての環境の向上が進んできており、市内居住の促進を図りたいというのがHOPE計画の目標であった。

そのため、優れた都市型集合住宅を建設した民間事業者を対象に、「ハウジングデザイン賞」という表彰制度を作ることになった。こうした制度の例として、当時、前述のようにイギリスのロンドンで行われていた「housing design award」があった。

ハウジングデザイン賞　表彰銘板

オダムという口低層の優れた集合住宅の壁に表彰されたことを記す盾が設置されているのを訪問した筆者が見つけ、後日、イギリスから資料を送ってもらった。公共及び民間の優れた住宅を表彰する制度であったが相当な実績があり、盾のデザインは左官のこてをモチーフにしたものであった。

大阪市では、この賞を参考にしながらも民間住宅を対象とすることとし、昭和62（1987）年度に「ハウジングデザイン賞」を創設し、「大阪市ハウジングデザイン賞選考有識者会議」で選考いただくこととなった。そして表彰建物に設置していただく盾は、集合住宅をデザインしたものとした。

以下に、制度の概要を記す。

〇制度の目的

大阪市内で建設された魅力ある良質な都市型集合住宅を表彰し、その優れた面を明らかにすることにより、良質な都市型集合住宅の建設を促進するとともに、広く市民の方々や住宅供給に携わる人々の住宅に対する関心を高めていただくことを目的とする。

〇対象

大阪市内に建つ民間の「共同住宅」、「長屋」、「一戸建住宅の集合」で、概ね過去5年以内に完成した(改造等を含む)魅力ある良質な住宅や、完成後20年を経過し維持管理が適切に行われ、住宅や住環境が良好に保たれている住宅を対象とする。なお団地の全体計画等に優れたものについては、団地全体が完成した時点で全体を審査対象にすることができる。

○審査
　推薦のあった住宅について、「大阪市ハウジングデザイン賞選考有識者会議」により、以下の選考基準により書類審査及び現地審査を行い選考する。
① 市民の多様なニーズや地区の特性に対応した水準の高い住宅
② 外観デザイン、配置計画、住戸計画に優れ、魅力ある住宅や住環境となっているもの
③ 新しい技術の開発や斬新なアイデアの導入等により、快適な住空間が形成されているもの
④ 人にやさしい住まいづくりの観点から、適切な配慮がなされているもの
⑤ 既存建物を有効に活用し、優れた改造等が行われているもの
⑥ 維持管理が適切に行われ、住宅や住環境が良好に保たれているもの
⑦ 戸建て住宅の場合は、緑地や広場等の共用空間が充実しているもの
⑧ その他、住宅や住環境に関して優れているもの

　制度発足当初は、こうした表彰を受けるにふさわしい集合住宅が大阪市内で本当に建設されるかといった疑問の声も多くあったが、スタートする中で徐々に制度が浸透し実績が上がってきた。
　バブルの時期に住宅建設戸数が激減し、制度の存続も危惧されたが維持され、その後、都心居住の動きになり、超高層住宅をはじめ優れたデザインの集合住宅が建設され、表彰建物も通常の分譲住宅に加えコーポラティブ住宅、定期借地権付き分譲住宅、賃貸住宅、社宅、事務所のコンバージョン、市街地再開発によるもの、改修や維持管理で優れた住宅など多彩になってきている。実績は以下のとおりである。

(ハウジングデザイン賞の実績)
　・昭和62年度～平成25年度　　77団地

　今後とも都市居住を推進するため、優れた都市型集合住宅の建設促進にこの制度が一定の役割を果たすことを願っている。

大賞（ベル・パークシティ）

4.『大阪都市住宅史』

「大阪市HOPE計画」の政策の1つとして『大阪都市住宅史』の編集・刊行がある。これは大阪の長い都市居住の歴史を振り返り、その知恵を今日的な都市の住まいや政策に生かしていこうとして企画し、市政100周年の記念事業として実現したものである。

大阪は第2次世界大戦で市域の大半が焼失し、大阪の原点ともいうべき船場、天満、島之内など江戸期に形成され近代化の中でもなお優れた町家や長屋が残っていた三郷のまちなみも失った。また近代に形成された周辺市街地も焼失した。大阪のまちのアイデンティティーが失われてしまったといえる。

大阪の歴史については、宮本又次先生など多くの歴史学者が優れた研究を行い、多くの出版物が刊行されていたが、大阪の住まいやまちなみ、都市居住の伝統など建築や住宅、その中での暮らしについての歴史はほとんど調査されていなかった。そしてそうした分野の資料も、このままではやがて失われてしまうのではないかとの危惧があった。小さな事業かも知れないが、大阪の都市居住の伝統をハード・ソフト両面から振り返ろうとする試みは、都市居住の活性化をめざす「大阪市HOPE計画」には非常にふさわしいものと考えられた。

『大阪都市住宅史』を企画した当初、京都大学の西川幸治先生のところにご指導を頂くためにご訪問した。西川先生は、大阪市もやっと歴史の事をやるようになったかねと言われ、大阪の歴史は大阪城だけでなく、その前の大坂(石山)本願寺、そして難波宮にさかのぼる古い歴史を有するまちであることを述べられた。そしてその仕事をするには、大阪市の大学である大阪市立大学に谷直樹氏(当時講師)がおり適任であるからと紹介された。また、九州大学出版会が当時出版した『21世紀の思索 地域の文化財』を頂いて帰った。(ふり返れば、この本に書かれていた地域文化財の観点はその後のHOPEゾーン事業にも大いに参考になった。)

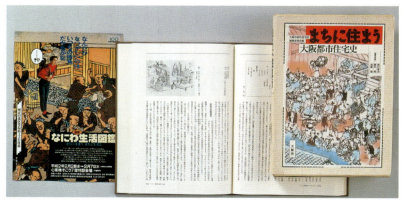

大阪都市住宅史

そして西川先生を代表に、藤本篤氏（大阪市市史編纂所所長）、武藤直氏（大阪教育大学教授）に編集委員になっていただき、谷直樹氏をはじめ多くの研究者、専門家によるワーキングチームが発足し、種々の資料が集められ大変な労力を割いていただき『大阪都市住宅史』が昭和63年度に刊行された。

　企画した大阪市の考え方としては、行政の観点でなく市民の生活の視点で、かつハードだけでなくソフトも含めて幅広いものにしたいという点にあった。

　事務局は、「大大阪」時代に発足した「大阪都市協会」にお願いすることとなり、長年大阪市関連の出版に経験の深い編集出版部長の青木茂夫さんに担当していただき、大変お世話になった。執筆者は中堅や若手の人達が中心で、ボランティア的な感じで取り組んでいただいた。また、出版は、多くの人に読んでいただきたいとの考えで、民間の出版社数社に条件をヒアリングし、平凡社がこの大変な仕事を引き受けることとなった。

　『大阪都市住宅史』の出版作業の中で、いくつかの出来事があった。その１つは、大阪地方裁判所の場所にあった鍋島藩蔵屋敷の絵図の発見である。執筆者の一人である伊勢戸佐一郎氏（地方史家・後に大阪市教育委員長）が日本生命から相談を受け、その倉庫にあった資料を調べる中で鍋島藩蔵屋敷の絵図と判明したものである。大きな図面で、敷地全体に薄くグリッドが書かれ、その上に建物の平面図がきれいに描かれていた。また建物の修繕箇所も小さな和紙に内容が書かれ貼られており、当時の大工集団の丁寧さが偲ばれるものであった。また大川からの舟入も明確に描かれていた。この貴重な資料を分析し、蔵屋敷の平面図や立面図が作成され『大阪都市住宅史』に掲載することとなった。

　もう１つは古地図の復元である。当時、昔の時代を見る古地図は一般的にスケールを考慮せず変形して描かれており、現在のどの場所に当たるのか判らない状況であった。京都市の一部を対象に現在の地図の上に古地図を描いたものが出版されたことが判り、大阪市でも、近世の大阪と近代の大阪の２枚の古地図を現在の地図上に表現して描く作業を行うことにし、この２枚の地図を付録として『大阪都市住宅史』につけることとした。この付録は好評で、後述の「住まいのミュージアム」で単独で出版・販売されることとなった。

　その後、『大阪都市住宅史』は、平成２年に「日本建築学会霞が関ビル記念賞」を受賞することになった。多くの方々のご尽力の賜物である。

　また『大阪都市住宅史』の編集・刊行は、大阪市の住宅セクションに、歴史に立脚した、歴史を生かした種々の政策を企画・立案するうえでのバックボーンとなり、また出版の過程で出来た多くの専門家の方々とのネットワークは、大阪市の住まい・まちづくり政策の立案をバックアップしていただける貴重な人材ネットワーク・資産になった。そしてこのネットワークが後述する「住まいのミュージアム」の設立につながっていったと言える。

5．特定優良賃貸住宅（借り上げ住宅）

　特定優良賃貸住宅（大阪市では民間すまいりんぐ）については、平成3（1991）年度からスタートし、平成3年度～5年度は国の「地域特別賃貸住宅制度」に基づき、平成6年度以降は法律化された「特定優良賃貸住宅制度」により供給してきた。

　この制度は、民間の土地所有者等が一定基準を満たす良質な賃貸住宅を建設する場合に、建設費補助や低利な建設資金融資を行うとともに、入居者には一定期間の家賃補助を行い、中間所得者層向けの民間賃貸住宅の建設を促進しようとするものであった。入居所得階層には制限があり、所得水準に応じて家賃補助額が異なる仕組みであり、また対象が中間所得者層であるとして、家賃補助額を毎年減じ家賃負担額を徐々に傾斜的に増加させる制度であった。

　制度発足当初は、地方住宅供給公社が民間の家主から新たに建設する特定優良賃貸住宅を借り上げ、家賃補助を国と地方公共団体が行い、公社が管理し居住者に貸し出すいわゆる「借り上げ」型の制度となっていた。その後、入居管理のみを家主から委託を受けて公社が行ういわゆる「管理受託」方式も加わるようになった。

　大阪市としては、この制度発足当時、国は「借り上げ」方式を基本としていたため、家主と居住者の間に公社や市が立ち、両者の間の利益調整が困難になるとして制度の導入に消極的であった。つまり行政が家主に一定の賃料を出すことを保証しそれを借家人に貸す場合、将来の家賃値上げや空家発生などの問題の調整が困難になることが予想されたためである。しかし、激変する賃貸住宅市場とそれに対する国の新しい制度活用への積極的な姿勢の中で、大阪市も、他の自治体と同様この制度に取り組むこととなった。

　この制度は、前述のように入居者負担額が年々上昇する制度であったため、一定期間経過した住宅を中心に空家が多数発生することになった。また民間市場も家賃下落傾向が続く状況が生じ、特定優良賃貸住宅の契約家賃との差が生じてきたことも空家を生じさせることとなった。

　空家が増加すると、その損失は住宅を借り上げている公社の負担を増加させることとなり、多くの地方住宅供給公社の経営上大変な損失を生じさせることとなっている。契約家賃の引き下げを家主と交渉したり独自で家賃を引き下げるなど入居促進に努めているものの厳しい状況であり、借り上げ期間が終了する時点までなお各公社の経営を圧迫している。また借り上げ期間終了前には、相当期間経過しているため補助額が縮小し家賃負担額が高額となるため退去者が増加し、また残り入居期間が少ないことも加わり新規入居者が少なくなり、より経営上苦しくなる問題も生じている。

　一方、管理受託方式は、家主が経営責任を負うため自ら契約家賃を適宜

引き下げるなどの対応策をとり、公社は管理受託という委託を受けている立場で損失はあまり生じていない。（大阪市では公社借り上げ型3,351戸、公社管理受託型1,130戸）

ただ管理受託方式に限定して事業を実施した横浜市のような例は少数であり、大半の自治体は国の指導も有り借り上げ方式を採用したため、大阪市と同様の問題を生じている。とりわけ、阪神・淡路大震災の復興住宅として公営住宅や公団住宅に加えて、借り上げ住宅を供給した兵庫県や神戸市などでも大変な負担となっている。

この制度は、建設費補助並びに家賃補助を公営住宅などの公共住宅だけでなく民間住宅にも拡大した制度であるが、以下のような問題点が制度上あったと考えるものである。

① 新築住宅に対して家賃を補助する制度としたため戸当たり家賃補助額が過大となったこと。とりわけ借り上げ住宅の場合は、経営上一定額の収入を公社が保証してくれるため、家主は規模の大きな水準の高い住宅を建設する傾向を生じ、契約家賃が過大となり、家賃補助額の増加を助長することになった。

② この制度は中間所得者層の家賃額の設定にあたり、収入が増加するとともに家賃負担額も家賃負担率も増加すると考え、かつ年々傾斜的に家賃を上げ家賃補助額を減らすモデルであったが、実際的には家賃上昇に耐えられず退去者が多く発生することになった。すなわち、高い家賃負担を避け、一定期間経過して家賃額が高くなると、他の民間賃貸住宅に転居したり持家取得を選ぶ入居者が多く生じた。当初の家賃補助が多く家賃の安い期間のみ入居し、退去してしまう者が多かったことになる。前述のように關一は、『住宅問題と都市計画』の中で、家賃負担率についてはシュワーベの法則が戦前の日本の実情から見ても当てはまるとし、「収入が増加すれば負担率は低下する」としている。中間所得者層対策を進めるにあたって、家賃負担率の詳細な研究分析が必要である。

③ 空家が発生し新たな居住者が入居する場合、国の制度上は当初想定した一定期間経過した後の高い負担額となるため、入居者はそうした住宅を選択せず、他の新しい特定優良賃貸住宅や一般民間賃貸住宅を選ぶため空家がうまらないこととなる。また空家対策として家賃を引き下げた場合は、すべて公社やそれを支援する自治体の負担となってしまうこととなる。新たな入居者に対する対策が制度上講じられていない。

④ リスクの少ない管理受託方式のみを供給したとしても、新築住宅であるため家賃補助額が過大でありそれだけの補助を行うのであれば、既存住宅を対象に政策目的を限定した家賃補助など他の制度設計のほうが望ましいと考えられる。

こうしたことから、大阪市では特定優良賃貸住宅については、公社借り上げ

型は平成10年度から、公社管理受託型は平成12年度から新規受付を停止することとした。以上のように、特定優良賃貸住宅制度は、一定量の良質な民間賃貸住宅の供給促進にはなったが経営上大きな問題を生じ、このことが各都市の地方住宅供給公社の経営を圧迫し、廃止や統合などの組織再編につながる原因の1つになった。

６．老朽鉄筋市営住宅の建替事業に着手

　戦後の初期に建設された鉄筋住宅は、第２章で記述したように当時としては先進的なものであったが、時間が経過する中で建物が老朽化するとともに住宅そのものの性能についても生活水準の向上により市民のニーズに合わなくなってきた。

　例えば住戸規模についても２Ｋや２ＤＫと小さく、また設備水準も低いため例えば電気のヒューズがすぐ飛ぶ問題や、水圧が低く台所給湯器の種火が切れる問題などが生じていた。またエレベータが無いためお年寄りや妊婦の方々にとって階段の上り下りが大変であることや、浴室が無い住宅が大半であることも大きな問題であった。なお浴室については、大阪市内は建設当時浴場が多くあり、市営住宅の浴室設置は客が減少するため浴場組合が反対したこともあり、浴室設置が遅れ、周辺に浴場のない南港ポートタウンの市営住宅に設置したのが初めてであるという特有の状況もあった。

　このような住戸規模が小さく設備水準も低い老朽鉄筋市営住宅の改善要望が市営住宅の居住者から大きく上がってくる中で、大阪市としてもその対応策が求められるようになってきた。

　当時住戸改善の手法としては、一部屋増築方式や、２戸を１戸に改造する２戸１方式が実施されており、大阪市もこの２つの方式により昭和50（1975）年度から事業を進めることとなった。住戸改善事業は、環境政策面で見ると資源を有効活用する点で優れた点を有するが、一方、事業実施面や費用対効果の面で課題があった。一部屋増築は、一部屋と浴室を増築するものである

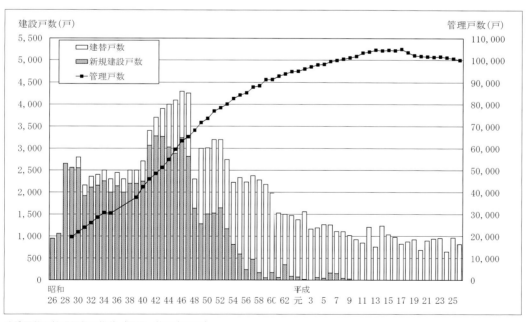

建設戸数と管理戸数の推移（再掲　第２章72頁）

市営古市中住宅再生プロジェクト設計競技入選案

が、大阪市は前述の理由から浴室の設置も必要なため増築規模が大きく、また5階建であるため大半が杭工事を必要とし建設コストが上昇した。一方、2戸1方式は、躯体が柱・梁で構成されるラーメン構造の場合は壁の一部を撤去することが可能であるが、壁で耐震力を負担する壁式構造の場合は撤去できない場合が多く実施可能な住棟が限定されていることや、また住戸数が2分の1に減少するため居住者の半数が他の住戸へ全面移転する必要があること、さらに内部に浴室等を設置するため費用がかかる割に居住室面積が増加しない等の問題があった。また補助を除いた工事費を残りの耐用年限で償還するため、改善効果の割に家賃が高くなるといった問題もあった。こうした課題をもちながらも、居住者ニーズの高まる中で、大阪市も住戸改善事業の取り組みを順次進めていた。

　当初、住戸改善事業の対象は、残りの耐用年限が比較的ある住宅としていたが、昭和20年代から30年代前半に建設された住宅など残りの耐用年限が少ない住宅からも居住者の要望が出されるようになってきた。より古い住宅からの要望であり、行政として断ることが出来ず、昭和20年代建設の天王寺区の住宅で住戸改善事業に着手することとなった。近隣の同時期に建設された大阪府営住宅が住戸改善事業に先行的に着手しており、それが波及した事情もあった。

　こうした状況の中で、予算執行の決裁が財政局財務課に回り、財務課の方からこうした建設年度が古い住宅の住戸改善事業については費用対効果の面で疑問があるとの指摘が住宅政策セクションに出されてきた。財政局の指摘はもっともであり、当該団地は地元との合意も有り当初計画どおり実施せざるを得なかったが、今後については建替方式も含めて基本方針を再検討することとなった。こうして費用対効果を含め検討する中で、昭和20年代から30年代にかけての残りの耐用年限の少ない住宅については住戸改善ではなく建替事業が

望ましいことが明確となり、財政局とも合意のうえ、平成3（1991）年度から老朽化した鉄筋市営住宅の建替事業に初めて着手することとなった。このようにして、その後の住宅施策の重要な柱である老朽鉄筋住宅の建替事業がスタートすることになった。

一方、老朽鉄筋市営住宅は、稠密に建設されているため建て替えによる戸数増加は木造や簡易耐火造ほど見込めず、また点在している団地も多かった。そのため木造や簡易耐火造の建替事業のように周辺団地の建替の余剰地に受皿住宅を建設し、順次ころがし的に本移転する方法をとる事は困難であった。

そこで新たな手法として国の「地域リロケーション住宅制度」の活用を図ることとなった。地域リロケーション住宅とは、建替事業の従前居住者用の仮移転専用の受皿住宅であり、周辺の老朽団地の建替に何度も活用し、最終的に役割が終われば中間層向け住宅として公募するものであった。

再開発的な性格を持つことから、国の補助は建設費に加え用地費も対象となる有利な制度であった。ただ国庫補助があっても新規用地を取得しての建設となるため家賃が高くならざるを得ないが、一方従前居住者の一時移転の受け皿住宅であるため家賃は政策的に従前家賃に据え置く必要があった。このため財政局と協議する必要があり、その結果、今後の市営住宅の建替事業にはこの制度が不可欠であることが理解され、まちづくりの観点に立って制度活用が認められた。

またこの制度は、市営住宅だけでなく、府営住宅や公社・公団住宅の建替にも広範に活用することが想定されており、公共賃貸住宅の総合的な建替に大きな役割を果たすこととなった。

地域リロケーション住宅の第1号は、国鉄清算事業団用地を活用した阿倍野区の松崎町団地で阿倍野区や天王寺区等の建替事業に重要な役割を果たした。また、その後、西成区の南津守や後述の此花区西島地区整備事業での建設等が順次進められ、周辺区を含めての事業展開が図られることとなった。

地域リロケーション住宅制度の活用により、老朽鉄筋市営住宅の建替事業が動き出すこととなったと言える。

南住吉第2住宅建替現況写真、完成予想図

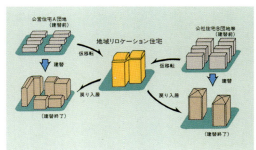

地域リロケーション住宅メカニズム図

酉島地区　近景

7．酉島地区整備事業

酉島地区は、此花区の淀川左岸沿いのウォーターフロントエリアに位置しているが、大規模な化学工場が市外に転出することとなり、その跡地を活用して交通局のバス車庫の移転・整備と合わせて、平成5（1993）年度から大阪市、大阪市住宅供給公社、住宅・都市整備公団が連携し大規模な住宅地開発を進めることとしたものである。また、近畿地方整備局が淀川沿いをスーパー堤防のエリアとして指定しており、スーパー堤防[*1]の整備を合わせて行うこととなった。（スーパー堤防の上部は住宅と緑地、下部は駐車場）

大阪市は、この住宅地開発と合わせて周辺にある市営住宅等老朽化した公共賃貸住宅の建替を一体的に進めることとし、従前居住者向けの仮移転専用の受け皿住宅として、前述した地域リロケーション住宅を建設することとした。（建替対象団地は、此花区内の市営住宅、府営住宅、府公社住宅に加え、周辺区である港区の市営住宅）

また、住宅・都市整備公団が超高層住宅を含む中堅層向けの賃貸住宅を、そして大阪市住宅供給公社がバス車庫の上部空間を活用して公社賃貸住宅を建設することとなった。

敷地面積は約5.4ha、住宅建設戸数は地域リロケーション住宅を活用した此花区内の公共賃貸住宅の建替を含め約1,650戸である。事業手法としては、淀川リバーサイド地区や高見地区などと同様、国の住宅市街地整備総合支援事業を活用することとした。

酉島地区整備事業は、此花区西部のウォーターフロント沿いの大規模住宅地開発として地域活性化に重要な役割を果たしたと言える。

酉島地区　事業着手前

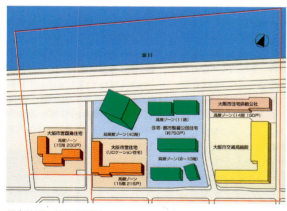

酉島地区　整備計画図

酉島地区　全景

---

*1 スーパー堤防　堤防の市街地側に盛土をし、幅を広げた緩やかな台地状の堤防。万一の洪水時でも丈夫で、都市を大きな被害から守ることが出来る。上部を緑地や公園、住宅などに活用出来、水辺と一体となった緑豊かなまちづくりも可能となる。

8．民間老朽住宅の建替支援事業

　大阪市内には、戦前からの長屋や戦後建設された低質な木造賃貸アパートが数多くありこれらが老朽化し、また空家化が進んでいた。

　戦前長屋は戦災を免れた建物であり、JR大阪環状線の外側に東側から南側にかけてJ字状に多く存在し、もともとは借家であったが戦後売却されたものも多く、一棟の中でも持家・借地持家・借家が混在するなど権利関係が輻輳していた。また、借家の場合、地代家賃統制令が戦後かかっていたため家主は家賃を上げられず、老朽化しても改修をしない状況にあった。

　また木造賃貸アパートは、いわゆる木賃アパートといわれる1～2階建の中廊下型の便所共用で各戸に小さな炊事がついた住宅と、2階建で文化住宅と呼ばれる便所や炊事が専用の住宅があった。いずれも戦後の復興期から人口急増期に建設された低質な住宅であり、大阪市の場合、主として臨海部を中心に広く市内に点在して存在し、戦前長屋地区にも建設され混在していた。

建替前住宅

　こうした木造賃貸住宅は、老朽化し空家化が進行しており、また耐震性や防火上も問題であり、これらの住宅の建替をいかに促進するか、また出来れば隣接の建物との共同建替やデザインを整える協調建替をどのように進めるかが重要な課題であった。

建替後住宅

　そのため平成4年（1992）から、大阪市独自の政策として、これらの民間老朽住宅の建替を支援する政策に取り組むことになった。

　スタートした平成4年度に、大阪市住宅供給公社に相談窓口を設置し、建替に関する無料相談や専門家（ハウジングアドバイザー）の派遣、建替計画作成費の一部を補助する制度を発足させた。また平成5年度には、建替をより一層促進するため、建替にあたって建設費の一部を補助する制度と従前居住者に対する家賃補助制度として、5年間にわたって月額25,000円を限度に、従前家賃と建替後家賃の差額の1／2以内を補助する制度を創設した。さらに平成7年度には、従前居住者に対する家賃補助制度を拡充し、仮移転期間（2年以内）を家賃補助の対象にするとともに、家賃負担能力の低い高齢者に対しては、補助期間を7年、補助率を2／3、補助限度額を月額35,000円にするなど助成内容を優遇することとした。また後述する密集市街地整備事業を進めている生野区南部地区をモデル地域として、市内の他の民間賃貸住宅へ住み替える転出者に対しても、家賃補助を実施することとした。また老朽化した個人住宅の建替に対しても、個人住宅建替資金融資制度を創設し、3世代が同居する場合や借地を購入して建替を行う場合には優遇措置を講ずることとした。

　こうした老朽住宅を建替えることにより土地の高度利用が図られ、良質な住宅の供給を促進するとともに、居住水準の向上や安全性の確保、また地域の活性化につながるものと考えたのである。一方、財政部門には、空家化の進

行に比べて、建替えることによる固定資産税や市民税の増加が図られると説明し、市単独事業の実施に理解を求めた。

また政策立案過程には当時の磯村助役（後の市長）から、これは落語の「三方一両損」の話とよく似ていると指摘されたことがある。家主は老朽住宅を建替えるには、資金を要するから当然新しい住宅の家賃は高くなくてはならない。一方、借家人は新しい住宅に入居すれば当然居住水準は大幅に向上することとなるが、資力のない者や老人も多いのでそうした高額な家賃を支払うことが出来ない。そこで民間老朽住宅建替支援事業で助成を行うことにより、そのギャップを埋め、家主は計画策定費や建設費補助を受けることにより新入居者より従前居住者には家賃を幾分引き下げ、また解決金を支払うなど従前居住者と民・民で交渉し和解できる水準まで歩み寄る。一方借家人は、従前居住者家賃補助を市から受けるとともに、家主と家賃の引き下げや一時金を交渉し従前より家賃が上がるが相互に歩み寄る。家主も一両損、借家人も一両損、行政も助成するので一両損、「三方一両損」により家主と借家人が和解し、円満な建替を促進しようとする方法である。

この民間老朽住宅建替支援事業のこれまでの実績は以下の通りである。

- 建替建設費補助　　従前戸数　　4,265戸
　　　　　　　　　　建替後戸数　5,972戸
- 従前居住者家賃補助　再入居者　105人（内高齢者59人）
　　　　　　　　　　　転出者　　188人（内高齢者93人）
　　　　　　　　　　　計　　　　293人（内高齢者152人）

また従前居住者に対する家賃補助政策については、既存の民間賃貸住宅ストックを活用し施策対象や期間を限定して行った政策であり、新しい政策分野を開くものであったと言える。今、民間賃貸住宅の空家が増加してきている中で、このようなストック活用型の家賃補助についてもっと多面的な展開が必要と考えるものである。

さらにこの民間老朽住宅建替支援事業は、後述する密集市街地整備のモデル事業地区である生野区南部地区での老朽住宅の建替促進に活用されるとともに、生野区南部地区に次いでスタートした西成地区の密集市街地整備においても活用され、大規模な共同建替を実現し大きな成果を上げた。

西成地区では、従来から同和対策事業として住宅地区改良事業を中心とするまちづくりが進み一定の成果を上げていたが、公共住宅ばかりでかえって地域の活力が減少するという意見が強くなり、民間による自主更新的なエネルギーをまちづくりに活かしたいという地元の強い思いがあった。

大阪市の住宅セクションとしても、こうした思いに対応して、地元と一緒になって民間老朽住宅の建替を促進するための助成策の拡充を検討し、老朽アパート「ますみ荘」を含むエリアの連鎖的な共同建替を実現することが出来た。この建替事業においては、住宅だけでなく福祉施設なども先進的に導入

されている。こうした大規模な共同建替が実現できたのは、地元のまちづくり協議会の方々や建替に参画したコンサルタントの方々の大変なエネルギーによるところが大きかった。

「ますみ荘」の建替事業の概要は以下の通りである。

- ・所在地　　大阪市西成区長橋3丁目
- ・敷地面積　1304.74㎡
- ・従前住宅　・長屋　　　1棟8戸（S28建設）
  - ・アパート　1棟30戸（S26建設）
  - ・文化住宅　2棟44戸（S38、S40建設）
- ・建替住宅　・戸数　51戸（1DK～4LDK）
  - ・店舗・グループホーム設置
  - ・4名による共同事業

また、こうしたモデル的に取り組んでいる事業エリア以外にも、JR大阪環状線外周部を中心に広がる老朽住宅が密集する地域（約3,800ha）を「アクションエリア」（建替重点促進地区）として助成内容を優遇し、老朽住宅の建て替えを重点的に促進することとした。

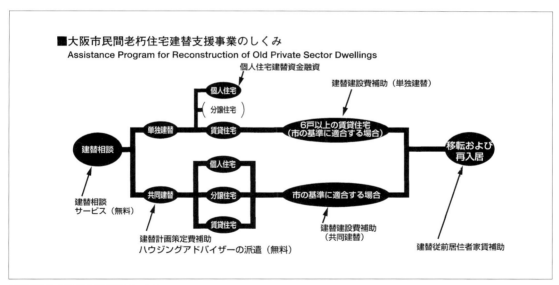

民間老朽住宅建替支援事業のしくみ

9. 生野区南部地区整備事業

経過と密集市街地整備の現状

　西尾市政の頃、市長室の総合政策部門から、生野区等の密集市街地についてその対策がほとんど進んでいないと地元からの強い要望が出て来ており、市政の重要な課題として取り組む必要があり、都市整備局に協力して欲しいとの話があった。

　その頃、市長室の総合計画部門に建築職係長が派遣依頼を受けて人事異動しており、市長室との連携で密集市街地整備方策を検討することになった。

　市長室内にもいろいろな意見があり、密集市街地は大阪市内の場合極めて広範な地域にわたっており、1箇所で事業をスタートすれば他のエリアにも波及し大変な財源を要するので慎重にするべきだとの意見もあったが、前向きに取り組もうとの意見が中心的意見であった。

　密集市街地は前述したように、戦前のスプロール地域で戦災を免れ残った地域が多く、細街路が入りくんでいる市街地の中に老朽化した戦前長屋や戦後の低質な木造アパートが建っており高齢者も多い。一度火災が起これば大変な危険があり、また震災が起きると建物の倒壊や同時多発火災の発生が危惧される地域であった。

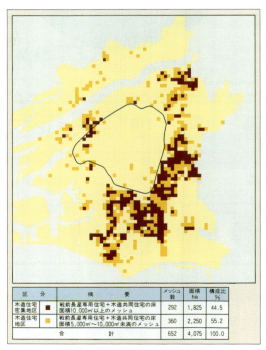

老朽住宅の分布状況

また公園などオープンスペースが非常に少ない地域でもあった。しかし一方、密集市街地は古くからの歴史があり、地域コミュニティーが豊かに形成されており、お年寄りにとって住みよい地域であり、また都心から近接しているため小規模な工場や印刷屋など住宅と工場などが混在する都心部周辺の働く場でもあった。

　密集市街地は、大阪環状線の周辺に東側から南側にかけてJ字状に分布しており、また臨海部にも一部点在している状況であり、こうした特色をもつ非常に広範なエリアをどのような手法で整備していくのか、先ずそのための整備手法や戦略が問題となった。

生野区南部地区全景

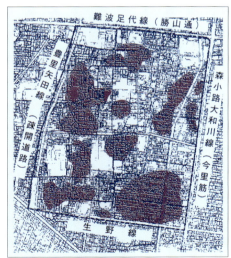

古い木造住宅が密集する区域

道路の区域別状況

整備手法の検討

　当時の整備手法として、大阪駅前の市街地改造事業や阿倍野地区の市街地再開発事業のような全面クリアランス事業は、こうした密集市街地を整備する手法としては、大変な事業費や事業期間、地域の古くからの伝統やコミュニティーが無くなってしまうなどの理由で適切ではないと考えられた。また区画整理事業についても、事業担当セクションは取り組む姿勢を有していたが、市街地改造事業や市街地再開発事業と同様全面クリアランスの持つ問題点を有しており、なおかつ減歩方式（個々の敷地を減少させ道路や公園を提供する方式）を基本としているため零細敷地の多い密集市街地には適切でないと住宅セクションは考えていた。そして区画整理事業として検討することは否定しないが、住宅セクションとしては、密集市街地整備にふさわしい新たな手法を検討することになった。

　全面クリアランスでないまちづくり手法としては、前述の毛馬・大東地区住環境整備事業以降、国において「密集住宅市街地整備促進事業」が創設されていた。この制度は、老朽住宅の密集や公共施設の著しい不足等により居住環境の整備及び良質な住宅供給が必要な地域において、住宅事情の改善、居住環境の整備、老朽住宅の建替の促進等を行う地方公共団体に対して国が必要な助成を行う事業であり、計画策定費や道路・公園等の地区施設の整備、老朽住宅の建替促進、不良住宅の除却のための助成などが補助対象となっていた。

　この制度は、修復型のまちづくりに非常に有効な制度であったが強制力がなく任意事業であるため、住宅地区改良事業のように特に不良住宅が密集したエリアの部分限定的なクリアランスを行うことが出来なかった。

　また密集市街地内には、震災時などに地区内に消防自動車などの緊急車両が出入り出来る幅員の大きな道路や規模の大きな公園の整備も必要であったが、こうした都市計画決定を要する規模の大きな公共施設は「密集住宅市街地整備促進事業」の補助対象になっていなかった。

　こうした都市計画道路や大規模な公園の整備と事業の受け皿住宅の建設などを一体的に行える事業手法としては、前述の淀川リバーサイド地区等で大規模工場跡地の住宅地再開発に活用しその後名称変更されていた「住宅市街地整備総合支援事業」があった。

　そこでこの「住宅市街地整備総合支援事業」を密集市街地整備に新たに活用することを検討し始めた。しかし一方で、「住宅市街地整備総合支援事業」は細街路の整備やまちかど広場など小規模な公共施設整備や老朽住宅建替促進などは出来ず、また不良住宅地区のクリアランスも出来なかった。

　そのためそれぞれの事業手法の利点を活用することとし、「住宅市街地整備総合支援事業」を基軸に、「密集住宅市街地整備促進事業」、一部に「住

宅地区改良事業」の3つの手法を合併施行し、密集市街地整備のための新たな手法を構築することとした。

そして古くからのコミュニティーを生かしながら居住環境の整備を図るため、特に不良住宅が密集するエリアや道路・公園等を整備しなければならない骨格部分はクリアランスするが、それ以外の多くの部分は民間老朽住宅の建替や細街路の拡幅、まちかど広場の整備などを促進していく新しい修復型のまちづくり事業に取り組むこととなった。

それぞれの事業手法の役割は、以下の通りである。
- 「住宅市街地整備総合支援事業」
  ・都市計画道路の整備　・主要な生活道路の整備　・都市計画公園の整備・従前居住者用賃貸住宅の建設
- 「密集住宅市街地整備促進事業」
  ・民間老朽住宅の建替促進　・老朽木造住宅の除却　・まちかど広場の整備・狭隘道路の拡幅整備（平成14年から）
- 「住宅地区改良事業」
  ・不良住宅の買収・除却　・改良住宅の建設
  （その後、「住宅市街地整備総合支援事業」と「密集住宅市街地整備促進事業」は統合され「住宅市街地総合整備事業」に一本化されることとなった。）

種地確保の問題

こうして事業手法を固めたうえ、生野区役所を含む約98.5haの広範な地域の整備を密集市街地整備のモデル事業として実施することとし、平成6（1994）年度から国の現状調査費や基本計画策定費を確保し、さらに具体的な検討を進めることになった。この段階で、先ず種地確保の問題が起こってきた。

密集市街地整備を進めるには、受皿住宅の建設等を行う事業種地の確保が不可欠であり、対象地区内にある大阪府職員グラウンド1.4haを府から買収して種地にする計画であった。この用地は元生野高校の跡地でもあり、大阪府の協力が得られるものと考えていた。

大阪府からは、事業に協力するが府としても職員グラウンドを無くすわけにいかないので、売買でなく市から代替のグラウンドを提供して欲しいとの事であった。市外も含めて様々な用地を検討したが、規模が大きいため適地がなく検討に長期間を要した。府から舞洲のスポーツアイランドの打診が有り、港湾局の協力を得て用地を確保できることとなった。

ただ市が港湾の特別会計用地を取得し、府職員グラウンド用地と交換する代替地取得方式の場合、取得用地に国の補助金が得られるかが大きな問題となった。受皿用地を直接買収する場合は、住宅市街地整備総合支援事業

事業種地

により2/3の用地費補助が得られたが、交換用地でかつ市の特別会計用地に補助が得られるかが重要な問題であった。

国は初めてのケースであったが、当時の井上俊之市街地住宅整備室長（後に住宅局長）が、制度上可能であるとの英断をしていただき、種地となる用地確保が出来ることとなった。ようやく行政として密集市街地整備に取り組む枠組みが出来た。

まちづくり協議会

このような密集市街地整備を進めるためには地元の協力が不可欠であり、いわゆる「行政主導」でもない、また行政は不要で地元住民と専門家で計画立案するといういわゆる「住民主導」でもない、行政と地域住民が連携しながら事業を進める「パートナーシップ型のまちづくり」を構築することがどうしても必要であると住宅政策セクションでは考えていた。

そのため地元住民で構成する「まちづくり協議会」の設置を、地元にお願いすることとした。行政が地域の連合町会等に呼びかけ、地元選出の市会議員・府会議員には全員顧問として参画いただくことにした。

こうして平成6年（1994）7月に「まちづくり協議会」が発足したが、スタートにあたっては日頃から地元の方々と接触している生野区役所の力が大きかった。こうして当初は行政が呼びかける必要があり行政主導となったかもしれないが、メンバー構成などは当然地元で選出され、その後反対意見も含め様々な地元意見を反映して運営され、事業実施に大きな役割を果たすことになった。

この「まちづくり協議会」を窓口に、密集市街地整備事業の提案を行い、議論し、協力して事業を進めていく体制がようやく整った。そして、まちづくりの基本的な考え方について協議・検討を行い、平成6年12月に大阪市としてこれからの整備事業の枠組みを示す「まちづくり基本構想案」を作成し地元に説明を行った。

年明けの平成7年1月17日に阪神・淡路大震災が発生した。大変な被害で建物の倒壊に加え、長田地区等で発生した大震火災は大変な被害をもたらした。

密集市街地整備は喫緊の課題であると、多くの人達が認識するところとなった。「まちづくり協議会」で引き続き議論・検討がなされ、平成7年2月に「まちづくり基本構想」がようやくまとまった。そして現地に「生野南部事務所」が設置されることになった。

生野区南部地区整備事業の推進にあたって、まちづくり協議会会長の宮本長三郎氏には、事業のスタートから大変なご尽力をいただき心から感謝している。

「まちづくり基本構想」

「まちづくり基本構想」の概要は以下の通りである。

(基本目標)
「古くからのコミュニティーを生かしながら居住環境と生活利便性ならびに防災性の向上を図り、安全で活気あるまちに再生します」
→ ○多様な人々がいきいきと暮らせるまち
　○地域文化を受け継ぎ発展させるまち
　○利便性が高く安心して暮らせるまち

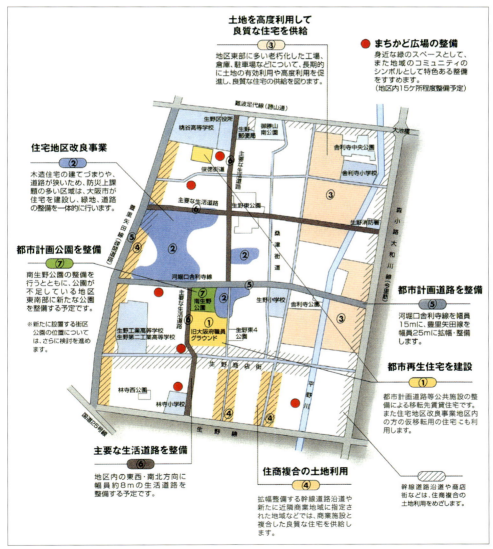

まちづくり基本構想

地上げ問題の発生と対応

「まちづくり協議会」が平成6年（1994）7月に発足する少し前から、生野区南部地区内で暴力的な地上げの問題が発生した。地元住民がまとまって地上げ屋に対抗し、警察が関係者を逮捕する事件が起こり、密集市街地整備を進めようとしている大阪市もこの問題に居住者の立場に立って対処すべきであるとの議会への陳情書が、11月に出され質疑されることとなった。

住宅セクションとしては、当初は民事上のことであり、区役所での相談に応じるスタンスであったが、西尾市長はもっと前向きにできるだけのことをすべきであるとの意見であった。局としても、密集市街地整備を進めるためには、地区内で生じているこの問題に正面から対応することが必要であると考え、その方向に舵を切る意思決定を行った。

直ちに生野警察の刑事課に出向き協力要請を行なった。生野警察は全面的な協力を約束してくれた。そして暴力的な地上げは決してあってはならないこと、またそうした動きがあれば通報して欲しいと通報窓口を明示した啓発ビラを、大阪市都市整備局と生野警察、生野区役所の連名で作り、本庁舎地下で印刷し地区内約8,000世帯に早急に全戸配布した。警察は、その後引き続き関係者を逮捕するなどの措置を取ってくれた。その後、地上げは沈静化に向かった。密集市街地整備に取り組むためには、地域住民との信頼関係が不可欠であり、地上げ問題は行政の基本的スタンスが問われる重要な出来事であった。

住宅地区改良事業に対する反対運動

住宅地区改良事業（事業実施前）

改良住宅（事業実施後）

地上げ問題が沈静化し、基本構想がまとまり、密集市街地整備事業がようやく動きだしたが、住宅地区改良事業対象地区住民から事業に反対する動きが出てきた。暴力的地上げを経験した老朽住宅地域は、公共による地上げだと反対の意見を出してきた。住宅政策セクションとしては、現状のままでは道路に接していない老朽住宅が多く、災害上危険であること、立退き者には正当な補償が行われかつ新しく建設する公共賃貸住宅に入居することが出来るなど事業内容を説明したがなかなか理解が得られなかった。

改良事業対象地区の住民の方々と折衝する中で、行政の事業の進め方に基本的な不信感を持っていることが明らかになってきた。事業がまちの安全や住環境の改善に役立つことは理解していても、「まちづくり協議会」が行政主導で行われ大規模なクリアランスを伴い直接的な生活状況の変化を受ける改良事業対象地区の住民の声が反映されていないと考えていること、また行政が十分に住民の声を聞かず一方的に自分たちのスケジュールに沿って事業を進めようとしているという不信感であった。

住宅政策セクションのスタッフも、こうした地元の要求は当然であり、こうした意見を組み込んでまちづくり事業を長期に粘り強く展開していこうというスタンスに自分たちの方向を切り替えた。そして「まちづくり協議会」の方々と協議し、協議会の中に住宅地区改良事業の進め方を検討する「生野東地区部会」を作り、改良事業についてはこの部会を窓口に協議を進めることとした。

また住民の理解、合意を得るための努力を丁寧に進めることとした。こうした中で、地域住民との連携の動きが生まれ、事業がようやく動き出すこととなった。

事業種地での受皿住宅の建設

事業のスタートにあたって、元大阪府職員グラウンドに受皿となる従前居住者用住宅を建設することになった。密集市街地整備事業の初めての具体的事業であり、団地設計にあたっては周辺の市街地と調和するよう勾配屋根を採用し、駐車場を半地下にして上部を緑地とするなど設計上の工夫を行った。そして工事契約をしていよいよ着工しようとした際に、南側からグラウンド跡地に通じる主要道路の水道管が老朽化しており、重量車両が通行すると破裂する危険があるとの指摘が沿道住民から出てきた。

受皿住宅（都市再生住宅）

数年前にグラウンド南側にある府営住宅の住戸改善工事の際に沿道の人達と工事上のトラブルが発生していたことも背景にあった。水道本管の老朽度や耐力を調査したところ、安全とは言えないとの結果であった。今後長期にわたる事業における主要な建設工事ルートを確実なものにするため、水道本管を入れ替えることとし、この工事に時間を要し、住宅の建設工事の契約をしてから実際に着工するまで約1年かかることとなった。

密集市街地内での工事の難しさを実感し、工事車両沿道の人々の要望を踏まえ、「まちづくり協議会」の中に、「車両対策委員会」を設置することになった。

狭隘道路の拡幅整備

密集市街地内には前述したように、幅員4mに満たない狭隘道路が多く存在し、災害時の消火・避難などの支障になるとともに、通風や採光といった住環境面においても大きな課題となっていた。

狭隘道路の拡幅

こうした問題を解決するため、平成14年度から狭隘道路に面した建物の建替や増改築の際に、幅員が4mになるよう道路中心線から2m後退し、後退した部分を道路として整備する場合、整備費用の一部を補助する「狭隘道路拡幅整備事業」を国の密集市街地整備事業を活用して、生野区南部地区で実施することとした。また合わせて、道路後退部分の固定資産税や都市計

画税を非課税にすることとした。

さらに翌年の平成15年度には国とも協議し、密集市街地整備の優先地区（約1,300ha）の広範な地域においても、国の前向きな判断で補助が認められることとなり、「狭隘道路拡幅整備事業」を実施することとなった。

地域の人々との連携による住宅やまちかど広場の設計・建設

パートナーシップのまちづくりを進めるため、地域住民の意見を計画段階から反映させていくことが必要であり、改良住宅のデザインの検討やまちかど広場の計画づくりに当初から住民の意見を取り入れる新たな仕組みを作ることにした。

改良住宅のデザインについては、自分たちが新たに居住する住宅に対する思いや要望を反映したいという住民の要求を受け止める必要があり、新たに都市デザインや住宅の専門家、建築家などの学識経験者から構成されたアーバンデザイン研究会を設置し、住民の方々と生野南部事務所がワーキングショップを開催しながら公共住宅や植栽などのデザイン計画を策定した。

また一方、まちかど広場についてであるが、密集市街地内は緑地がほとんどなく、府立グラウンド跡地の一角に戦後都市計画決定されたまま未整備になっていた近隣公園とあと1か所の児童公園をこの事業で整備する計画であったが、それ以外に新たに都市計画決定して用地買収し公園を整備することは困難であった。

そのため、もう少し規模の小さなまちかど広場を15か所程度整備することとした。このまちかど広場は、いわゆる公園ではなく住宅部局が責任を持つ新たな緑地整備として実現したものである。従って住民参加の新しい計画・建設方式、新しい管理方式を導入することとした。先ず用地は公共が買収あるいは所有者の無償提供等により確保する。そして広場の建設は市が行い、管理は地元で管理委員会を作っていただき、公共が一定の助成を行ったうえ地元管理していただくという新しいシステムである。

地元管理であるので、計画内容も都市公園法による公園とは異なりもう少し自由に考えることが可能であるというものである。こうした前提の上に立って、まちかど広場の計画については、計画段階から地元の方々に入っていただき、大学の先生方やコンサルタントなどの専門家も入れて自由に議論し、計画案を作ることとした。

第1号は「俊徳道せせらぎ広場」であったが、約300㎡程の小さな広場である。お年寄りから子供達までがワーキングチームに参加し、発泡スチロールの模型まで作り、相当な思いで取り組んでくれた。そのエネルギーを見て、住民と一緒になってまちづくりを進める方式の力強さと確かさを感じた。

名称も、広場の前の古くからの街道の名前を取って地元の人々がつけた。

まちかど広場

また行政管理の公園では難しいせせらぎも提案され、金魚も大和郡山から買ってきて飼い、上空からサギに取られないようネットも張られていた。また広場の地下には防火用の貯水槽が設けられ、手押しポンプによりせせらぎに水が流れるよう計画されている。時々訪れるといつも綺麗に管理されていた。こうした昔からの地域には、自分たちの住んでいる古くからの町を自分たちの力で守り管理していこうというエネルギーが存在し継承されているのを感じ、こうしたDNAをまちづくりに生かしていく必要性を実感した。そしてこうしたまちかど広場の取り組みを通して、この密集市街地整備事業を大阪市は本当に住民と一緒になってパートナーシップ方式で進めようとしていることが判ってもらえるきっかけになったと思う。

主要な生活道路　生野東西線

その後もこの「俊徳道せせらぎ広場」を第1号として、「りんご広場」、「なかよし夢広場」、「はやしじ自然広場」、「イーストあきない広場」、「りんりん広場」等まちかど広場が順次作られ、その内容もターザンロープやりんごの木の植栽、雨水の活用など多彩な計画がなされており、こうしたまちかど広場の管理運営を推進するため「まちづくり協議会」の中に「まちかど広場部会」が設置され、また「まちかど広場連絡会」も作られている。

都市計画道路　河堀口舎利寺線

　以上、生野区南部地区整備事業について述べてきたが、この密集市街地整備のモデル事業の経験を活かし、その後大阪市では市内の広範な密集市街地を対象に、前述した民間老朽住宅建替支援事業の拡充、細街路の拡幅整備事業、建ぺい率の緩和と防火規制の強化などの施策を展開してきている。

住まい情報センター

住まい情報センター　全体構成図

10.「住まい情報センター」と「住まいのミュージアム（大阪くらしの今昔館）」

「住まい情報センター」構想のスタート

　大阪市の市民相談に寄せられる相談の多くが住宅に関することであり、その内容を見ると、市営住宅の入居から民間賃貸住宅の契約に関すること、分譲マンションの購入や管理組合に関することなど多岐にわたり、また専門的知識を要するものが多く寄せられていた。

　そこで、こうした市民の住宅に関する相談に専門的に対応でき、また新婚家賃補助やマンション購入資金融資の相談や申し込み、市営住宅や府営住宅、公団住宅の申し込みなど民間住宅も含めて各種の住宅相談にワンストップで対応し得る「住まい情報センター」を創設する構想が政策課題に上がってきた。

　平成2年（1990）には、「大阪市総合計画21」の中で、「都市居住を支援・促進するため、住宅に関する情報提供や相談業務を行なうとともに、新しい居住スタイルの確立や市民の住意識の高揚を図る総合的なセンターを創設する」と位置付けられ構想がスタートすることになった。

　さらに平成3年には、「大阪市住宅審議会答申」の中で、「今後、大阪市内の住宅に関する各種の情報サービス機能を集約化し、人々がそこを訪れれば、民間住宅も含め各種住宅の募集に関する情報提供や、住まいやまちづくりに関する相談・コンサルティングを受けることができ、さらに、新しい住まいや大阪の都市住宅の歴史などについても知ることができる、総合的な住情報拠点として『（仮称）住まい・まちづくりセンター』を創設する」との提言がなされ、これを契機に基本構想を検討する予算が計上され、本格的に動き出すこととなった。

　一方で、前述したように「大阪市HOPE計画」の一環として『大阪都市住宅史』を刊行する中で、谷直樹氏をはじめご担当いただいた多くの専門家の中から、見出された史実・資料や研究成果をもとに、都市居住の先導的役割を果たしてきた大阪の住まいや暮らしの歴史をビジュアルに再現し発信することにより「住むまち・大阪」の魅力を一層高めることが出来るのではないか、そのためには「住まいのミュージアム」を創設してはどうかとの提案が上がってきた。住宅政策セクションとしても、第2次世界大戦で市域の大半を消失してしまった大阪のまちの都市居住文化・大阪のアイデンティティーを再興したいという共通の思いであった。

　そして検討を進める中で、この「住まい情報センター」構想の中にある「大阪の歴史などについても知ることができる」機能を拡充・発展させて「住まいのミュージアム」構想と結合させ、「ミュージアムも有する住まい情報センター」として計画を進めることとなった。そして住まい情報センターの機能は以下の3点

を基本目標とすることとなった。

● 住まいに関する総合的な案内・募集・相談サービス拠点
●「住むまち・大阪」に対する愛着とイメージアップを図る住情報発信拠点
●「住まいと暮らし」をテーマとする様々な人々の出会い・学習・楽しみの場

　こうした基本目標としたのは、今後の住宅政策を推進していくうえで、その相互作用の中に新しい発展・目指すべき方向があると考えられたからである。当時は、前述のように、「大阪市HOPE計画」を受け「都市居住の魅力の創出とその活性化」を基本理念として、「地域性・歴史性の発展的継承と居住地の魅力づくり」の一環としてHOPEゾーンの検討を進めようとしており、まちづくりに大きくウイングを広げようとしていた。また、ハード政策だけでなく住情報の提供や相談、あるいは住生活文化や住教育といったソフト政策も含めて展開しようとしていた。結果的にみると、後述するように、その後の伝統的市街地におけるHOPEゾーン事業の展開やマンション管理支援機構や耐震改修支援機構の創設、また専門家団体やNPO団体との連携など多様な住宅政策やまちづくり政策の展開に大きな影響を与えることになったと考えている。

　「住まいのミュージアム」が平成13（2001）年度にスタートした時に、同時に刊行された図録『住まいのかたち暮らしのならい』（平凡社　2001）の冒頭挨拶で当時の磯村市長が次のように述べている。

　「大阪は、7世紀半ばに難波宮が置かれた我が国最古の都市であり、近世には天下の台所として繁栄し、さらに近代には先駆的な都市計画を推進するなど、歴史の節目節目で華麗な変身を遂げながら発展してきました。これまでの長い歴史の中で、私たちの大阪が培ってきた優れた住まいの知恵や様式などを改めて見直し、都市居住の文化を考えることを通じて、『住むまち・大阪』への愛着を一層深めていただければと、このたび『住まいのミュージアム』を開設いたしました」なお、磯村市長は、この「住まいのミュージアム」の愛称として「大阪くらしの今昔館」という名前を自らつけられた。

　また、図録のまとめにおいて、住宅政策から見た位置づけについて当時の住宅政策セクションは次のように記述している。

　「大阪市では、『住・職・遊』バランスのとれた都市を実現するため、各種の施策を総合的に進めているが、市民生活の基盤となる『住』機能の充実は欠くことのできない重要な課題である。そこで本市では、「魅力ある大都市居住の実現」を住宅政策の基本目標として、多様な都市居住ニーズに応じた住宅の供給や良好な居住環境の整備、地域特性を活かした居住アメニティーの向上、住まいにかかわる情報の提供など、住むまちとしての総合的な魅力を高めていくための幅広い住宅施策を積極的に推進している。これらの住宅施策を進めるうえで、十数世紀に及ぶ都市居住の歴史の中で培われた都市居

住文化を十分に踏まえ、発展的に継承していくことは極めて重要である。また、蓄積された都市居住文化を広くPRすることは、市民の方々が「大阪」というまちに愛着と誇りを持って都市生活を送っていただく上で有意義であるだけでなく、今後の都市居住の活性化に寄与するものと考えている。こうした背景のなかで、大阪の都市居住の歴史を楽しく学ぶ中核施設として、また「住むまち・大阪」に対する愛着とイメージアップを図る住情報の拠点として、この「住まいのミュージアム」は誕生した。」

事業スキームの検討

　次に、「住まい情報センター」の創設にあたって、その事業スキームをどうするかが議論になった。当時は、民間資金を導入した民活プロジェクトが盛んであり、住宅分野においても神戸方面等で民間住宅や住宅関連製品等の展示機能を有する大規模な住宅情報拠点が作られつつあった。

　しかし、大阪市が考えたのは、市民の種々の住宅に関する疑問や相談に公平・客観的に対応し得る公的性格を有する住情報拠点であり、民間住宅情報も提供するが中心的役割は公的部門であり、また都市居住の活性化を目指す住宅政策の一環として情報発信を行い、NPOなど多くの人達との連携を図ろうとする役割から見ても事業主体は大阪市であり、その運営委託を住宅供給公社など外郭団体が行うという事業スキームとした。

　この事業スキームは、その後、公平・公正な専門的情報を提供してくれるという信頼感を得ることにつながるとともに、第3セクター方式による事業の多くが多額の損失を出し失敗する中で、住まい情報センター事業を継続的に安定的に運営出来た理由の1つである。

　しかしながら、公共事業として実施するためには、その建設資金をどうするかが問題であった。このような施設は全国的にも初めてであり、国の建設費補助制度はなかった。また住宅セクションが実施する「住まいのミュージアム」も全国で初めてであった。こうしたミュージアムも含む住情報拠点全体の建設・運営への国の助成をどう確保するかが大きな課題となった。建設資金については、地域活性化の事業を対象とした起債が認められることとなり、また運営助成については、「住まいのミュージアム」も含め住情報拠点全体の運営に対して国の住宅政策分野の補助が初めて認められ、ようやく資金的目途がたった。

　これには、当時国の住宅局住宅生産課長をされていた和泉洋人氏（後住宅局長、現内閣総理大臣補佐官）のご尽力が大きかった。和泉氏は、後に「住まい情報センター」がオープンした際の記念式典に、海外出張の日程を調整されご出席いただいたことに心から感謝している。

住宅関連外郭団体の統合

　「住まい情報センター」構想の検討を進める中で、その実現を図るためには、住宅行政の実施を担っている外郭団体の統合が不可欠となってきた。当時住宅供給公社は、公社住宅の建設に加えて民間住まいりんぐ事業等中間所得者層向けの住宅供給を中心的事業としており、一方住宅整備公社は大阪市から委託を受けて市営住宅の維持管理や駐車場管理に加えて、新婚家賃補助・マンション購入資金融資など市民や民間企業を対象とした助成施策を担当していた。この両団体の機能を一元化することが、ワンストップサービスを目指す「住まい情報センター」には不可欠であり、外郭団体改革の第1号として統廃合することになった。そして統廃合により新たに発足する「住宅供給公社」を市の住宅施策の実施組織として、また「住まい情報センター」の事務局として、情報センターの同じ空間内に入居させ一体的に「住情報拠点」の機能を果たさせることとした。

住情報プラザ（4階）

設置場所の検討

　「住まい情報センター」の建設にあたっては、設置場所の確保が重要な問題であった。
　多くの市民の方々のアクセスの容易さを考えると、都心部の地下鉄駅に近い場所が必要でありそうしたエリアの公共用地を検討したが、いずれも種々の理由で困難となり、候補地問題は暗礁に乗り上げた。
　丁度その頃、天神橋6丁目にある北市民館の跡地に、地域活性化のための施設を要望する動きが地元商店街を中心に出てきていた。北市民館は、前述の關一市長時代に建設された当時の社会部による福祉政策発祥の地でもあった。当初地元で再開発を検討していたがうまく行かず、集客力のある施設の設置を要望していた。北市民館跡地は交差点から少し離れた奥行きのある用地で、「住まい情報センター」としては狭い用地であったが、交差点角にあり正面にある住友銀行や隣接する保育所も合わせて一体的に開発すれば可能であると判断し、住友銀行（当時）に協力を呼びかけることになった。当時としては、まだめずらしい官・民合築[*1]の計画であったが、住友銀行が協力してくれることとなり実現のめどが立ってきた。なお保育所は、福祉部門の判断で廃止し近接の民間保育所に機能を移すこととなり、その代わりに「子育ていろいろ相談センター」が新たに合築建物に導入されることとなった。
　しかしながら、ミュージアムを有する施設としては、なお用地が狭小で、容積率が大きくオーバーしていた。当時大阪市では、総合設計制度において音楽ホールなど文化施設を設置する場合には、当該部分の容積率をそのまま割り増しする「文化施設容積ボーナス制度」をスタートしており都心部で音楽ホール

等が作られていた。そこで「住まい情報センター」も公開空地を有する総合設計制度で計画することとし、ミュージアム部分はすべて「文化施設容積ボーナス制度」の緩和措置を受け、最上層部分に建設することとした。

　天神橋６丁目のこの用地が候補に上がったとき、都心から少し離れており敷地も狭いが、地下鉄天神橋筋６丁目駅に隣接しており、地下鉄堺筋線と谷町線の２路線からアクセスできること、そして地下で建物と地下鉄を直結すれば傘なしでアクセス出来るメリットが考えられた。また、日本一長い天神橋筋商店街の北の一角に有り、商店街の南には「大阪天満宮」が有る地であり、大阪の商業のにぎわいが感じられるとともに歴史・文化にもゆかりのある地域であり、その地域との融合の中で新しい発展があるのではないかと考えられた。

　その後の商店街をはじめ天満地域との連携（天満地区HOPEゾーン事業等）、また天満宮との連携（ミュージアムでの夏の天神祭の展示、お迎え人形や船形山車「天神丸」の寄託等）などを見ると、新しい動きが出来てきているのではないかと思う。

　またこの用地が前述のように、關一市長時代の社会部の福祉政策発祥の地であり、社会部は前述したように大阪市の住宅政策を戦前スタートさせた組織であることを考えると、この地に「住まい情報センター」を建設することになったことは、不思議な巡り合わせを感じざるを得ない。

「住まい情報センター」の全体設計

　「住まい情報センター」の設計は、建物設計を日建設計が、またミュージアム部分の展示設計を日建スペースデザインが行うこととなった。そしてこうした設計作業を的確にするため、大阪市と学識経験者等の専門家、日建設計の共同のワーキングチームを作ることとした。

　また展示設計は谷直樹氏をはじめ歴史の専門家に入っていただき、日建スペースデザイン、また先行的に採用した学芸員も入って、別途の展示設計のワーキングチームを組織して検討を進めることとした。

　当時はプロポーザル[*2]により選定された展示会社が、随意契約で設計・工事を行うことが一般的であったが、「住まいのミュージアム」のように新しい独創的なものを作るためにはそうした方式は適さないと考え、展示設計もワーキンググループの議論を踏まえて展示設計図書まで作り上げ、その工事を競争入札にかけるという新しい方式を採用した。

　そして建物のワーキングチームと展示のワーキングチームが相互に連携しながら作業を進めたため、一体的に計画することが可能となった。また、４階の住情報プラザは、相談などに来られる市民の方々のセンターへの入り口であり、落ち着いた安らげる空間とするため建築家の吉村篤一氏に設計していただくことになった。

そしてこの住情報プラザにはUR都市機構や大阪府、大阪府宅地建物取引業協会の窓口も設けていただいている。また「住まいや暮らし・建築」や「大阪の歴史や生活文化」をテーマとする「住まいのライブラリー」もこのフロアに設けられている。さらに3階部分には約300人が入れるホールを設けることとした。また3階の住友銀行所有床に大阪ガスが都市部で初めての集合住宅提案プラザを作っていただくこととなった。

　建物の全体構成は、以下の通りである。

ホール（3階）

- 地下1階——地下エントランス、飲食店舗、駐車場
- 1階———エントランスホール、住友銀行
- 2階———住友銀行研修施設
- 3階———住まい情報センターホール、大阪ガス集合住宅提案プラザ
- 4階———住情報プラザ
- 5階———住宅供給公社
- 6階———住宅供給公社
- 7階———子育ていろいろ相談センター
- 8階———住まいのミュージアム
- 9階———住まいのミュージアム（一部10階デッキ）

「住まいのミュージアム」の展示設計

　「住まいのミュージアム」部分については、種々の議論の結果、最上階に、近世大阪の中心であり大阪のアイデンティティーの原点である江戸期の船場の町家と裏長屋の様子を、当時の生活道具も含めて実物大に再現することとなった。夏と秋から冬の2つのシーズンに分け展示を入れ替え、季節ごとに町家のしつらえを変えるとともに、朝から夜に至る一日の変化も光と音環境で演出している。夏には雷鳴や夕立があり夜には花火が上がる。また秋には建物のあちこちから虫の音が聞こえる。天下の台所として栄えていたころの大阪にタイムスリップ出来るようになっている。

　実物大に再現した建物は、歴史研究にもとづき史実に忠実につくられており、桂離宮の修復も担っている大工集団が当時の工法により再現したうえエイジング*3を施したものである。この町家やまちなみ空間の中で、狂言や上方舞、上方落語、また子供たちを対象としたお祭りの行事なども行われている。

　また8階の近代のフロアでは、近代化の過程で大きく変化してきた大阪のまちの姿を、時代を追って、まち・住まい・暮らしを取り上げ、模型と映像によって紹介することとした。模型の製作も、研究者の方々が当時のことを知っている居住者へのヒアリングや歴史資料を分析した結果を踏まえて行われ、実に精密なものとなっている。以下に主なものを記す。

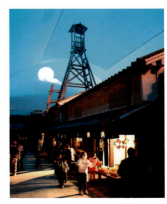

住まいのミュージアム（9階）

住まいのミュージアム（10階デッキ）

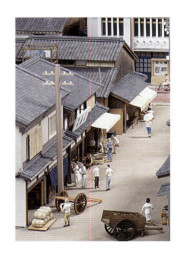

- 川口居留地————文明開化と西洋館
- 北船場—————旧大坂三郷の近代化
- 大大阪新開地—市街地の拡大と近代長屋
- 空堀通—————商店街・路地・長屋
- 城北バス住宅—転用住宅と戦災復興
- 古市中団地——計画的団地の開発
- 住まい劇場——「あの日あの家—ある家族の住み替え物語」
- 通天閣とルナパーク——大阪新名所
- 天神祭—————水都の祝祭
- 心斎橋筋商店街——都市の賑わい

そしてフロア中央は、大正13年発行の「大阪市パノラマ地図」をもとにした光床*4とした。また近代に使われてきた昔の生活道具も多くの企業や市民の方々の協力を得て展示している。さらに企画展示室を設け、住まいや建築、生活文化、大阪の歴史文化など多彩な展示が出来るようにした。

これら「住まいのミュージアム」の展示は、学校の地域学習の場として活用されるとともに、近年は外国人観光客が大幅に増加し、観光政策としても役立っている。「住まいのミュージアム」の詳細な内容は、ミュージアムの完成時にあわせて刊行された前述の『住まいのかたち暮らしのならい』を参照されたい。

「住まいのミュージアム」は『大阪都市住宅史』の刊行のために集まっていただいた谷直樹氏をはじめ多くの専門家の方々を核として、その後も多方面の方々の参画・協力を得て、その人たちの大阪のまちに対する情熱・思いで支えられ、まさに時間を惜しまない手弁当で作り上げられたものである。

またスタート時点から、このミュージアムは啓発型の上から押し付けるようなものでなく、楽しみながらじわっと感じてもらえるようなものにしたいということが基本にあり、また学術研究に裏打ちされた極めて水準の高いものでなければならないし、本物でなければならないということに皆が徹底してこだわった。オープン後

住まいのミュージアム（8階）

住まいのミュージアム（9階）

も町家衆と呼ばれる180人をこえる多くのボランティアの方々の活動に支えられ発展してきている。

　このような多くの人達の努力の結果として、「大阪市立住まいのミュージアム（愛称：大阪くらしの今昔館）の開設と活動」に対して2006年都市住宅学会業績賞が、また「大阪市立住まいのミュージアムの企画と活動」に対して2008年日本建築学会賞（業績）が授与されることとなった。また、「シニアボランティアから世代をつなぐ居住文化体験プログラムの実践－大阪くらしの今昔館の町並み展示を活用したアクティブラーニング」に対して、2015年日本建築学会教育賞（教育貢献）が授与されることとなった。

町家衆とイベント

「住まい情報センター」と「住まいのミュージアム」の発足後の利用実績

　「住まい情報センター」は、平成11（1999）年度に、また「住まいのミュージアム」は、平成13（2001）年度にオープンしたが、その後の利用実績を平成26年度末で見ると以下の通りであり多くの方々に利用されている。

	平成26年度	累計（平成11～26年度）
●相談情報提供	51,276	683,162
（内来訪	33,072	417,052
（内電話	18,204	266,110
（内相談	6,842	87,161
（内情報提供	44,434	596,001
●UR都市機構	4,234	132,370
●宅地建物取引業協会	837	19,745
合計	56,347	835,277
○専門家相談	483	6,712
○インターネット　アクセス	152,273	2,033,656
情報提供	3,782,990	50,026,766
○住まいのライブラリー	31,281	637,741
○セミナー・イベント	11,701	84,962
○住まいのミュージアム入館者	353,138	2,646,408

（住まいのミュージアムのみ平成13～26年度）

＊1　合築　異なる地権者が、それぞれの所有する建物を除却し、共同で所有する一つの建物に再開発する方式。
＊2　プロポーザル　業務の委託先を選定する際に、複数の者に業務に対する企画提案をしてもらい、その中から最優秀者を選定し委託する方式。
＊3　エイジング　新しい建物等を特殊な技術により古いものに見せかけること。映画の舞台となる仮設建物などでも行われるが、住まいのミュージアムでは伝統的な工法で新築した本物の町家等を対象にエイジングを施し、相当年月を経過した古い建物に見えるようにした。
＊4　光床　内部に設置された照明装置により明るく光る強化ガラスの床。床表面の「大阪市パノラマ地図」が照らし出されている。

11.「HOPEゾーン事業」

「HOPEゾーン事業」のスタート

「大阪市HOPE計画」の1つの政策として、「HOPEゾーン事業」が提案された。この考え方は、大阪のまちのいくつかのゾーンを、その地域の特性を生かし住宅地としての魅力を高めていくようなゾーンとして整備していこうとするものであった。

しかしながら具体的な事業イメージや事業手法がまとまらず、なかなかスタートすることが出来なかった。その当時、住宅市街地整備の事業手法としては全面クリアランスの「住宅地区改良事業」あるいは大規模住宅地再開発や密集住宅市街地整備に活用した「住宅市街地総合整備事業」などがあったが、まちなみ景観の形成や歴史的な市街地整備等より水準の高い住宅地への整備を進めるための事業制度がなかったことも「HOPEゾーン事業」が具体化しなかった原因の1つであった。

平成5（1993）年度になって、国において新たに「街なみ環境整備事業」が創設された。この制度は、「住宅が密集し、かつ、生活道路等の地区施設が未整備であること、住宅等が良好な美観を有していないこと等により住環境の整備改善を必要とする区域において、ゆとりとうるおいのある住宅地区の形成のため、地区施設、住宅及び生活環境施設の整備等住環境の整備改善を行う」ことを目的とするものであった。そして地元の協議会組織による良好なまちなみ形成のための活動や整備方針・事業計画の策定、生活道路や小公園などの地区施設整備、門・塀等の移設や住宅等の修景に対して国の補助が得られることとなった。

HOPEゾーン事業の概要

「HOPE計画」は地方自治体の計画策定に対する助成であったが、「街なみ環境整備事業」はハードに対する助成があり、またその内容も公共施設整備はもとより建物などの修景整備にまで及んでいた。さらに協議会活動など市民参加を踏まえた助成制度となっており、総合的でかつ実効性のある優れた制度である。

　この制度の目的の前半は、住環境整備に関するもので、後半は景観形成など優れたまちなみを形成しようとするもので、その2つが結合することにより住環境整備のための公共施設整備から景観形成のための助成まで幅広い領域をカバーできる制度となっている。この制度を創設された国の行政の方々の工夫と歴史に立脚した優れた市街地景観の形成を図ろうとした思いに敬意を表するものである。こうした市街地整備は相当な費用を要し、地方公共団体独自では展開が難しい状況であったが「街なみ環境整備事業」の創設によりそれが可能となった。

　この新たな国の制度を活用して、「HOPEゾーン事業」を大阪市内にある歴史的まちなみ景観が残されている地区を対象にその修景整備を進める事業に絞り込み、事業目的や内容を明確化することとなった。

　「大阪市HOPE計画」の理念にもとづき、提案された一定のエリアを対象にした「HOPEゾーン事業」は国の「街なみ環境整備事業」の創設と出会うことにより、その基軸が明確化し動きだしたと言うことが出来る。

平野郷地区HOPEゾーン事業

　そして事業の第1号の対象地区として上がってきたのが平野郷地区であった。平野郷は中世に形成された環濠都市であり豊かな自治都市であった。その名残が一部残る環濠跡や江戸期の町家、古い街道とその入り口にある地蔵堂など落ち着いたまちなみが残っている地区であった。

　また夏の地車（だんじり）祭りが有名なこの地区には、地車小屋もあちこち残されていた。この地区の人達は自治精神が強く、自分たちのまちに誇りを持っており市民活動も活発であった。特に、南海電車の平野線が廃線になり、その時に平野駅の駅舎の保存運動が起き、それをきっかけに「平野の町づくりを考える会」が結成されていた。

　「平野の町づくりを考える会」は町ぐるみ博物館などユニークで多彩な活動を展開していた。しかし大阪市に対しては、駅舎保存運動の際に何らの協力もしてくれなかったと強い行政不信があり、行政に頼らず自分たちでまちづくり活動をしていくのだという強い意志があった。しかし、まちづくりを進めるには、公共施設の整備やまちなみ修景への助成など公共的な支援が必要であり、また住宅政策セクションの行政マンも平野のまちのすばらしさを感じており、行政マンの責任としても何らかの役割を果たさなければならないと考えていた。

平野郷地区　修景事例（修景前）

（修景後）

そして住民主導でもなく、また行政主導でもない「パートナーシップのまちづくり」を平野地区で進めたいという考え方が生まれてきていた。また活動の進め方についても、「まちづくり協議会」を作り、考え方や役割の異なる多くの人達や団体が集まり、「共同テーブル」に着いて話し合いをしていく方式を呼びかけることとした。

　これは生野区南部地区の密集市街地整備事業の中で、住宅セクションの行政マン達が、まちづくり活動や共同テーブル方式について経験があり、何とか色々な皆の意見を集約しながら事業を進めていく方式が最も適切であると、小さいながらも自信や確信があったからである。町内会や地車の会、まちづくりを考える会など多くの団体が参加し、平野区選出の市会議員、府会議員の方々も顧問として参加する「まちづくり協議会」方式である。大学の研究者や専門家の方々にも参画していただくこととした。

　こうした共同テーブルによる意見の集約化があってはじめてハード面の整備や助成など行政としての役割を果たすことが出来るのである。「平野の町づくりを考える会」の方々にもこうした考え方を伝え協力を要請した。また町内会等にも協力要請した。

　当初は慎重であった「平野の町づくりを考える会」についても賛同が得られ、計画策定費を予算化し、いよいよスタートする段階になってやはり慎重な意見が出てきた。根強い行政不信と共同テーブルをまとめていくリーダーになかなか手を挙げる人がいないだろうといった意見であったと思う。

平野郷地区　地区計画の区域図

平野郷地区　事業区域と修景物件分布図

そこでもう一度ワーキングショップ方式で、地域の方々と議論を続けることとなった。大阪市の住宅セクションからは、若手の行政マンが参加して議論・意見交換を行った。半年以上もこうした取り組みを進める中で、若い行政マンの人達を通して、大阪市が本気でこの平野のまちづくりに取り組もうとしている思いがようやく地元の人達に伝わった。

そして同時にまちづくり協議会のリーダーに、多くの人達が推す人が自然と彗星のように出てきた。長年まちづくり協議会の会長をしていただいた松村長三郎氏である。こうしてようやく「平野郷HOPEゾーン協議会」が発足し、平野のまちづくりが平成11（1999）年度からスタートすることとなった。

スタートに時間を要したが、一度動き出すと多くの人々の思いに支えられ、着実にかつ広がりをもって事業が進むことになった。

「平野郷HOPEゾーン協議会」が定めたまちづくりの目標は、「祭りちょうちんの似合うまち」である。この目標は、行政では考えられない言葉・表現であり、市民参加型のまちづくりを象徴している。

この目標を目指し実施されてきた具体的なまちづくり事業の一つに多くの町家の修景整備があげられる。建築の専門家も参加し、地元の方々と一緒になって町家を修景する場合のガイドラインが作られた。そのガイドラインに基づき町家改修を行った場合に外観部分の工事費の一部を補助することとしたのである。

当初はなかなか修景事例が少なくどう展開するか危惧されたが、実際に修景建物が完成し、多くの人たちの目に見える形となる中で広がりを持ち始めた。そしてHOPEゾーン協議会の方々が、そのネットワークでPRしていただき次々と波及的に広がっていった。これまでの実績は64件となり、平野のまちのまちなみ修景に大きく貢献している。また地車祭りの時の宮入ルートとなるメイン道路の美装化やまちの集会所となる「HOPE會所」の設置、地車小屋の修景など多くの公共・公益施設の整備もこの間進められてきた。

また、平野郷地区HOPEゾーン事業で忘れてはならないことは、広範な地域を対象に建物の高さ制限等を行った地区計画[*1]の導入である。HOPEゾーン事業の着手後、地区内の国道沿いで高層分譲マンションの建設計画が出てきた。このような高層建築が建設されると平野のまちなみ景観が壊されると地域の人達は反対であったが、建築基準法上は合法でありこれを止めることは不可能であった。これに危機感を持った協議会の人達は、高層マンションの建設に対する対応策を行政と議論し始めた。その結果、高さ制限できるのは地区計画（第1章注参照）を都市計画決定するしかない事がわかると、協議会はHOPEゾーン地区内の全住戸を対象に地区計画導入のアンケート調査を行うことになった。回収したアンケートの大半は高さ制限の導入に賛成であり、こうした住民の意見を踏まえ、住宅政策セクションは都市計画セクションと協議を進め、協力して平成19年2月に地区計画の導入に踏み切ることとなった。

地区計画の内容は、以下の通りである。

○平野郷地区での地区計画の制定（平成19年2月）
- 面積　81.9ha
- 目標　本地区は、大阪市南部に位置し、古代からひらけ、中世に形成された環濠集落の面影を伝える町割りや、歴史的、文化的雰囲気を伝える町家及び社寺など豊富な景観上の資源を残しており、地域と連携したHOPEゾーン事業を実施している。本地区計画ではこうした環濠集落の面影を伝える歴史的、文化的なまちなみを継承するとともに、これらの地域特性を活かして、活気と魅力にあふれた良好な市街地環境の創出を図る。
- 計画概要
  - 高さ制限：高さ22mかつ地上7階以下
    （A地区：70.3ha）→大念仏寺の高さを超えない──別図参照
  - 用途規制：マージャン屋、ぱちんこ屋、馬券・車券売り場などを建築してはならない。
  - 建築物等の配置、形態意匠などについては、平野郷の歴史的、文化的なまちなみに配慮し、魅力ある景観を形成するよう努める。
  - 歴史的な建築物については、できるだけ外観を維持・修復し、その保全に努める。

　高さ制限は、駅周辺や幹線道路沿いの一部の地域を除き大半のエリアに適用している。また地区内で最も高い建物である大念仏寺の高さを超えないとしているところは、平野郷の特色である。また高さ制限とあわせて、用途規制や建物の新築や改築にあたっては歴史的、文化的まちなみに配慮するよう定めた規定など、HOPEゾーン事業で実施しようとしている内容を、都市計画法による法的規制により裏打ちすることとなった。

　81.9haにも及ぶ既成市街地の高さ制限を伴った地区計画制度の導入は全国的にもまれであり、HOPEゾーン協議会のように地域の方々がまとまってまちづくりに取り組んでいるエリアだからこそ実現した事例であり、平野の方々の地域の景観や文化を大切にする思いの結実である。また地区計画のような都市計画制度も、地域の方々との連携・協力のうえに、はじめて大きな成果を生み出すことが出来ることを示した事例であると言える。

住吉大社周辺地区HOPEゾーン事業

　平野郷地区と同時期に、住吉大社周辺地区でもHOPEゾーン事業がスタートした。住吉大社周辺地区は、旧街道沿いにあるまちで、全国の住吉大社の中心である住吉大社をはじめとする社寺や地蔵堂、古くからの町家や土蔵が建ち並び、社寺や庭先の緑とあいまって彩のあるまちなみを形成している。

　平野郷や空堀と異なり、この地域では地元発意の自主的なまちづくり活動は当初見られなかったが、住宅政策セクションがHOPEゾーン事業を呼びかけ、地域の方々や専門家の方々が賛同され、HOPEゾーン協議会が作られ事業が平成12（2000）年度からスタートした。

　まちづくりの目標は、「住吉の歴史と人が育む四季に映えるまちなみ」である。町家・長屋の修景整備に加えて、町家を修景改修した集会所「すみよし村ぎゃらりー」、「すみよし村ひろば」などが整備され多彩な協議会活動が行われている。

住吉大社周辺地区　HOPEゾーン事業区域図

住吉大社周辺地区　すみよし村ぎゃらりー

住吉大社周辺地区　すみよし村ひろば

空堀地区HOPEゾーン事業

　空堀地区は上町台地の一角にあり、近世は武家地や瓦の土取り場であったが、その後町家や長屋が建ち、第2次世界大戦による焼失を免れたため古い町家や長屋が多数存在している。また坂道や石段・石畳やレンガ敷きの路地、井戸等が残り、路地裏にはお地蔵さんが数多くあり夏には地蔵盆が盛んに行われる伝統的な町である。東西に空堀商店街が通り、昔なつかしい雰囲気で活気づいている。

　筆者は、市制100周年記念事業を企画する官・民の若手研究会で出会ったDAN計画研究所代表の吉野国夫氏に、その当時空堀地区を初めて案内していただき強く印象に残ったことを思い出す。（吉野氏にはその後も住まい情報センターやHOPEゾーン事業など多くの新しい政策や事業にご尽力いただくことになった。）

　また空堀地区は、NHK大阪放送局から南方面の近接した距離にあり、放送関係者や文化人にも人気のある場所であり、レトロな面と都会的な面をあわせ持つ魅力ある地区と言うことが出来る。「大阪市立住まいのミュージアム」7階においても、この空堀地区の昔のまちの様子が、当時を知る人たちへのヒアリング調査に基づき作られた詳細な模型により再現されているので是非見ていただきたい。この調査は、増井正哉氏（当時奈良女子大学助教授、現在京都大学教授）をはじめとするチームによる大変なご尽力により行われたものである。

　この空堀地区では、HOPEゾーン事業をスタートした当時、建築家の六波羅雅一氏を中心に地区内にある古い町家、長屋を店舗や住居に改修し、地域活性化の拠点にするとともに空堀のまちの魅力を発信する取り組みがなされていた。そうした専門家の方々や地元の町内会の方々、商店街の方々など多

空堀地区　修景事例（修景前）

（修景後）

空堀地区　路地空間の修景（修景前）

（修景後）

空堀地区　HOPEゾーン事業区域図

くの人達が参加する共同テーブルとしての「HOPEゾーン協議会」が空堀でも発足し、平成16（2004）年度からHOPEゾーン事業がスタートした。

まちづくりの目標は「お地蔵さんが見守るつながりを生かすまちなみ」である。町家や長屋の修景をはじめ路地空間を活かした広場の整備、多彩なイベントなど多くの取り組みがなされている。

マイルドHOPEゾーン事業——上町台地地区

広場の修景事例（修景前）

（修景後）

平野郷地区、空堀地区、住吉大社周辺地区でHOPEゾーン事業がスタートする中で、上町台地を対象に広範なエリアでHOPEゾーン事業が展開できないかといった議論が住宅政策セクションや専門家の中で起こってきた。

上町台地は、大阪城から南に広がる丘陵地・台地であり、古くは難波宮から四天王寺に通じるエリアであり、大阪城の以前には大坂（石山）本願寺が存在した。いわば大阪発祥の地・原点である。そして都心にありながら豊かな自然環境と歴史的・文化的な資源に恵まれた地域である。それを最大限に生かしながら個性豊かな魅力ある居住地の形成を進め、居住地としてのイメージ向上を図ることが、「住むまち」としての大阪を広く発信するうえで重要ではないかと考えられたのである。

しかし約900haにも及ぶ広範囲な地域を対象とするには、それまでのHOPEゾーン事業と異なった仕組みを構築する必要があった。そこで名称も「マイルドHOPEゾーン事業」とし事業内容の検討を進めることとした。

まずHOPEゾーン事業に対して国庫補助を受けている国の「街なみ環境整備事業」をそのような広範なエリアに一括して適用出来るかという点が問題となった。これについては国は前向きに対応してくれ、全体を一括して事業適用することを認め、修景整備等を行う場合には個別に当該エリアの整備計画を策定することで事業を進めることが可能となった。

次には協議会の発足であった。HOPEゾーン事業の協議会と同じくオープンテーブルを設置する方針で進められた。約900haに及ぶエリアであるため、協議会の構成団体は、まちづくり団体、経済団体・企業、寺社、学校をあわせて32団体と多岐にわたることとなった。（現在では、まちづくり団体が18、経済団体・企業が3、寺社が8、学校が3、個人会員が7、サポートメンバーが13の合計52団体となっている）

そして平成18（2006）年6月に四天王寺において「上町台地マイルドHOPEゾーン協議会」の設立総会が開催されることとなった。協議会の会長には学識経験者として長年HOPEゾーン事業をバックアップいただいてきた谷直樹氏が就任されることとなった。このような大きな共同テーブルが出来たことは、その運営の大変さはあるものの、今後の上町台地のまちなみ景観の整備やPRに大きな役割を果たす仕組みができたものと言える。

マイルドHOPEゾーン事業の主な取り組みは、以下の通りである。
・NPO等が行うまちづくり事業への支援
・まちづくり活動のネットワーク化
・地域魅力についての情報発信
・ポイントとなるエリアでの修景整備

　毎年、上町台地のまちづくりのための多彩な活動や調査研究など多くの提案がなされ、審査委員会で審査されたうえ種々の活動に助成が行われている。修景整備についても、建物の修景整備に加え、四天王寺・夕陽丘エリアで広場や道路などの整備が進められている。また上町台地の魅力情報発信のための様々な企画・イベントが展開されている。

マイルドHOPEゾーン事業区域図

オープン台地 in OSAKA
（マイルドHOPEゾーン事業イベント）

「都市居住魅力戦略推進会議」の設置とHOPEゾーン事業の新たな展開

　HOPEゾーン事業やマイルドHOPEゾーン事業が進む中で、平野郷や空堀、住吉大社周辺地区のような住居系の地域だけでなく、船場のような近代建築が残り歴史的にも大坂三郷として栄えたエリアについても、近代建築の修景整備などを進めるいわば「まちなかHOPE」を実施出来ないかと考えるようになった。

　都市居住を促進しようとするHOPE計画の一環としてのHOPEゾーン事業としては当然の流れと言える。こうして船場地区でのHOPEゾーン事業を検討する中で、大阪市の活性化を図るためには、HOPEゾーン事業のように地域の人々や企業、NPOなど各種団体、学識経験者等の専門家など多くの人々の力により支えられ発展していく事業を、もっと市内の多くの地域で展開することが重要ではないか、そしてこのことは観光政策としても重要ではないかと住宅政策セクションでは考えるようになった。

　そこで平成18（2006）年6月に「都市居住魅力戦略推進会議」を設置し、学識経験者の方々に集まっていただきご検討いただくこととした。その結果、平成19年2月に「都市居住魅力の戦略的推進に向けての提言」がまとめられた。

　提言では「はじめに」において、次のように記述されている。

　「大阪のまちは、天下の台所として栄えた近世から、大大阪と呼ばれるまで発展した近代にかけて、まさに住・職・遊が一体となった、都市に住み、暮ら

商店街のにぎわい

旧農村集落・街道集落

緑の集積や水辺空間

す生活文化が息づくまちであった。しかしながら、高度経済成長期から世紀が変わる頃までは人口の流出が続き、近年でこそ、都心部が再び住むまちとして脚光を浴びるようになってきているものの、都市に住み、暮らす生活文化の記憶や誇りは失われようとしている。都市としての長い歴史を有する大阪ならではの生活文化に学び、地域の豊かさや生活の質を高めながらまちを持続的に発展させていくことが重要となっている。（中略）大阪市には、まちが有する豊富な歴史的・文化的資源や多彩な人的資源を活かすことにより、まち自身にも活力を与え、その活力が新たなまちの魅力・人材を生み出し、さらに市民生活を心豊かなものにするという正のスパイラルを創り出すことが求められている。（中略）こうした取り組みは大阪の経済の活性化にもつながっていくものと考える」

そして戦略目標として、「まちの遺伝子と人のネットワークで、魅力ある居住地を育み、住むまち大阪の魅力を高める」をかかげ、具体的なプロジェクトとして以下のような項目を示すとともに多様な施策が提案されている。

① HOPEゾーン事業の全市的展開

　歴史・文化資源、近代建築、にぎわいある商店街、水・緑等の様々な地域資源や地域の熱意を再発見・再認識し、市民やNPO等と連携、協働しながら居住地の魅力を高めるHOPEゾーン事業を戦略的に全市へ展開するとともに、それらをネットワーク化することにより、大阪の地域ブランド力の向上を図る。

② まちへの愛着を高めるまちかど広場づくり

　地域住民自らが主体となって、地域活動や防災活動の拠点となるまちかど広場づくりを進め、そのプロセスを通じてまちへの愛着を高めることにより、地域の活力を高める。

③ 既存ストック等の活用による創造的人材の居住促進

　既存住宅ストック等を活用し、アーティストやクリエーターなど、多様な人材の市内居住を促進することにより、新たな都市居住の魅力を創出する。

④ 居住地魅力づくりのための地域活動への支援

　住まい情報センターのノウハウ等も活用し、市民が主体となった地域活動への支援を行い、魅力ある居住地づくりの活性化とそれに携わる人のネットワークを形成する。

⑤ 住むまち大阪の魅力情報の発信

　住むまち大阪の魅力を今日的な視点であらためて整理し、それらを効果的な手法で発信することにより、市内外の方々に、広く大阪の居住地の魅力を知ってもらう。

「都市居住魅力戦略推進会議」の提言を受けて、その後、船場地区、天満地区、田邊地区において、HOPEゾーン事業を新たに展開することになった。

船場地区HOPEゾーン事業

　船場地区は、近世に形成された大阪のまちの原点である大坂三郷の中心にあり、大阪城に続く東西方向の「通」と南北方向の「筋」により整然とした町割が形づくられているエリアである。薬の道修町、金融の北浜、繊維の本町などの特徴のあるまちから構成されており、中央部には南北に御堂筋が通っている。また、近代建築も多く残っており、風格のあるおしゃれなまちなみが作られている。一時は、人口流出が続いていたが、近年は分譲マンションの建設が活発に行われ、都心回帰の動きになってきている。

　こうした歴史的・伝統的エリアでHOPEゾーン事業を実施し、近代建築等の修景整備を図るとともに、船場の魅力を広く発信し、都心居住の促進を図ろうとしたものである。対象エリアは、東横堀川と西横堀川跡、土佐堀川、中央大通に囲まれた126haの区域とした。行政の呼びかけに応えて、地元の町内会をはじめ、多くの企業・商店の方々、NPOや専門家の方々の参加を得て、平成20年（2008）8月に「船場地区HOPEゾーン協議会」が発足した。

　まちづくりのテーマは、「近世・近代の佇まいが光る花（はん）なりしたまちなみづくり──上質な船場の'いま'を愉しむために」である。まちなみ修景のガイドラインとして、「船場のまちなみ作法」がつくられ、船場博覧会をはじめ多彩な取り組みが行われている。また、近代建築等の修景も当初予想していたよりはやい速度で進み、平成25年度までの5年間で以下の14件の建物等のまちなみ修景が行われている。

●芝川ビル●生駒ビルヂング●旧小西家住宅東側駐車場ゲート●旧小西家住宅衣裳蔵等●青山ビル●北浜レトロビルヂング●新井ビル●佐々木化学ビル●三休橋筋道路銘板●グランサンクタス淀屋橋●伏見ビル●朝日生命道修町ビル●武田道修町ビル●高麗橋ビル

船場地区HOPEゾーン事業
修景事例　グランサンクタス淀屋橋

船場地区HOPEゾーン事業　修景事例　芝川ビル

船場地区HOPEゾーン事業　修景事例　生駒ビルヂング

船場地区HOPEゾーン事業　修景事例　北浜レトロビルヂング

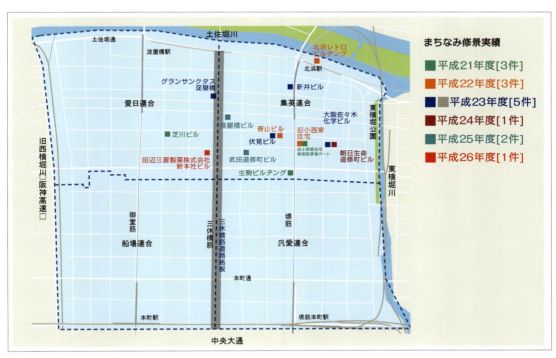

船場地区HOPEゾーン事業　区域図

第4章
「大阪市ＨＯＰＥ計画」と都市居住の活性化をめざす住宅・まちづくり政策

天神新門界隈石畳整備

天満地区HOPEゾーン事業

　天満地区は大川の西側にあり、近世には大坂三郷のひとつ天満組と呼ばれていた歴史的エリアで、天満青物市場や乾物問屋等で栄えていた地であり、日本一長い商店街である天神橋筋商店街を有している。また天満宮をはじめとする社寺や町家、長屋、蔵などが残り、近年は天満宮北の一角に落語の定席「天満天神繁昌亭」が出来賑わっており、都心近くにありながら昔ながらの雰囲気を残している。

　この天満宮周辺のエリア約47haを対象に「天満地区HOPEゾーン事業」を実施することとなった。繁昌亭の完成で盛り上がっている地元の地域活性化の動きに呼応して、天満地区という伝統的市街地の魅力を広く発信しようとしたのである。

　平成20年（2008）6月に「天満地区HOPEゾーン協議会」が発足し、事業がスタートした。繁昌亭から天神橋筋商店街にかけての周辺の石畳の整備をはじめ、町家の修景、まちなみに関するワークショップなど多彩な取り組みが行われている。まちなみづくりのテーマは、「天神さんから大川浜へ『もてなし』のまちなみづくり」である。

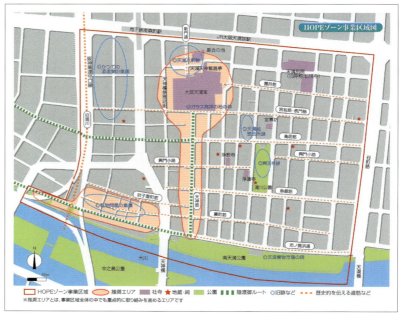

天満地区HOPEゾーン事業　区域図

田邊地区HOPEゾーン事業

　田邊地区は農村地域であったが、四天王寺、住吉大社、平野郷に囲まれたエリアに位置し、それぞれと街道で結ばれていた。また熊野、高野山への道筋でもあった。その名残りは、地区内の多くの旧街道に見ることが出来る。また戦国時代から江戸時代にかけて建てられた6つのお寺が村の中心にあり、旧村内は細く曲がった道が多く、またお地蔵さんも多数残っており、大・中・小の農家型の家屋が存在している。大正時代以降は、大阪市の郊外として宅地開発が進み、当時の最新のデザインによる和風、洋風、折衷の家屋・長屋が多く建てられている。田邊大根でも有名な地である。

　このような旧農村集落、街道集落のもつまちの魅力を広く発信するためのHOPEゾーン事業の実施を行政が呼びかけ、平成20年（2008）7月に「田邊地区HOPEゾーン協議会」が発足した。まちなみづくりのテーマは、「街道と歴史が織りなすにんやか田邊郷」であり、まちなみガイドラインが作られ修景事業が実施されるとともに、「神馬の道再現ウオーク」や「田邊大根イベント」「七夕のまちなみとホタルの夕べ」など種々の行事が行われている。

「田邊法楽寺」（『摂津名所図会』）

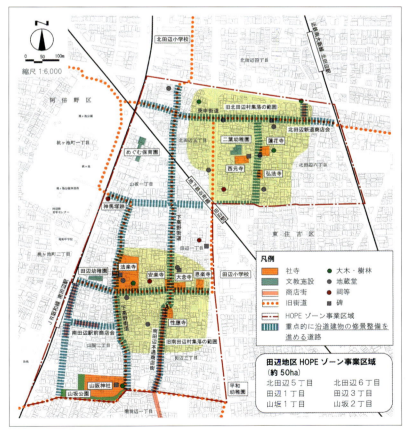

田辺地区HOPEゾーン事業　区域図

HOPEゾーン事業の今後の展開に向けて

　以上HOPEゾーン事業のスタートから現代までの経緯について述べてきた。多くの人が集まり賑わう都市や地域は、先端産業の集積など経済的な力だけでなく、文化的にも、また住むまちとしても重層的な魅力を有していることが必要であると考えるものである。

　重層的な都市魅力とは、新しさと伝統が混在していること、都市空間的にも先端的な拠点開発に加えて伝統的・歴史的市街地など多角的魅力があちこちに存在すること、かつそれらがネットワーク化し相乗効果を生み出し、都市全体の魅力につながっていることではないかと思う。

　こうした重層的魅力のある地域や都市が、働くまち、住むまち、訪れるまちとして人々を引きつけ都市の発展につながっていくものと考える。

　伝統的な市街地は、重要な歴史的・文化的ストックであり多くの人々の生活文化がいきづく場である。それらを市民とともに修復・再生するHOPEゾーン事業は、今後「大阪あそ歩」（2012年第4回観光庁長官表彰を受賞）など観光政策とも連携して、さらに大きく発展することを願うものである。

12. 大阪市マンション管理支援機構

　大阪市内で建設される住宅の多くは、集合住宅であり、また、分譲マンションが相当なウェイトを占め、その住宅ストック量も大きく増加していた。

　分譲マンションは、区分所有による居住形態であり、管理組合がつくられ、共用部分の維持管理や大規模修繕は、一定比率以上の区分所有者の同意に基づき実施されるシステムとなっている。修繕積立金の額はどの程度必要か、また老朽化してきているマンションは将来その建替をどうするかといった問題への対処も必要であった。さらに共同して住むことによるペットやごみ等のマナーの問題や管理組合費の滞納、借家化した場合の借家人との関係など多くの管理運営上の問題を抱えるマンションもあった。

　分譲マンションは将来とも都市の居住形態の中心になる以上、その維持管理が適切になされるようバックアップしていくことが住宅政策の大きな役割であると考えられた。しかし、こうした分野は法律や金融、建築など多くの専門家のアドバイスが必要であり、行政が直接実施するのでなく、行政も入った新たな共同組織を作りその役割を果たすことがふさわしいと考えられた。

　そこで公共団体、専門家団体、民間事業者団体により構成される「大阪市マンション管理支援機構」を、平成12（2000）年度に全国に先駆けて創設することとした。公共団体等としては大阪市、大阪市住宅供給公社、（独）住宅金融支援機構が、専門家団体としては大阪弁護士会、大阪司法書士会、大阪土地家屋調査士会、大阪府不動産鑑定士協会、近畿税理士会、大阪府建築士会が、民間事業者団体としては高層住宅管理業協会、不動産協会、マンションリフォーム推進協議会、大阪ガスの参画をいただいている。

　組織の運営経費は、その性格上大阪市が費用負担し、大阪市住宅供給公社が事務局としての役割を果たすことになった。

　大阪市マンション管理支援機構の主な取り組みは以下の通りである。
　〇個別相談会の開催　〇マンション管理関連セミナーの開催　〇機関紙「らいふあっぷ」の発行　〇マンション管理Q＆A集の発行　〇「管理組合交流会」の開催　〇大規模改修工事見学会の開催　〇「マンション管理フェスタ」の開催など

　「大阪市マンション管理支援機構」は、多くの管理組合がその必要性を求めていたのか急激に加入組合が増加し、大阪市内のマンション管理組合全体の1/3、1,000を超える管理組合が加入する大きな組織となった。弁護士の方々による模擬管理組合での討論会や建築士による建物の修繕や耐震改修の相談会、管理組合同士の情報交換やニュースの発行、インターネットホームページでの情報提供など多彩な取り組みが行われている。

　これだけのネットワークの広がりは当初想定していなかったが、行政と専門

家、市民団体としての管理組合が連携して実施する共同テーブル的な取り組みの重要さ、またその効果が実感されるところとなった。

こうした「大阪市マンション管理支援機構の運営」が評価され、2010年都市住宅学会業績賞を受賞することとなった。

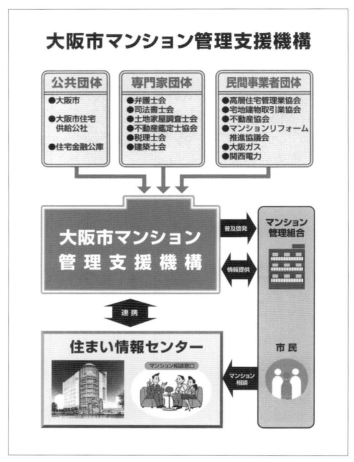

大阪市マンション管理支援機構の概要

13. 耐震改修助成と大阪市耐震改修支援機構

　マンション管理支援機構の取り組みが成果を上げる中で、耐震改修を促進するための組織を創設することが検討された。戦前長屋など老朽化した住宅を多く抱えている大阪市において、耐震改修を促進することは住宅政策の重要な課題であり、国の耐震改修に対する助成に上乗せした市独自の助成制度をつくり、また国よりも柔軟に1室のみの耐震改修やシェルター型の耐震改修も助成できるように制度の拡充を進めてきていた。

　一方、市民から見ると、耐震改修を行うのはいろんな建設業者があるが、どうした業者が信頼できるのか判らない事や、また補助を受けるための手続きが判りにくいといった問題があった。また助成制度についても、より身近なニーズを吸収する必要があったし、耐震改修促進のための地域住民の方々へのPRも、もっと地域密着型で進める必要があった。

　また業者を紹介することは行政としては出来ないし、一方市民は適切な業者を紹介して欲しい、正確・公平な情報を提供して欲しいと考えており、そこにギャップがあった。

　こうした問題を解決するため、外部の各種専門家団体等と連携するマンション管理支援機構のような官民連携の組織の創設が必要と考えられたのである。

　耐震改修支援機構の概要は以下のとおりである。

●耐震改修支援機構の概要
○設立目的
　近年、日本各地で大規模な地震が頻発し、大阪市においても、東南海・南海地震や上町断層帯等による直下型地震の発生が危惧され、住まいの耐震化促進は喫緊の課題となっている。

　しかし、大阪市では、耐震改修の必要性がまだまだ理解されていないことや、安心して依頼できる事業者がわからないといったこと等が原因となって、耐震化が進みにくい状況にある。

　このため、住宅や耐震の分野において専門性を有する公的団体や建築関係団体等が連携し、耐震化の促進に向けた幅広い取り組みを積極的に進めていくことを目的として、平成20年（2008）10月に「大阪市耐震改修支援機構」を設立した。

○事業
　大阪市耐震改修支援機構は、大阪市が行う次の事業の実施協力等を行う。
・住宅の耐震化に係る普及啓発
・耐震診断、耐震改修設計又は耐震改修工事の実績がある事業者の紹介
・その他、住宅の耐震化を促進するために必要となる事業

○組織

本　　　　部：大阪市耐震改修支援機構の運営を行う。
　　　　　　　　・財団法人大阪建築防災センター
　　　　　　　　・社団法人大阪府建築士会
　　　　　　　　・社団法人日本建築構造技術者協会
　　　　　　　　・独立行政法人住宅金融支援機構
　　　　　　　　・大阪市住宅供給公社

耐震化支援団体：住宅の耐震化に係る普及啓発を積極的に行うとともに、耐震診断、耐震改修設計又は耐震改修工事の実績がある耐震事業者を構成員に持ち、これを紹介する。

耐震化支援団体評価会議：耐震化支援団体の認定及び処分（指導、勧告、除名）に関し意見を聴く。

コンプライアンス有識者会議：事業紹介に係るトラブルが生じた場合、法的考え方に関し意見を聴く。

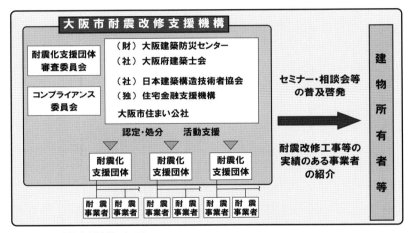

大阪市耐震改修支援機構の概要

本部は中核となる公的団体で構成することとした。また新たな仕組みとして中間支援組織とその傘下の個別の耐震改修業者をひとつのチームとして、チーム全体として今後の取り組み方針やそれまでの実績を明確にまとめ、耐震改修支援機構の審査委員会に申し込み審査を受ける仕組みとした。こうした審査を通過した複数の中間支援チームが発足することとなった。中間支援組織が責任を持って、支援機構のガイドラインに従って、傘下の業者を指導監督することとし、また支援機構はすべての中間支援組織と構成業者リストと内容を公開し、市民がそれを見て自らが選択できるようにした。

　この仕組みの質的低下を防止するため、加入時の審査は非常に厳しくし、過去トラブルを起こした業者はその改善がみられるまで、一定期間は加入できないこととした。もちろん中間支援組織自体も審査の対象となった。さらに支援機構が紹介した耐震業者が実施した工事に、不適切な点が有るなどトラブルがあった時には、市民が耐震改修支援機構のコンプライアンス委員会に申し立て出来るシステムを導入した。

　弁護士など第三者が客観的・公平な視点で問題を審査し、業者の施工内容に問題があれば中間支援組織に指摘・指導し、構成団体から排除することとした。自ら自浄作用を有する組織の構築をめざしたのである。

　リフォーム工事や耐震改修工事においては優良な業者とそうでない業者が入り乱れており、市民が優良な業者を選択するのが難しいし、また、業者側から見てもせっかく頑張っていても評価されにくいといった問題に少しでも新しい風を導入し、適切な施工方法による耐震工事の促進を図ろうとしたものである。

　また、一方、区役所や消防局と一緒になって、戦前長屋地区など老朽建物が多い地域に出前で耐震改修の方法や内容、助成措置などの説明会を開催する試みも数多く実施されてきたところである。

14. 大阪市営住宅ストック総合活用計画

　平成12（2000）年度に国において、「公営住宅等ストック総合改善事業」が創設された。この事業は、公営住宅のストック改善を図るため、建替事業に加え個別改善、全面的改善事業等多様な事業に助成する方向を明確化するとともに、公営住宅の長寿命化計画の策定を図ろうとする地方公共団体に国庫補助を行うものであった。

　こうした動きの中で、国から各自治体に公営住宅全ストックを対象に、建替や全面的改善、維持保全など、どのような事業手法でいつまでに事業を実施するのかを定める「公営住宅ストック総合活用計画」を策定するよう指示があった。

　大阪市の市営住宅の管理戸数は約10万戸あり、その長期活用計画を策定するのは大変な作業であった。市営住宅の建替事業については、すでに木造や簡易耐火から中層耐火に移ってきていたが、平成7年の阪神淡路大震災を受けて中層耐火住宅や高層耐火住宅の耐震性能が問題となっていた。

　高層住宅は建設年度も新しく耐震性能の問題はほぼなかったが、中層住宅は建設年度の古いものが多く老朽化してきており、その耐震性能が問題となった。耐震性能が問題である場合、建替か耐震補強するか、建替の場合には高度利用の可能性が、一方耐震補強の場合はどのような手法が可能かなどを判断する必要があった。

　また古い中層住宅は、前述したように建物構造だけでなく設備水準も問題があり、電気容量や水圧の不足、浴室やエレベーターがない問題など居住者からの苦情が多く上がってきていた。また老朽化した住宅は外壁が落下するなど事故を引き起こす危険性もあった。これらの点を踏まえ、コストや事業効果、実施方法などを総合的に検討し、建替、全面的改善、エレベーター単独設置、維持保全等の事業手法別、団地別、棟別の計画を平成13年度に作成しそれを公表したうえ順次実施することになった。

　事業を実施する中で、建替事業については、国の補助が１／２あり起債も充当され、土地の高度利用により余剰地を民間分譲住宅とするなど、地域活性化の点で大きな効果を生み、また居住者の評価も高い状況であった。

　一方、住戸改善事業は、既存ストックの活用や資源の有効利用の観点からみて重要な事業であり住民が居住しながら工事が出来る長所がある一方、改善後の耐用年数が約30年と短く、戸当たり事業費も約800万円と大きいため、戸当たり事業費1,200万円で耐用年数約70年の建替事業に比べると費用対効果の面で劣るという点や、改善後の住宅が構造躯体の制約があり完全なバリアフリー化が困難な点や天井高さが低いなどの課題が明らかになった。またエレベーター単独設置についても、戸当たり事業費が高くつき家賃が上昇するため、アクセスの容易な低層階の居住者の合意が取れず事業が進捗しにくく、ま

た住みながらの工事のため事業期間が長くなり居住者の負担も大きいといった問題も生じていた。

その後、平成16年（2004）8月の住宅審議会答申において、市営住宅ストックの有効活用と地域のまちづくりへの貢献を図るため、建替余剰地を活用した中間層向け住宅の供給や地域のまちづくりに貢献する機能の導入が提言された。また後述するように関市政の市政改革の一環で、市営住宅についても「市民住宅構想」を新たに策定し、今後の市営住宅については、「ストックの効率的な活用」、「コミュニティーの再生」、「公平・公正な管理の推進」、「地域のまちづくりへの貢献」を基本的な考え方とし、市民の共有財産として、多くの市民に支持される「市民住宅」へと再編することとなった。

こうした状況の変化や前述の事業実施上の問題点を踏まえ、計画から5年経過した平成19年に市営住宅ストック総合活用計画を見直すこととなった。基本的には前述の状況を踏まえ、建替事業を中心にさらにシフトするとともに、全面的改善やエレベーター単独設置については、限定的に実施することとした。また合わせて団地再生プロジェクトの推進など市民住宅構想実現に向けた各種の施策が計画されることとなった。

新たな市営住宅ストック総合活用計画は、平成19年度から28年度までの10カ年の計画期間とし、市営住宅の全体管理戸数102,978戸のうち建替15,141戸、全面的改善3,168戸、エレベータ単独設置8,541戸、維持保全76,128戸の計画となっている。

「市営住宅ストック総合活用計画」は、後述する公共建築物全体を対象とするファシリティーマネジメント（FM）[*1]を平成17年度にスタートする約4年前に策定されており市営住宅を対象としたFMの先導的取り組みという事が出来る。

	建替	全面的改善	EV単独設置	維持保全	総計
～昭和39年 （～1964）	4,927				4,927
昭和40～44年 （1965～1969）	8,783	856	650	7,911	18,200
昭和45～49年 （1970～1974）	1,431	633	40	17,613	19,717
昭和50～54年 （1975～1979）		1,353	2,638	12,206	16,197
昭和55～59年 （1980～1984）		326	3,068	9,322	12,716
昭和60～平成元年 （1985～1989）			1,920	7,467	9,387
平成2～6年 （1990～1994）			183	9,044	9,227
平成7～11年 （1995～1999）			42	7,297	7,339
平成12年～ （2000～）				5,268	5,268
総計	15,141	3,168	8,541	76,128	102,978

建設年代別活用手法別戸数（平成19年）

*1 *ファシリティーマネジメント（FM）* 　大阪市のファシリティーマネジメント（FM）とは、市が所有する建物（ファシリティー）を市民共有の財産として、また、貴重な経営資源として捉え、全庁横断的な視点から総合的な有効活用を図る取り組み（マネジメント）のことを言う。

15. 法善寺横丁の再生

　法善寺横丁は、織田作之助の「夫婦善哉」や水掛不動で有名な、大阪ミナミの非常に情緒のある町である。平成14年（2002）9月9日に連接する旧「中座」の解体工事現場から出火し、横丁北側19店舗の木造家屋が全半焼する被害を受けた。

　そして被災した店舗の方々はもちろん多くの市民や文化人の方々から、何とかその復興を図られるようにすべきであるという声が高まり、短期間に多くの署名や募金が集められた。しかし復興にあたっては、以下のような課題があった。

○道路幅員
・戦前からの建築物が多く、道路も建築基準法第42条2項道路[*1]（幅員約2.6mの石畳）であったことから、建築基準法に適合する建替や改善を行うためには全面道路幅員を4mにするため敷地境界線から約70cmの後退が必要。

○建物構造
・この地区は都心部にあり、防火地域に指定されているため、3階建以上又は延床面積100㎡を超える建物は、耐火性能が求められ木造での再建が困難。

○営業面積
・道路拡幅のため、セットバックを行うと、敷地面積、床面積が減少し、従前の営業面積の確保が困難

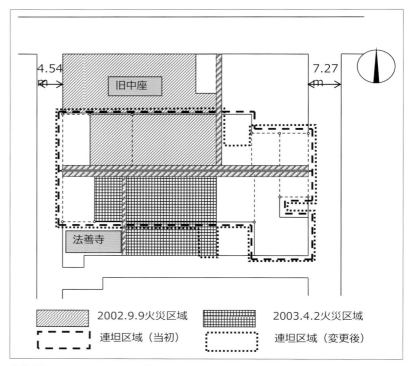

法善寺横丁　連担建築物設計制度　適用区域

こうした状況の中で、元のような木造の伝統的なまちなみを再建出来るように何とか建築基準法を緩和すべきであるという声が、連日マスコミで大きく取り上げられるようになってきた。

大阪市では、被災者や市民、文化人の方々の要望を受け、国とも協議しながらその対策を検討してきたが、「連担建築物設計制度」を活用するしか他に方策はないという結論に達した。「連担建築物設計制度」とは、既存の建物を含む複数の敷地、建物を一体として合理的な設計を行う場合に、特定行政庁の認定により当該敷地群を1つの敷地とみなして、接道義務、容積率制限、建ぺい率制限、斜線制限、日影制限等を適用できる制度である。（建築基準法第86条第2項に規定されている）但し、この制度を活用するには、当該区域内の所有権、借地権を有する者の全員同意が必要であった。

被災者の状況を考慮すると早急な復興が必要であり、また議論の混乱を避けるため、大阪市として早期に方向性を明示することが必要であった。当時は建築指導行政は住宅局の中にあり、住宅行政、建築指導行政が一体となって議論し、「連担建築物設計制度」の適用方針を磯村市長にご説明した。

そして火災発生9日後の平成14年9月18日に、市長の定例記者会見において「連担建築物設計制度」の活用について検討することを表明した。

一方、地元の方では、火災を受けた建物の土地所有者（法善寺）、借地権者、借家人の方々による「法善寺横丁復興委員会」が作られることとなった。また角座の解体工事をしていた竹中工務店、佐藤秀、大阪ガスの3社は、自分たちの責任を感じて3社協議会をつくり復興に協力しようとしていた。さらに専門家も加わり復興に向けた地元のチームが出来、大阪市はこの地元チームと具体的内容について協議を重ねることとなった。

「連担建築物設計制度」は、全員同意が前提であるため、焼失しなかったエリアも含め協議が進められ、大半のエリアが参加することとなった。地元と

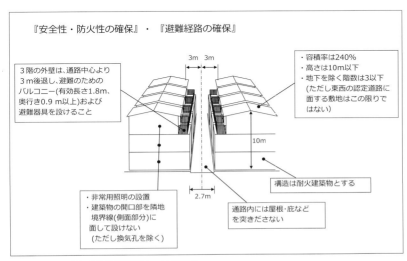

法善寺横丁　連担建築物設計制度　適用要件

火災前の法善寺横丁

復興後の法善寺横丁

の協議の結果、概ね一定の方向がまとまってきたので、大阪市住宅局建築指導部より「連担建築物設計制度」の適用及び「建築協定」の締結を内容とする具体的な復興案を平成14年10月30日に正式に提案し、同日付けで地元の方々も同意することとなった。復興案の内容は以下の通りである。

○復興案の内容
・「連担建築物設計制度」を活用し2項道路を廃道。中央通路（2.7m）を確保。南北2本の通路は現状幅員。建物は耐火建築物。3階の外壁は道路中心より3m後退しバルコニー等を設置。容積率240％。高さ10m以下。地階を除く階数3以下。
・まちなみの維持・保全を目的とした「建築協定」の締結（まちなみデザインの誘導と維持管理に関する事項を補足）
　　→・法善寺横丁の風情・景観などに配慮した意匠
　　　・安全性・防火性を確保するための維持管理
　　　・看板設置のコントロール
　　　・風営法第2条の風俗用途の禁止等

　風情を残すため木造の建築を望む地元の方々の声もあったが、この地域は防火地域であり、火災で焼失した以上、防火規制の緩和を認めることはしなかった。また3社協議会の建設工務店の方々も種々検討され、耐火建築物であっても工夫により木造の風情を残すことが可能であることを説明し、地元の理解を得ることが出来た。そうした中で2度目の火災が、平成15年4月2日に地区の南西部エリアで再度発生した。耐火建築物の規制の必要性を皆が感じることとなった。新たに焼失したエリアも一部取り入れ、計画案に修正を加えることとなった。こうして元の風情が感じられるまちなみに法善寺横丁が再生することとなった。

　「連担建築物設計制度」や「建築協定」は、いずれも全員同意を必要とする制度であったが、このように短期間に法善寺横丁が再生出来た背景には、被災された方々や隣接する方々の再建に対する強い思い、また市民や文化人などの多くの方々の支援、そして「連担建築物設計制度」の存在と行政の早期の意思決定、3社協議会や専門家の方々の協力が得られたことなどをあげることが出来る。

---

*1　2項道路　第1章注を参照

16. 建ぺい率の緩和と防火規定及び中間検査の強化

　大阪市内には、戦前からの老朽住宅市街地が数多く存在しており、そうした地域の大半は住居系地域であるが、建物を建替えたり改築や大規模な修繕を行おうとする場合、建築基準法上の建ぺい率制限に適合した適法な建設を行うことが困難な場合が多かった。すなわち建ぺい率が60%と制限されているが、既成市街地の住宅の多くが60%を上回っている状況があった。従って、違反建築が多く、そのため住宅金融公庫など公的融資を受けることが出来ない状況であった。こうした問題を解決しなければ、密集市街地の整備を進めることが困難であり、建築基準法の緩和が重要な課題となっていた。国に対し長年にわたり働きかけてきていたが、なかなか実現しなかった。

　建ぺい率の歴史的経緯を調べると以下の通りである。

　前述したように、谷直樹著『町に住まう知恵―上方三都のライフスタイル』（平凡社, 2005）によれば、大阪船場の旧愛日小学校所蔵の「町家取調図面」を調査した結果、当該地域の建物の大半は19世紀前期から中期の建物で、その後の改築を経た明治19年（1886）当時の現状図であるとし、さまざまな事項を分析しているが、その中で建ぺい率については、愛日小学校区全体で70.5%～72.5%の間で、町ごとの差は余り見られないとしている。住まいのミュージアムでの町家復元の基礎となった資料であるが、都市住宅として近世

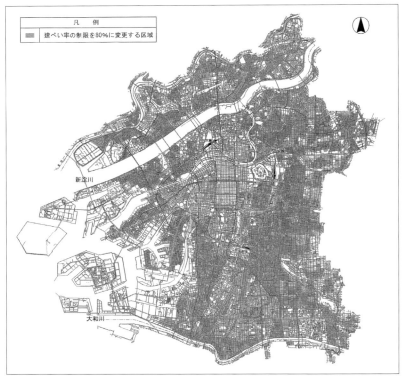

建ぺい率緩和適用区域図

の町家群は、非常に稠密な都市構造であったことが判る。

また明治42年に制定された「大阪府建築取締規則」においては、第19条で各戸に建坪4分の1の余地を設けることとし、余地とは建坪以外の敷地となっていた。建ぺい率に換算すると、3/4すなわち75%となるが、隣地空間の緩和規定があるためネットの建ぺい率は80%以上であったという指摘もある。（上田隆夫、赤崎弘平著『大阪市の市街地における建ぺい率が高い地区が生じた理由』「日本建築学会計画系論文集」2003年5月）

また大正8年（1919）に制定された「市街地建築物法」においては、住居地域の建ぺい率は60%とされていたが、上記上田、赤崎論文によれば、「市街地建築物法」の適用時期や当時の大阪都市計画区域における用途地域の指定状況により、相当高い建ぺい率が適用されてきたことを指摘している。以下当該論文の一部を引用したい。前述の「大阪府建築取締規則」について述べたうえ、次のように記述している。

「この制限は、市街地建築物法の施行により大阪市内は1920年、当時の大阪市域以外で大阪都市計画区域内となる町村については、1924年に適用が除外され、市街地建築物法に移行している。したがって、都心部では1920年まで、JR環状線の外周部では、1924年までに市街化した地域では、この「余地」の制限が適用され高い建ぺい率で建築されていた」

「大阪都市計画区域における1925年の最初の用途地域指定では、建ぺい率制限が7/10の地域となる未指定地及び工業地域の面積が11,719ha（55%）で、この工業系用途地域と商業地域を加えた法定建ぺい率7/10及び8/10の地域が60%以上となる都市計画区域は、6大都市中、大阪都市計画区域のみである」

「市街地建築物法により、工業地域及び未指定地が建ぺい率7/10まで許容されていたのは、防空建築規則との関連で1939年に6/10と強化されるまでの14年間である。したがって、先の「大阪府建築取締規則」による「余地の制限」の期間とあわせて、商業地域以外で建ぺい率が7/10まで許容されていた建ぺい率の高い区域は、1939年までに市街化した工業地域や未指定地である」

また第2次世界大戦後、昭和25年（1950）に建築基準法が制定されたが、住居地域の建ぺい率は敷地面積から30㎡を差し引いた面積の60%とされていた。しかしながら実情に合わず昭和27年以降防火地域・準防火地域で、昭和45年の法改正で全面的に廃止された。また建ぺい率は3/10、4/10、5/10、6/10と選択制となったが、上限は6/10のままであった。

このように住居地域60%の建ぺい率の規定が、前述のような歴史的経緯のある非戦災地域など古くからの市街地の実態に合わず、大半の建物が既存不適格建築物となり建替や改築が困難であった。そのため前述のように国に建ぺい率の緩和を働き続けてきたのである。

こうした中で、平成12（2000）年度の建築基準法の改正により新たに建ぺい率に関する許可制度が創設されることとなり、大阪市もこの制度を活用して、平成14年5月に大阪市建ぺい率許可制度を創設した。しかしこの制度は、建物基準に加えて壁面線指定を必要とし、また個別の許可であったため実効が上がらなかった。

　建ぺい率緩和のより抜本的な制度改正が必要とされたのである。こうした情勢の中で、伊藤明子氏（現住宅局官房審議官）をはじめ国の行政マンの人達がこの問題の解決に前向きに取り組んでいただき、平成14年度の建築基準法改正において、住居系地域で新たに建ぺい率8/10のメニューが追加され、地方公共団体の判断で選択することが可能となった。

　住宅政策セクションは、国の新たな建ぺい率緩和措置を前向きに受け止め、都市計画セクションと協議して大阪市内への適用を早急に検討することとした。建ぺい率の緩和は、市街地の実態に合ったものであるが、一方で稠密になることによる防火上の危険性を低減するため建物の防火制限を強化すべきではないかといった意見や、これまで多く見られた違反建築物については、建築基準法の建ぺい率規制を実態に合ったものに緩和する以上、違反建築物を今後発生させないようその対策を強力に進める措置を講ずるべきではないかなど多くの点について都市計画セクションと住宅政策セクションで議論が行われた。その結果、以下のような方針により、平成16（2004）年度から「防火規制の強化と建ぺい率緩和」を実施することとなった。

① 　第1種住居地域をはじめとする約7,500ha（市域の約1／3）の区域において、建ぺい率を60%から80%に緩和
② 　上記の区域のうち、約6,600haで全面道路幅員による容積率の低減係数を0.4から0.6に緩和
③ 　これに合わせて建築物を準耐火以上の構造とする規制を導入
④ 　中間検査対象を拡大（3階建て建物——→延べ面積50㎡を超える建物）

　こうした施策を講じるとともに、その後、金融機関も検査済証を融資条件とすることとなったこと等により、大阪市の建築基準法の完了検査率も大幅に向上することとなった。

（大阪市の完了検査率）
平成11年 17% ——→平成16年 64% ——→平成24年 97%

　また、密集市街地の老朽住宅の建替や耐震補強、改修などに公的融資や公的助成を行うことが可能となった。

17.「CASBEE大阪」の創設

　建築物の環境・エネルギー政策を推進するため、国は国際的な動きと連動して、新たに我が国でCASBEE（建築環境総合性能評価システム）を導入することとなった。この制度は、建築物を環境性能で評価し格付けする手法であり、省エネルギーや環境負荷の少ない資器材の使用といった環境配慮はもとより、室内の快適性や景観への配慮なども含めた建物の品質を総合的に評価するシステムである。

　具体的には、以下のような評価を行うものである。

・Q（Quality）建築物の環境品質
「仮想閉空間内における建物ユーザーの生活アメニティーの向上」を評価する。
・L（Load）建築物の環境負荷
「仮想空間を超えてその外部（公的環境）に達する環境影響の負の側面」を評価する。
そしてこの2つの指標Q、Lを用いて算定されるBEE（環境性能効率）により環境性能を評価しようとするシステムである。

$$BEE=Q/L$$

　国土交通省から大阪市に、全国に先駆けてこのCASBEEの導入を検討して欲しいとの依頼があった。住宅政策と建築指導行政のセクションが連携してその対応策を議論した。

　広く民間建築物を対象に環境性能評価を呼びかける制度であり、担当部署は建築指導行政セクションになるが、当時建築指導行政は建築基準法に基づく建築確認や許可、完了検査などの業務を行っていたが環境性能の分野は

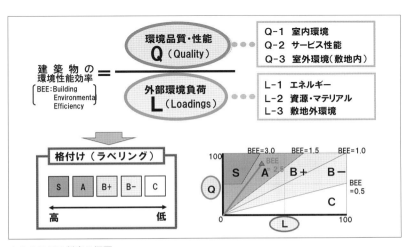

ＣＡＳＢＥＥ制度の概要

大阪市建築物環境性能表示

CASBEE大阪のイメージ

初めてであり、またCASBEEの評価をする資格を持っているスタッフはいなかった。当時は民間でも非常に少なかったと思う。

検討の結果、今後の社会経済情勢は確実に環境・エネルギー問題をより重視することが重要となる中で、大阪市も先導的にこのCASBEE制度を導入することが必要であると決定し、平成16（2004）年度にCASBEE大阪を創設することとした。そして、CASBEEの資格制度もスタッフが積極的に応募することになり、数名が合格し審査業務が可能となった。

またCASBEEは、民間の建築主や建設業界に活用を呼びかけ、その内容を公表し広くPRしていく制度であったが、大阪市ではその実行性を上げる観点から、総合設計制度を活用する建築物については、許可条件の1つとしてCASBEEのランクがB+以上であることを義務付けることとした。

CASBEEの地方自治体への導入時期については、全国1番目をめざしたが名古屋市が半年早く大阪市は2番目であった。しかし国からは総合設計制度への義務付けについて評価をいただいた。今日、省エネルギー基準の義務付けが議論になっているが、その初期の試みと見ることが出来る。

環境・エネルギー政策については、その後も、後述するファシリティーマネジメント（FM）において、平成20年3月に「既存市設建築物省エネルギー化基本方針」を策定した。また、筆者が副市長就任後、平成21年4月に今後の環境政策の検討を行う全庁横断的なプロジェクト・チームを立ち上げ、平成23年3月に「おおさか環境ビジョン」を策定した。そして夢洲地区での約10MWのメガソーラー、公共施設上部で101施設・約2,000KWの太陽光発電設備の設置、博物館・美術館をはじめとする市設建築物や生活道路照明等のLED化など各種の施策に取り組んできたところである。

平成23年3月に東日本大震災が発生し、原子力発電所の事故が起こるなかで、エネルギー問題がさらに重要な課題となってきた。そのため同年7月に環境局にエネルギー政策室を設置し、今後の環境・エネルギー政策の検討をさらに重点的に進めることとした。そして同年9月には「大阪市建築物の環境配慮に関する条例」（骨子）を、同年10月には「大阪市再生可能エネルギーの導入による低炭素社会の構築に関する条例」、12月に「大阪市エネルギービジョン」（中間とりまとめ）を策定した。

また「CASBEE大阪」については、その後名称を「CASBEE大阪みらい」とし、制度内容の拡充が図られた。分譲マンション等には販売広告等に環境性能をラベリング表示させる「建築物環境性能表示制度」を実施するとともに、上記の「大阪市建築物の環境配慮に関する条例」を受け、義務届出の延べ床面積を5,000㎡から2,000㎡に拡充した。

さらに一定の省エネルギー化基準を満たす住宅を「大阪市エコ住宅」として認定し、購入資金融資に利子補給を行う「エコ住宅普及促進事業」等も実施している。

18. 建築計画事前公開制度

　建築指導セクションが住宅行政と一緒になり住宅局という組織になっていた頃、マンション建設に際して、周辺住民と建設業者の間で日照や風害等の問題で争いとなるケースが多く見られた。そうした場合、地元住民の方々から行政に対して建築確認申請を下さないで欲しいといった要望がなされ、議会にも陳情や請願を行う例も多かった。

　行政としては建築確認申請書を受理するに先立ち、出来るだけ周辺住民と十分な話し合いをするよう行政指導をするのであるが、法律的には書類が整っておれば受理しなければならず、かつ受理すれば定められた期間内に建築基準法に適合しているか否かの判断をし、適合していれば適合している旨申請者に通知する義務があった。また、建築基準法が改正され、民間の指定確認機関も建築確認可能となっているが、こうした民間指定確認機関に申請された場合は、行政指導を行うことも困難であった。

　またそうした紛争ケースは、ほとんどが確認申請に適合している場合が多く、確認申請段階で変更やストップをかけることは困難であった。商業地域や準工業地域など法的規制が比較的ゆるい地域の例が多く、周辺住民のいきすぎた反対も一部にはあったが、大半は業者側が乱暴な計画をする場合が多かった。建設業者は、計画を立て、設計を行い、工事に着手するギリギリになって住民に説明を行い、反対されても変更が困難なため強引に強行する場合が多かった。こうしたケースの場合、確認申請が下りても、周辺住民が裁判をおこす事例も多く、判決において、建築基準法に適合していても計画の修正を命じる判例も出されていた。

　こうした状況を少しでも改善するため、建築確認申請に先立ち、計画を周辺の住民等に事前に情報公開し、かつ説明することを義務付ける「建築計画事前公開制度」を平成18（2006）年度に創設することとした。事前に情報公開することにより、意見交換を通して計画の修正がなされたり、あるいは乱暴な計画の抑止効果となり、少しでも紛争の軽減につながればと考えたのである。

　制度の概要は以下の通りである。

（建築計画事前公開制度の概要）
- ●対象建築物　高さが20mを超えるもの
- ●手続きの流れ（建築主）
    - ◆標識の設置
    - ◆標識設置届の提出（建築確認申請の30日以上前）
    - ◆近隣住民等への建築計画の説明
    　（説明対象者）
    　・説明を行わなければならない対象者は、①及び②のそれぞれの範囲にあ

る敷地の居住者・管理者
① 計画地の敷地境界から15m以内
② 計画建築物の外壁等からその部分の高さ以内（その範囲が全て商業地域である場合は、建築物の高さの１／２以内）
◆説明状況報告書の提出（建築確認申請の７日以上前）
◆建築確認申請
◆工事着工

　なお、計画敷地に事前に設置する標識には、建築主や設計者、工事施工者、建物概要、詳細を知りたい場合の連絡先だけでなく、配置図や立面図を表示することを義務付けた。これはヨーロッパ等では建築工事を行う場合には、どのような建物が出来るか、敷地を囲んでいる塀などに立面図やパース（透視図）などを判りやすく表示している場合が多く見られるのに比べて、日本の確認申請は周辺住民が閲覧しても、計画概要書には配置図しかなく計画内容がよく判らなかった。そのため新しい制度では、標識の中で配置図に加えて、高さ関係をしめす立面図を表示することとし、周辺住民が容易に判るようにした。こうした制度は、全国でも初めてであったと思う。

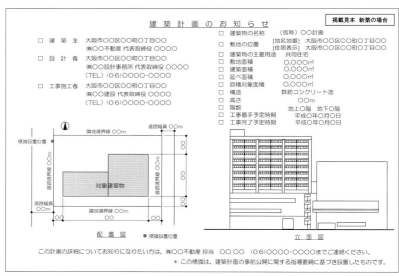

建築計画事前公開制度　標識見本

第 5 章

住宅・まちづくり政策の今後の展開方向

1．市政改革期の新たな政策展開

　平成15（2003）年度に關市政が誕生した（關淳一市長は、前述の關一市長の孫）。市政の前半は、職員厚遇問題や第3セクターの破綻問題など過去から積み重なった多くの問題が噴出し、大変な激動の時期となった。その中で、關市長は出直し市長選挙を経て、労働組合や同和行政の正常化、行財政改革など本格的な市政改革を断行した。近年の大阪市の改革は、この關市長の時代にスタートし、大きな成果を上げ、その後の平松市長の時代にそれを継承してきたといえる。

　激動期の關市政においては、外部からの専門家が委員として行政の見直しに参画し、各局はその対応に追われていた。民間に出来るものは民間に、また行政の無駄がないか、外郭団体は必要なのかといった種々の点から検討が加えられた。しかしながら、イデオロギー主義に陥ることなく、現場に密着し、事業分析をていねいに行い、あるべき方向を導き出すといった手法で、外部からの若手の専門家と本格的に議論する中でいくつかの新しい政策方向が生まれてきた。

　行政政策の改革は、このような事業分析により現状の分析を的確に行い、それに立脚して志高く市民にとってより良い目標に着実に近づけていく努力が必要である。この時期、筆者は、住宅局理事、住宅局長、都市整備局長に就任し、こうした外部委員との折衝や新しい改革の方向の検討などの作業に追われていたが、それを支えてくれたのが岩城良夫氏（当時管理部長、後市長室長、都市整備局長）や平岡博氏（当時企画部長、後都市整備局長）であった。その中で生まれてきた新しい政策の方向について3項目を紹介する。

　第1は、「市民住宅構想」である。市政改革の見直しの中で、市営住宅については高齢化や老朽化といった問題に加えて、公平・公正な入居管理が行われているのかといった疑問や、また10万戸もある中で今後も必要なのか、民間に払い下げできないのかといった極端な議論もあり、住宅セクション自らが今後の方向性を示す必要があった。

　そのため専門家も入った委員会を平成17年（2005）1月に設置して議論をし、新たに「市営住宅から市民住宅へ」という方向性を同年8月に打ち出したものである。市政改革の中でも改革の事例として評価され、さらにその後市営住宅事業を対象に、市政改革チームとしても詳細な事業分析を行った。

　第2は、「住まい公社構想」である。住宅行政の実施組織として住宅供給公社があるが、外郭団体としての改革が議論となっていた。そのため、平成17年（2005）4月に外部委員からなる経営改善計画策定委員会を設置し、検討を行っていただいた。

　例えば、組織名称についてであるが、公社分譲住宅の直接建設・分譲を中心に事業を進めていた時代のままであった。現状は、新婚家賃補助やマン

ション購入資金融資、耐震改修助成、マンション管理支援機構や耐震改修支援機構の事務局機能、住まい情報センターの運営など多岐にわたる業務を行っていた。

公社は、大阪市の住宅行政を進めるためには市と両輪の組織として不可欠であったが、その必要性も市政改革の一環として問われていた。そこで委員会での検討を受け、担うべき業務を整理・明確化し、組織名称も「住まい公社」（愛称）とすることとした。また将来的な経営シュミレーションも行い、中・長期的な経営改善計画を立案し、引き続きその進行管理も委員会で行うこととなった。外郭団体改革のひとつである。

第3は、「ファシリティーマネジメント（FM）の創設」である。営繕事業の事業分析を行う中で、営繕事業よりむしろ、公共建築についてはそれぞれの事業部局が予算要求し、事業主として建設・管理しているため、いわゆる縦割りとなっていることの問題点が課題として上がってきた。縦割りの結果、公共建築物が全体として増加し続けており、今後その統廃合を通じて圧縮を図るためには縦割りを超える必要があること。また、教育委員会や消防局などは予算要求の力が弱く、予算が付かないため学校や消防署に防災上の重要施設であるにもかかわらず耐震化が遅れ、また耐震診断結果を公表すると、外部から問題を指摘され一方予算は付かないので困るといった現場の実態があった。

こうした状況を打開し、局横断的に公共建築物の建設や管理をコントロールするチームの発足が必要であると認識され、平成18年（2006）2月に政策部局や財政局も入ったプロジェクトチームが発足し、住宅局長がリーダー、経営企画監がサブリーダー、住宅局が事務局の役割を果たすことになった。そして検討の結果、平成18年7月に報告書がまとめられた。当時筆者は住宅局長として取りまとめにあたったが、経営企画監の京極務氏（後副市長）が市政改革全般を担当し多忙な中で、このFMの推進に大きな役割を果たしてくれた。

これらの政策はいずれも關市政の中で、民間の外部スタッフとそれに負けない行政スタッフの真剣な議論の中から生まれたものであるが、その後の住宅政策の重要な柱になったものであり、市政改革の成功した事例ということが出来る。

また記録にとどめて置かなければならない事は、「市民住宅構想」、「住まい公社構想」、「ファシリティーマネジメント（FM）」がいずれも平成17年1月から18年7月の1年半余りの間に、集中してまとめられていることである。前2者については前述したように、外部委員会を設置し、多くの方々の協力を得て検討を行い、またFMは内部で検討した。いずれも集中的に検討を進める必要があったため、それぞれのテーマ別に局内に検討作業を支えるプロジェクトチームを設けた。外部の専門家の方々をはじめ、通常業務を持ちながら集中的な検討作業に参加した多くの行政スタッフの方々のエネルギーの結集によって、こうした新しい政策が生まれたことを記しておきたい。以下それぞれの政策の概要を記すこととしたい。

市民住宅構想──市営住宅から市民住宅へ

　市営住宅ストックの有効活用を図るため、今後の市営住宅のあり方について、外部の委員による「大阪市営住宅研究会」（委員長：髙田光雄京都大学大学院工学研究科教授）において検討していただき、平成17年（2005）8月に報告がまとめられた。以下その概要を記述する。

● 「今後の市営住宅のあり方について―市民住宅への再編」
　　（大阪市営住宅研究会報告）

○市営住宅の現状と課題
　大阪市の市営住宅は約10万戸、市内の住宅総数の約1割を占めており、その現状が分析され以下の課題が上げられた。
　　◆市営住宅ストックの課題
　　・建替や改善等による更新が必要なストックの存在
　　・賃貸住宅総数の1／6を占める市営住宅ストックと地域集中による偏在
　　◆コミュニティの課題
　　・団地の急速な高齢化と低所得者の集中等によるコミュニティの沈滞化
　　・団地内集会所等の共用施設の利用をめぐる地域住民との軋轢と閉鎖的なコミュニティ
　　◆管理・募集の課題
　　・応募倍率の大きな偏り
　　・11回落選特別措置制度による公募戸数の圧迫
　　・福祉減免措置世帯と非措置世帯との家賃負担の大きな格差
　　・入居期間の長期化等
　　◆地域のまちづくりへの課題
　　・地域のまちづくりへの貢献という視点に立った市営住宅の役割の充実

○市民住宅への再編
　こうした現状認識を踏まえ、市営住宅ストックを今後良好な社会資産として有効に活用していくという視点に立って、市民の幅広い居住ニーズに対応し、多くの市民に支持される「市民住宅」へ再編する方向が新たに取りまとめられた。
　市民住宅とは以下の通りである。
　　・市民の共有財産として、多くの市民に支持される住宅
　　・住宅に困窮する世帯に的確に対応するとともに、多様な年令、所得階層の世帯が住むことができる住宅
　　・バランスのとれたコミュニティを有し、地域にも開かれた団地形成をめざす

○基本的考え方
　そして以下の考え方に立って取り組みを進めることとなった。

- ◆ストックの効率的な活用
- ◆コミュニティの再生
- ◆公平・公正な管理の推進
- ◆地域のまちづくりへの貢献

○市民住宅の再編に向けた具体的な取り組み

① 多様な世帯が住みコミュニティを育む住宅地の形成
- 高齢者の多い団地を中心に、コミュニティミックスの観点から、中堅層や子育て層の入居を促進（公営住宅のラベルの貼り変え）
- 建替余剰地を活用した民間マンション等の供給
- 地域福祉や生活利便、コミュニティビジネスのための施設の導入
- ふれあいの場の創出によるコミュニティの再生（建替え時に、住民参加によるワークショップ方式により広場、緑地等を計画）

② 良質な住宅ストックの整備
- 効率的なストックの整備（建替え時において、早期の貸付停止、民間住宅への転居促進のための支援策を創設し、従前居住者世帯数に限定した建替えを実施。管理戸数を縮減し、建替余剰地を地域のまちづくりに有効に活用）
- 建替え等において土地の高度利用を図り有効に活用
- 長寿命化に向けた新たな設計の導入（設備等の維持管理と更新が容易となる設計）

③ 真の住宅困窮者への支援
- 住宅困窮度判定に基づく入居者選考の導入にあわせ11回落選特別措置制度を廃止
- DV被害者や倒産者等の一時的住宅困窮者への対応
- 随時募集の導入

④ 地域のまちづくりに向けた有効活用
- 良好な周辺環境や景観の形成に貢献する住宅地計画の推進
- 建替余剰地を地域に開かれた生活、福祉、居住関連サービス施設の立地に活用
- マンション建替えや密集市街地整備に伴う仮移転住宅としての活用

⑤ 公正で効率的な管理システムの構築
- 福祉減免制度の見直し
- 入居承継制度の見直し
- 住戸規模と世帯のミスマッチの解消
- 公平性確保のための委員会の設置
- 効率的な管理体制の整備（「管理代行制度」の活用）

⑥ 団地再生モデルプロジェクトの実施
- 「市民住宅」と目に見える形でわかりやすく市民にPR

・中堅層の入居促進、建替余剰地を活用したタウンハウスやマンションなどの供給、ふれあいの場の創出による長屋的コミュニティの再生、地域のまちづくりに貢献する生活、福祉、居住関連サービス施設の導入など、市民住宅への再編に向けた取り組みを重点的に実施

　市民住宅構想の検討とあわせて、市営住宅の入居管理の分野で重要な改革を進めたが、主要な点について記述しておきたい。

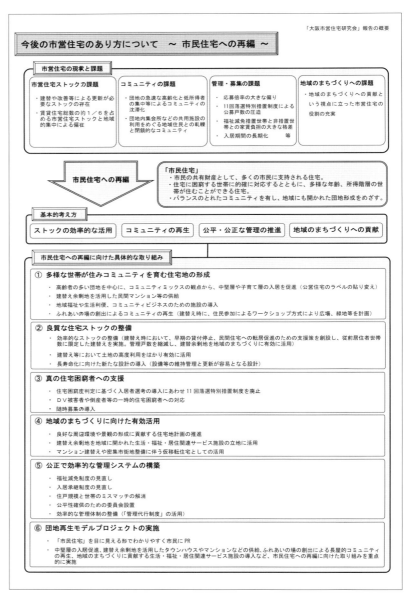

市民住宅構想の概要

（同和向け市営住宅の一般募集）

　一つ目は、同和向け市営住宅の一般募集である。同和地区は差別の結果、歴史的・社会的に低位な状態に置かれ、その住宅・住環境は極めて劣悪な状況であった。そのため地元の要求を受け戦後まもなくから市営住宅の建設を始めていたが、昭和26年（1951）に公営住宅法、昭和35年に住宅地区改良法が制定される中で公営住宅と改良住宅の2本の柱で住宅建設や住環境の整備を進めてきた。

　その後、同和対策審議会答申（昭和44年）を受け同和対策事業特別措置法（昭和44年）が制定され、地域改善対策特別措置法（昭和57年）、地対財特法[*1]（昭和62年）と継続され事業が実施される中で、住宅・住環境は大きく改善されてきた。しかし一方で、その間、点検会に見られる過度の地元要求が行われ、その中で行政も行き過ぎた施策が生じ、また同和対策事業に係る利権問題が指摘されるなど、同和対策の大幅な見直しが求められるようになってきた。さらに平成14年（2002）3月末に地対財特法が収束し、国の特別施策が終了する中で新たな方向転換が必要となってきた。

　關市政（平成15年～19年）は、こうした状況の下で、同和政策の大幅な見直しを進めたが、その基本的考え方は、特別施策ではなく一般施策を活用して一般と同じように進めることを厳しく堅持しようとするものであった。その頃、大阪府警も利権問題にメスを入れていた。

　住宅事業についても、上記の観点に立ってすべての事業の見直しを進めることとした。行き過ぎた事業は廃止する一方、同和地区の抱える問題を分析すると、老朽化した市営住宅の建替や改善の問題、中堅層も住み続けられる住宅政策の必要性など一般地区と共通した問題が多くあり、こうした課題は必要な場合一般施策の拡充を図り、一般地区も合わせて改善を図ることとした。そうした中で残された課題は、同和向け市営住宅の一般募集であった。

　前述のように、同和向け市営住宅は、特定目的住宅として優先入居が位置づけられていた「同和向け公営住宅」と住宅地区改良事業の従前居住者住宅としての「改良住宅」から構成されており、地元には特別施策として建設された住宅であるとの思いが有り、また外部からの入居により差別問題が発生するとの危惧も出されていたが、一方で、これまでの入居方式が地元協議会の選考であるため不明朗であるとの指摘や、空家が増加する中で一般世帯にも募集すべきであるとの指摘がなされていた。

　地対財特法の期限切れ後は、大阪市が申込者の住宅に困窮する実情に応じて入居者の募集・選考・決定を行うこととし、「ふれあい人権住宅」という名称で、地区周辺を含めた校区単位で公募することとしていたが、なお限定的であった。

　そこで同和地区への一般地区からの交流を促進する観点からも、一般募集をさらに拡大する必要があると運動体とも議論し、平成19年度から募集区域を

市域全体に拡大し、ふれあい人権住宅の名称も廃止し、啓発を図りながら募集を実施することとなった。

同和施策の大幅な見直しは、關市政においてその大半が実施されたと言うことが出来る。

(家賃収納率の向上)
　第2は、市営住宅家賃収納率の向上である。市営住宅は、建設段階で国庫補助を受け、残りの起債部分を長期間で償却することとし、必要な維持管理費等と合わせた家賃額を入居者から徴収し、管理運営していく仕組みである。以前は、団地毎の積み上げ型の家賃方式であったため、新旧住宅で家賃格差が大きく、また家賃改定も一定期間ごとに行うため改訂作業に相当なエネルギーを要し、必要な改定が滞り、市営住宅会計が赤字化する状況であった。

　また家賃滞納も相当額に上っていた。こうした状況では、市民共有の社会的資産である市営住宅を良好に維持管理するのは困難であった。

　しかし平成8年（1996）に公営住宅法が改正され、入居者の収入『応能』と入居する住宅の内容（建設年、住戸規模、設備等）すなわち『応益』で家賃が決定される仕組みとなり、安定的な家賃収納システムが確立するとともに、入居者にとっても収入に応じて負担可能な家賃が設定されることとなった。また特に収入の低い方については、別途福祉減免制度も設けていた。

　従って入居者にとって支払い可能な家賃であり、これを確実に徴収することが公平・公正な制度運営からも必要であった。滞納の状況をお聞きし、きめ細かく分割納入の指導などを行うとともに、なお滞納をするものにはやむを得ず法的措置も講じ退去もさせることの方針を新たに明確化し逐次実施した。管理部門の粘り強い折衝や法的措置も辞さない方針もあり家賃収納率は向上し、99%を超えるようになり市営住宅の安定的な管理運営につながることとなった。

(暴力団排除のための市営住宅条例の改正)
　第3は市営住宅から暴力団を排除するための市営住宅条例の改正である。平成19年4月に東京都町田市の都営住宅で、暴力団員による発砲・立てこもり事件が発生し、同年6月に国土交通省から公営住宅における暴力団排除の指針が出された。大阪市としても、この指針を踏まえ暴力団員を排除するため、運用により市営住宅の入居制限を初めとした取り組みを進めてきていたが、より実効性を持たせるとともに積極的に進めていく姿勢を明確にするため、平成19年10月に条例の改正を行うこととした。

　それまでの条例においても、市営住宅からの退去を進めるためには迷惑行為の認定の方法があったが、認定が難しく実効性に欠ける面があった。公営

住宅については、国民生活の安定と社会福祉の増進への寄与といったことを目的として供給されるものであり、居住者や近隣住民の生活の安全と平穏の確保の要請が高いことや、平穏に暮らしているように見えても、集団的または常習的に暴力的不法行為等を行うことを助長するおそれがある反社会的団体である暴力団の構成員であることから、市営住宅居住者や近隣住民の安全と平穏の確保及び市営住宅制度への信頼を確保するために、市営住宅から暴力団員を排除することが必要と判断することとしたものである。

　具体的には、公営住宅の入居資格、同居の承認、入居者の地位の承継において「暴力団員でないこと」を追加し、市営住宅の明渡請求原因に「暴力団員であることが判明したとき」を追加するものであった。また暴力団員であるかどうかは、大阪府警本部と連携し、大阪市から照会した事案に対し、大阪府警により必要な補充捜査が実施され、的確な確認がなされることとなっていた。

　また入居段階だけでなく、現に入居している場合でも暴力団員であることが判れば市営住宅から退去させることとした。なお市民権利の制限との関連については、当該規定は暴力団員であるという現在の属性に注目したものであり、現に暴力団員でなくなれば、当然に入居者資格を有することとなり、当然過去に暴力団員であった者を対象とするものではない。従って、公営住宅法の趣旨・目的からしても反しないものであり、目的の正当性及びその手段も合理性を有するものと考えたところである。

　また暴力団員以外の入居者が起こす粗暴な行為や生活妨害などの迷惑行為に対しても、平成19年7月に制定した「迷惑行為措置要綱」に基づき、これまで以上に取り組みを強化することとした。「迷惑行為措置要綱」は、市営住宅の明け渡しを求める迷惑行為について定義し、市として行うべき防止措置や明渡請求に至る各手続きを定めることにより、的確にかつ統一的に対応が図れるようにしようとしたものである。

(「大阪市営住宅入居監理委員会」の設置)
　第4は、「大阪市営住宅入居監理委員会」の設置である。市民住宅構想の中でも、市営住宅の公平・公正な管理の推進は重要な課題として位置づけられ、今後検討すべき施策として住宅困窮度判定に基づく入居者選考の導入と11回落選特別措置制度の廃止、福祉減免制度や入居承継制度の見直しなどがあげられていた。こうした政策を、公平・公正な立場から検討し、かつ着実に実行していくためには、第3者で構成される委員会の設置がどうしても必要であると考えられた。

　それまでにも入居者選考に関することを審議する「大阪市営住宅入居審査会」が平成14年度から設置され、また高額所得者の明渡し請求が適切であるかを審議する「大阪市営住宅高額所得者審査会」が平成6年度から設置

されていたが、平成18年度にこれらを統合し新たに「大阪市営住宅入居監理委員会」を設け、上記のような市営住宅管理にかかる幅広い課題を含めご検討いただく組織に発展・拡充することとした。

　こうした外部委員会は、新たな政策の立案と合わせてその進行管理を第3者の目でチェックするとともに、外部からの不当な要求の排除や市が適切・的確な事務執行をしているかを監理する面でも重要な役割を果たすものであり、その後の市営住宅の公平・公正な管理に大きな役割を果たすことになった。委員長には、長年にわたり大阪市住宅審議会会長を務め、答申作成等にご尽力いただいた三輪雅久大阪市立大学名誉教授に就任いただいた。

住まい公社構想──住宅供給公社から住まい公社へ

　平成17年（2005）4月に「大阪市住宅供給公社経営改善計画策定委員会」（委員長：髙田光雄京都大学大学院工学研究科教授）を設置し、大阪市住宅供給公社の経営改善や今後のあり方等について検討を行い、経営改善計画が取りまとめられ、同年10月に市長への提言がなされた。経営改善計画では、現状と課題を分析したうえ、今後の公社事業の方向性について検討が行われ、大阪市の住宅施策推進のパートナーとして、住まい全般に関わる業務を展開していくこととし、名称についても「住まい公社」といった市民に広く親しまれ、わかりやすいものにすることが提言された。

　また、具体的事業について以下の方向性が示された。

●分譲住宅事業
　・新たな用地を取得しての分譲住宅事業から撤退する。

●賃貸住宅事業
　・借上型民間すまいりんぐの収益の改善を最重点課題として入居促進に取り組む。
　・協会時代の住宅の建替や、公共建築物との合築などに限定して供給する。当面は既存ストックの活用に重点をおき、空家の有効活用を図る。

●市営住宅管理
　・「管理代行制度」を活用し、市営住宅と公社賃貸住宅の一元的な管理も視野に入れ、大阪市と公社の緊密な連携のもと、より効率的な管理を実施していく。

●住まい情報センター
　・住まいに関する相談業務や情報提供、発信等の拡充をはかる。
　・居住地魅力の向上をはかるため、地域住民やまちづくりに取り組むNPO等と連携し、活動の拠点としての役割を果たしていく。

●融資、助成等関連事業
　・公平性・中立性を確保しつつ、受付・審査等の業務を効率的に実施して

いく。
◎ また今後、福祉施策とも連携した住宅のバリアーフリー改修や密集市街地に多く見られる老朽住宅の建替え、耐震改修の促進、市民が安心して実施できる住宅リフォームに向けた相談業務や情報提供の充実などの取り組みを進める。

また公社経営の安定化に向け、平成30年度までの経営状況のシュミレーションを行い、平成20年度までの3年間を重点期間として、賃貸住宅事業における収益の改善や保有地の処分、人件費の削減、借入金の圧縮などに取り組む「経営改善プログラム」が提示された。

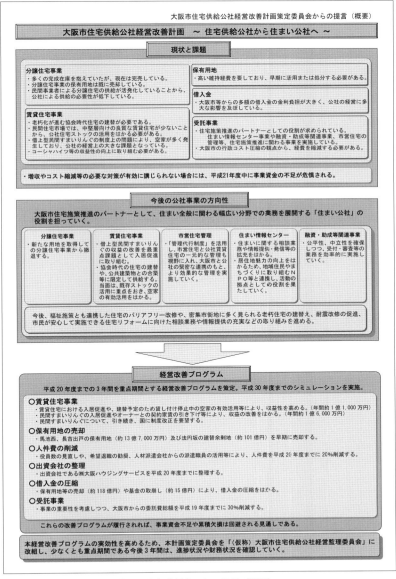

大阪市住宅供給公社経営改善計画策定委員会からの提言（概要）

第5章
住宅・まちづくり政策の今後の展開方向

さらに、「経営改善プログラム」の実行性を高めるため「経営改善計画策定委員会」を「経営監理委員会」に改組し、この重点期間は、進捗状況や財務状況を確認していくことがあわせて提言された。
　その後、平成20年12月には第2次経営改善プログラムが、また平成23年11月には第3次経営改善プログラムが策定され、引き続き改善が図られつつある。

ファシリティーマネジメント（FM）の創設

　市政改革の事業分析を進める中で、市設建築物の総合的な有効活用を図る全庁的な「資産流動化プロジェクト施設チーム」（FMチーム）の必要性が認識され、平成18年（2006）2月に全庁的組織が発足することとなった。また事業分析を中心的に行ってきた住宅局がリーダーとしての役割を果たすこととなった。そして検討の結果、同年7月に報告書が取りまとめられた。以下その概要を記述する。

●FMチームの構成
　・リーダー　　　　住宅局長（現都市整備局長）
　・サブリーダー　経営企画監

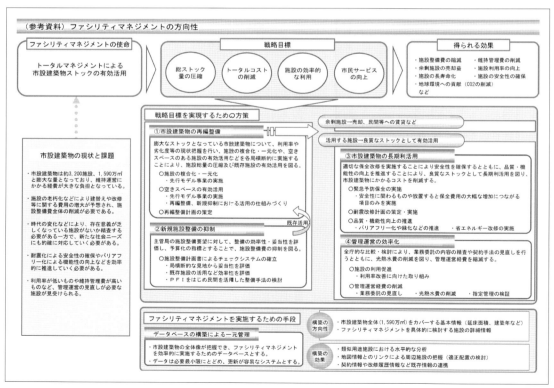

ファシリティーマネジメントの方向性

・構成局　　　　住宅局／市政改革室／財政局／計画調整局
　　　　　　　　（関係各局）

●FMの戦略目標
　○総ストック量の圧縮
　○トータルコストの削減
　○施設の効率的な利用
　○市民サービスの向上

●FMの方策
① 市設建築物の再編整備
　○複合化・一元化や空きスペースの用途転用など再編整備の推進
② 新規施設整備の抑制
　○施設整備計画書によるチェックシステムの確立
③ 市設建築物の長期利活用
　○市設建築物の耐震化の推進
　○緊急予防保全システムの実施
　○バリアフリー化や緑化など
　○市設建築物の省エネルギー化の推進
④ 管理運営の効率化
　○市民利用施設における利用率の向上
　○保守点検の標準化
　○運用改善による光熱水費の削減

●FMの効果
○　施設整備計画書の提出を義務化し、全庁横断的に検討し、既存ストックの再編や用途転用を積極的に推進
　（城東区役所等複合施設の建設と再編統合、労働会館跡に中央児童相談所等を統合し子供相談センターを設置、教育センターの再整備、学校事務センターの統合、水道局事業所の再配置、建設局事業所の再編・統合、国際学校の移転など）
○　「市設建築物耐震改修計画」を策定し災害対策施設の耐震化（建替や耐震改修）を重点的に推進、施設別の計画やIs値[*2]を公表（平成20年3月）
　　　◆耐震化が必要な施設
　　　　　　　　　（平成18年）　　（平成26年4月）
　　　・FM発足時耐震化率　約80%　→　95.8%（残り163棟）
　　　・内小中学校等の学校園の耐震化率

　　　　　FM発足時　　　　約70%　　→　97.7%
○　「市営住宅ストック総合活用計画」を改訂し、新たに策定（平成19年2月）
○　施設管理者と連携し、緊急予防保全システムを構築
　　──→施設管理者が老朽化や危険箇所等を調べ保全予算を要求、FMチームがチェック
○　既存市設建築物省エネルギー化基本方針の策定（平成20年3月）
○　データーベースの構築と公表
○　FM事務局機能を果たすため都市整備局にFM担当課を設置（平成19年度）、さらにFM担当部長を設置（平成25年度）

　ファシリティーマネジメント（FM）については、その後も大阪市において引き続き推進され多くの成果を上げてきている。また全国的にも指定都市や大学などでFMの取り組みが広がってきている。国においても、平成26年4月に総務省自治財政局が「公共施設等総合管理計画の策定にあたっての指針」を作り、各地方公共団体に通知を行っている。公共施設のFMを推進しようとするものである。今後も公共・民間ともファシリティーマネジメント（FM）の重要性が広く認識され各方面で推進されることと思う。
　今後のFMを実施するにあたっては、統廃合やコスト縮減に加え、耐震化・長寿命化・省エネルギー化などストック全体の向上を図る長期的・総合的な視点に立って推進されることを期待したい。

---

*1 地域改善対策特定事業に係る国の財政上の特別措置に関する法律　略して地対財特法
*2 Is値　Is値とは構造耐震指標のことをいい、地震力に対する建物の強度、靭性（じんせい：変形能力、粘り強さ）を考慮し、建築物の階ごとに算出

２．密集市街地整備の戦略的推進

　密集市街地整備については、今後の住宅政策の極めて重要な課題であり、震災発生の危険性がある中で各種施策と連携して重点的かつ強力に推進する必要がある。

　ここでは「密集住宅市街地整備推進戦略策定委員会」の提言を紹介するとともに、今後特に必要と考えられる施策について記述しておきたい。

「密集住宅市街地整備推進戦略策定委員会」の提言

　大阪市内では、JR大阪環状線外周部を中心に戦前長屋等の密集住宅市街地が拡がっており、「特に優先的な取り組みが必要な密集住宅市街地」だけでも約1300haに及んでいる。こうしたエリアは、古くからのコミュニティの息づくまちであるが、大震災時には老朽建物の倒壊や市街地大火の危険性、細街路が多いため避難の困難性等の安全上の問題があり、その対策を推進することは市政の重要な課題となっていた。

　そのため、前述したように、民間老朽住宅建替支援事業（平成４年度～）や生野区南部地区整備事業（平成６年度～）、狭隘道路拡幅整備事業（平成15年度～）、建ぺい率制限の緩和と新たな防火規制の導入（平成16年度～）、耐震診断・耐震改修補助事業（平成17年度～）等各種の施策を実施してきていた。

　それぞれの事業は、一定の成果を上げてきていたが、対象地域が非常に広範囲なのに比して事業効果は限定的であった。一方、阪神・淡路大震災以降、国内の様々な地域で、震度６以上の大規模地震が頻発しており、大阪市においても東南海・南海地震や上町断層帯等による直下型地震の発生が危惧されていた。こうした地震は、いつ発生してもおかしくなく、被害を最小限に止めるための市街地整備は、これまで以上に喫緊の課題であり、求められている緊急性やスピードに応えるための戦略性が必要であると考えられた。

　そのため、生野区南部地区で実施してきたモデル事業の経験も踏まえながら、広範な地域を対象とした新たな戦略を構築することとなった。そして公共が実施すべき分野と、民間活動を促進していくべき分野、また地域の人々との協力・連携する分野などを明確に位置づけ、それぞれに何を新たに重点的に取り組むべきかを検討することとした。

　密集市街地整備に長年たずさわってこられた学識経験者や専門家の方々に参画していただき、平成19年（2007）10月に「密集住宅市街地整備推進戦略策定委員会」（委員長：間野博県立広島大学教授）を設置し検討を行い、平成20年２月に市長への提言がなされた。

　提言は、密集住宅市街地の現状・背景を分析し、戦略の必要性について

述べたうえ、以下のように目標と戦略、施策展開の戦略的視点を記している。

密集市街地整備の目標と戦略

●基本目標
　「安全で安心して暮らせるコミュニティの息づく魅力あるまちの実現」
●戦略
○大火とならないまち
・建物の不燃化促進や空地の確保等により、大震災時に市街地大火とならないまちを形成する。
　◆短期目標（概ね5年後）　不燃領域率　40%
　◆長期目標（概ね15年後）　不燃領域率　60%
　　（委員会時点の不燃領域率35%）
　注：不燃領域率とは、まちの燃えにくさを示す指標で、不燃領域率が40%以上の水準に達すると焼失率は急激に低下し、不燃領域率が60%〜70%を超えると市街地の焼失率はほとんど0となり、延焼の危険性は無くなるものと判断されている。「不燃領域率の向上」という新たな視点に立って、耐火建築物や準耐火建築物への建替促進等により市街地全体の耐火性能を高めようとした新しい提案である。
○建物が倒壊しないまち
・建物の耐震化の促進により、倒壊・崩壊しないまちの形成と避難、消防活動等の経路確保を図る。
　◆短期目標（概ね5年後）　住宅の耐震化率　70%
　◆長期目標（概ね15年後）　住宅の耐震化率　90%
　　（委員会時点の耐震化率　54%）
○コミュニティが息づく魅力あるまち
・コミュニティの活性化と住環境改善により魅力ある住みよいまちを実現する。
　　◆住民自らが互いに支えあい、地域を守るコミュニティの形成
　　◆高齢者に優しく、若者が住みたくなるまちの実現
　　◆防災まちづくりとリンクした住みやすいまちの実現
　　◆地域特性を活かしたまちの魅力の創造

　また施策展開の戦略的視点として、①地域住民との連携、②規制誘導手法の活用、③公共投資の重点化があげられている。
　そして以下のような種々の施策が提案され、この提言を踏まえて密集市街地対策を喫緊の課題としてより一層重点的に進めることとなった。
　　◆防災コミュニティ道路の整備と沿道不燃化
　　◆まちかど広場の整備

◆未接道敷地における建替条件の整備
◆耐震改修への補助率の引き上げや簡易な耐震改修への補助
◆老朽住宅除却費補助
◆耐震改修促進のための普及啓発や支援組織の設立
◆地域防災力向上のための地域と連携した取り組み等

密集住宅市街地整備推進戦略の体系

都市計画道路整備と住宅政策の一層の連携

　密集市街地内の都市計画道路の整備は、震災時の避難路確保や消防活動の点からも、また震災大火の延焼を防止する点からも極めて重要である。「淀川リバーサイド地区整備事業」や「生野区南部地区整備事業」では都市計画道路の権利者を公共住宅に特定入居させ、都市計画事業と住宅事業が連携し大きな成果を上げたが、この考え方を全市的に展開し、密集市街地内の都市計画道路の整備の早急な推進を図るため、こうした都市計画道路予算の拡大と合わせて、公共住宅ストックを受け皿住宅として優先的に活用することを検討する必要がある。

避難路沿道等の不燃化の強化

　また、避難路沿道や避難地周辺など火災の拡大を重点的に防止するエリアを対象に、広範囲に防火地域を指定し、あわせて建替える場合に耐火建築物等にするための助成策を講ずるなど前述した「都市防災不燃化促進事業」の経験を生かして、都市的スケールでの規制・誘導政策を検討する必要がある。

　これまで防火地域については、主として都心部の商業地域、即ちビルなどが高密度に建ち並ぶ地域を対象に指定されてきた。しかし震災時の大規模火災対策から考えると、密集市街地内の防火地域指定があわせて重要である。準耐火建築物への建替を促進し、地域全体としての延焼速度を低下させる対策と合わせて、避難路や避難地周辺での一層の防火対策を行う必要がある。「都市防災不燃化促進事業」は、防火地域指定と合わせて、耐火建築物等に建替える際の助成を行う制度であり、一部の周辺市街地の都市計画道路沿いで実施したが、反対は少なく一定年限経過後の不燃化率の向上が確実に図られていた。こうした経験を生かす必要がある。

「自由空地」拡大システムの検討

　關一市長が提案していた「自由空地」は、すでに市街地化が進んでいる既成市街地では困難であるが、その考え方に学んで、密集市街地内の空家を除却し、空地として活用していくシステムを構築できないかと考えるものである。

　密集市街地は、人口密度も高く、稠密に建て込んでおり、空地があっても駐車場になっている状況である。こうした空地を、生野区南部地区整備事業で見たように、地元管理のまちかど広場に生まれ替えさせることが出来れば、点在した自由空地を小さいながらも密集市街地内で作ることが出来、防災対

策や住環境整備に寄与するものと考える。

　老朽住宅の空家対策として、一定期間空家化している住宅には固定資産税や都市計画税の減免を廃止する一方、老朽住宅を除却し地元管理のまちかど広場にする場合は、老朽住宅の除却費やまちかど広場の整備費・維持管理費を公共が助成するとともに、固定資産税や都市計画税の減免に加えて用地の賃貸料を一定支払う方式を構築すれば可能ではないかと考えられる。密集市街地整備の一環として検討する必要がある。

伝統的市街地での集団規定の緩和

　戦前長屋地区など伝統的市街地の整備を図るうえで、細街路や袋地など道路条件の建築規制上の問題がある。違反建築となるため更新が進まず空家化が進行している。こうした市街地の多くは、第1章戦前の住宅政策で見たように、市街地建築物法や建築基準法の適用以前から形成された市街地であり既存不適格となっている。法善寺横丁再生に適用した「連担建築物設計制度」は権利者の全員同意が前提で適用可能性が限られている。

　今後こうした市街地の再生を図るためには、地区計画のように一定区域を対象に地域の多数の同意があれば適用でき、景観や防火性能の規制と引き換えに道路関係規定を緩和する新たな制度の構築を国と協議する必要がある。

3．都市居住魅力の戦略的推進

「HOPEゾーン事業」の全市的展開

　HOPEゾーン事業は、平野郷からスタートし、住吉大社周辺地区、空堀地区と拡大し、さらに上町台地マイルドHOPEゾーン事業と広範なエリアを対象とする事業に展開し、その後船場地区、天満地区、田邊地区と拡がって来ている。

　これらのHOPEゾーン事業は、大阪が大都市でありながら歴史的魅力を持ったまちであることを再認識させ、都市居住の活性化に大きな役割を果たしてきている。また地域に対する誇りや愛着のより一層の向上につながっている。

　前述したように「都市居住魅力戦略推進会議」の提言は、「まちの遺伝子と人のネットワークで、魅力ある居住地を育み、住むまち大阪の魅力を高める」ことを戦略目標に掲げ、「HOPEゾーン事業の全市的展開」をはじめ多様な施策を提案している。またこうした取組みが大阪の経済の活性化にもつながると位置付けている。

　そしてHOPEゾーン事業の対象として、町家・長屋等の集積、近代建築、商店街のにぎわい、緑の集積や水辺空間、旧農村集落・街道集落などを掲げている。また参考資料で、全市的展開を検討していくにあたり、市内の特色ある居住地として以下の13地区が例示として紹介されている。

　①中崎町、②天満、③船場、④靭公園、⑤川口・江之子島、⑥阪南町、⑦大今里、⑧田辺、⑨千林、⑩帝塚山、⑪相川、⑫住之江駅周辺、⑬長吉川辺

　このうち天満、船場、田辺（田邊）地区において、その後事業がスタートした。上記の地区以外にも特色のある地区が存在していると思う。

　今後さらに多くの地区でHOPEゾーン事業が展開され、それらがネットワーク化し、観光政策とも連携してより一層発展していくことを期待したい。

「住まい情報センター」と「住まいのミュージアム」を核に多様なネットワークの形成と多角的事業展開

　住まい情報センターを拠点として、住まい・まちづくりに取り組むまちづくり団体・専門家団体・学識経験者等との協働・交流を促進する「住まい・まちづくりネットワーク」が形成され、住まい情報センターと住まい・まちづくりに取り組む団体とが協働で実施する「タイアップ事業」や「出前講座」等多様な事業が行われている。

　また、大阪の住まい・まちづくり情報を集めたサイトとして「住まい・まちづくりネット」がつくられている。さらに住まい情報センターと連携して活動する団体や

人々を「住むまち大阪スタイル人」と呼び、その数はまちづくり団体が43団体、専門家団体が49団体、学識経験者等が22人に及んでいる。

また住まいのミュージアムは、年々入館者数が増加し、平成27年度は年間52万2千人になっており、ミュージアムを支えるボランティアの数も約180人になっている。常設展に加え、企画展についても住まいや建築、大阪の文化やまちづくり等をテーマに多彩かつ水準の高い催しが行われている。平成13年のオープンから27年までの約15年間で110回の企画展が開催されている。

これらの実績を支えてきた各種団体や専門家等とのネットワークは、都市居住魅力の戦略的推進を図る上での極めて貴重な財産である。

今後も「住まい情報センター」・「住まいのミュージアム」を核に多様なネットワークが形成され、都市居住魅力向上のための多彩的な事業が展開されることを期待したい。

「生きた建築ミュージアム事業」の推進

大阪市では、平成25年度から「生きた建築ミュージアム事業」がスタートしている。「大阪の歴史・文化、市民の暮らしぶりといった都市の営みの証であり、様々な形で変化・発展しながら、今も生き生きとその魅力を物語る建築物等」を「生きた建築」という新しい概念で定義している。そして大阪のまちを1つの大きなミュージアムと捉え、「生きた建築」を通して、国内外の人びとを惹きつけるクオリティの高いにぎわいへとつながる新たな都市魅力を創造・発信しようとする事業である。

「生きた建築」の中から有識者の意見を参考に、特に新たな都市魅力の創造・発信に資すると認めるものを、大阪市が「生きた建築ミュージアム・大阪セレクション」として選定・公表し、選定プレートを贈呈している。また大阪セレクションについては、外観整備等建築の再生に係る費用の一部を助成している。（2分の1以内かつ800万円を上限。平成27年度で補助制度は終了）

さらに秋の土日2日間をメインイベント期間として「生きた建築ミュージアムフェスティバル大阪」（イケフェス大阪）が開催されている。2015年には、87の建築が対象となり、レベルの高いガイドブックが作成されネット上でも公表されている。そして、建物の無料特別公開を中心にガイドツアーやセミナー・コンサートなども開かれ、若い人達から熟年層まで多くの人々が参加する催しとなっている。

「生きた建築ミュージアム事業」は、大阪のまちにある魅力ある建築の存在を情報発信するとともに、建築空間の素晴らしさを実感してもらい、都市魅力の向上につなげていく重要な事業である。

住宅・まちづくり政策を現在担当している人達が企画・構築した事業であり、橋爪紳也氏（大阪府立大学21世紀科学研究機構特別教授）をはじめ多く

の専門家の方々のご協力によるものと伺っており、今後も引き続き発展して行くことを願っている。

4．政策立案のための基礎資料の調査・分析

　近年の社会経済情勢の変化により、住宅・まちづくり政策に影響を与える新たな状況が生まれている。今後基礎資料の調査・分析が必要と考えられるいくつかの点を、指摘しておきたい。

●人口の動態と住宅の需給構造の分析
〇利便性の高い都心部や駅前などへの人口や施設の集中
　近年の人口移動をみると、大都市中心部や鉄道駅周辺などアクセスが良く購買施設・病院などが存在する地域に、若者はもちろん高齢者も集中する傾向が見られる。人口の減少や高齢化が進行する中で、居住エリアの集中・コンパクト化が進んできている。一方、郊外部の広く薄い過疎化が進行してきている。また大学や病院、商業施設も利便性の高いエリアに施設を移転する傾向がありこうした流れが強まっている。
　こうした動きは、都市居住の回復や職住近接につながる可能性があるが、どのような人口移動が大阪市内部でまた都市圏との関係において生じているのか、また市の内部においても空洞化が進んでいるエリアはないか、どのような年齢層がどのような住宅に移動しているかなど、社会構造の大きな変化が生じている時期において、昭和50年代の人口動態調査の時のように、人口移動の構造分析を行うことが今後の政策立案にとって重要である。
〇単身世帯の大幅な増加
　近年単身世帯が大幅に増加し、平成22年（2010）の国勢調査では大阪市内の単身世帯の割合は、47.4%、東京都区部では49.0%となっている。高齢単身はもとより結婚しない若者の増加も大きな要因である。こうした変化は当然住宅ニーズに大きな影響を及ぼすこととなる。単身世帯は、従来から公共住宅の対象としては高齢者の一部など限定的であるが、非正規雇用など所得の低い単身者も増加している。多くの単身世帯の居住状況がどうなっているかその実態を分析し、住宅政策の対象として捉えなおす必要がある。

●空家の分析と対策
　近年全国的にみても、住宅の空き家が大きな問題になってきている。この背景には、住宅の老朽化に加え、人口移動による過疎化や、相続関係者の輻輳、戦前住宅で建築基準法上前面道路と認められず建替出来ない住宅が存在すること、空家でも固定資産税などの軽減措置が受けられるため引き続き放置していること等多くの要因が関係していると考えられる。
　平成25年の住宅・土地統計調査によれば、大阪市内の総住宅数は約163万戸あり、そのうち居住世帯あり住宅数が約134万戸、空家が約28万戸（空家率17.2%）となっており年々増加している。木造共同住宅の空き家率が高い

が、非木造共同住宅の空き家も量的に多く約18万戸となっている。
　これらの空家の実態を分析し、活用不可能なものは建替や除却を促進するとともに、活用可能なものについては都市居住促進の観点からその活用を促進する施策が必要である。
　以上社会経済情勢の変化で気が付いたいくつかの点について触れた。今後とも、大学をはじめ多くの専門家の方々とのネットワークを深めながら新しい政策立案のための基礎資料の調査・分析がなされることを期待したい。

5．共同テーブル方式・パートナーシップ方式での事業展開

　生野区南部地区整備事業においては、前述したように様々な意見の違いや対立を乗り越え、まちづくり協議会の組織や役割を順次拡充し、共同テーブルを形成し、困難な密集市街地の整備を進めてきた。また引き続きスタートしたHOPEゾーン事業においても、初めて取り組んだ平野郷地区においてはまちづくり協議会の形成に多くの議論や時間を要したが、その中から多様な地域団体や専門家が参画するHOPEゾーン協議会がつくられ、行政主導でも住民主導でも無いパートナーシップによるまちづくりがスタートした。そしてその後、この方式は各地区のHOPEゾーン事業にも波及し、歴史やまちなみを生かした様々な事業が展開されてきた。

　さらに住宅政策の分野においても、大阪市マンション管理支援機構が弁護士会や建築士会等多くの専門家団体の参画により設立された。加入する管理組合が市内分譲マンションの約1/3を超えるまでに発展してきており、この方式も共同テーブルやパートナーシップによる方式と言える。またその後、この流れは耐震改修支援機構の設立にもつながっている。

　こうした経験から言えることは、住まい・まちづくり政策を企画・立案し、それを実現していくためには、行政の考えだけでは限界があり、多くの意見を反映しそれをもとに実施していく共同テーブル方式・パートナーシップ方式が不可欠であることである。

　平野郷HOPEゾーン協議会が掲げたまちづくりの目標である「祭り提灯が似合うまち」に象徴されるように、こうした概念は行政だけでは生まれてこない。また平野郷地区の64件のまちなみ修景や81.9haに及ぶ地区計画制度の適用は地域住民の方々との連携があって初めて可能であった。さらに船場地区での近代建築物等の修景整備も協議会の方々の力により短期間に多くの実績を上げている。

　こうした共同テーブル方式・パートナーシップ方式により初めて多様な意見の集約化が図られ、多くの人々の信頼や同意を得ることが出来るのである。またその中でより良い優れた制度や事業が生まれてくると思う。共同テーブルに皆がつくには大変なエネルギーを要するが、一度共同テーブルが出来ればその後は前向きな事業が展開されることになると思う。もちろん行政マンは行政の義務と責任を自覚し、その中でより良い制度や事業となるよう地域住民の方々や専門家の方々等と連携しその役割を果たさなければならないことは言うまでもない。

　今後とも、共同テーブル方式やパートナーシップ方式により、住宅・まちづくり政策がさらに発展することを期待したい。

引用・参考文献一覧

- 財団法人大阪都市協会 大阪市都市住宅史編集委員会編『まちに住まう－大阪都市住宅史』（大阪市、1989）──日本建築学会賞霞ヶ関ビル賞受賞
- 大阪市立住まいのミュージアム編集・発行『住まいのかたち 暮らしのならい 大阪市立住まいのミュージアム図録』（2001）
- 谷直樹『町に住まう知恵──上方三都のライフスタイル』（平凡社、2005）
- 新修大阪市史編集委員会編『新修大阪市史』（大阪市、1994）
- 大阪市史編纂所編『大阪市の歴史』（大阪市、1999）
- 大阪建築法制100周年記念誌編集委員会編『建築のルール・大阪100年の歩み』（社団法人 大阪府建築士会1987）
- 玉置豊次郎『大阪建設史夜話』（大阪都市協会、1980）
- 渡辺俊一『旧都市計画法の成立過程』（建築研究報告NO122、JUNE1989）（建設省建築研究所編集発行、1989）
- 「大阪府長屋建築規則」（1886）
- 「大阪府建築取締規則」（1909）
- 「東京市区改正条例」（1888）
- 「都市改良調査会概報」（大阪市商工時報第6号、1917）（大阪市商工時報第7号、1917）（大阪市商工時報第8号、1917）
- 片岡安「都市住宅に就いて」（大阪市商工時報第8号、1917）
- 「巴里市建築条例」（大阪市商工時報第9号、1918）
- 「大阪市街改良法草案」（1918）
- 關一「都市社会政策」（救済研究第6巻第5号及び6号、1918）──1918年5月11日大阪府知事官邸での共済研究会の講演記録、住宅政策についても講演されている
- 關一「都市住宅問題」（関西建築協会雑誌第1巻第14号、関西建築協会、1918）──1918年12月5日中央公会堂での講演記録
- 片岡安「細民住居に就いて」（建築雑誌33巻390号、日本建築学会、1918）
- 關一「都市住宅政策」（建築雑誌33巻391号、日本建築学会、1919）
- 「都市計画法」（1919）
- 「市街地建築物法」（1919）
- 關一『住宅問題と都市計画』（弘文堂書房、1923）
- 関一研究会編『關一日記』（東京大学出版会、1986）
- 芝村篤樹『関一 －都市思想のパイオニア－』（松籟社、1989）
- ジェフリー・E・ヘインズ、監訳 宮本憲一『主体としての都市──関一と近代大阪の再構築』（勁草書房、2007）
- 本間義人「住宅政策をめぐる論点の起源──片岡安と小川市太郎」（『比較社会文化』第5巻、九州大学大学院 比較社会文化学府・研究院、1999）
- 柴田善守「昭和初期における大阪市の住宅改良政策について」（社会福祉論集第10号、大阪市立大学家政学部内社会福祉学研究会、1963）
- いかにして地方都市を築くかシンポジューム実行委員会『21世紀の思索 地域の文化財』（九州大学出版会、1986）
- 巽和夫編『行政建築家の構想』（学芸出版社、1989）
- 住田昌二『現代日本ハウジング史──1914～2006』（ミネルヴァ書房、2015）
- 「大阪市住宅年報第1号」（編集 大阪市社会部調査課、弘文堂書房発行、1925）
- 「大阪市住宅年報」（昭和五年）（編集 大阪市社会部調査課、一成舎発行、1930）
- 「大阪市住宅年報」（編集・発行 大阪市建築局住宅課、1955）
- 「大阪市住宅年報1955→1956」（編集・発行 大阪市建築局住宅課、1956）
- 「大阪市住宅年報 '61戦後15年をかえりみて」（編集・発行 大阪市建築局住宅部建設課、1961）
- 「大阪市住宅年報 '63」（編集・発行 大阪市建築局住宅部建設課、1963）

- ●「大阪市住宅年報 '65」（編集・発行 大阪市建築局住宅部、1965）
- ●「大阪市住宅年報 '67」（編集・発行 大阪市建築局建築部企画課、1967）
- ●「大阪市の住宅施策」（HOUSING POLICY OF OSAKA 1983）（編集・発行　大阪市都市整備局計画部住宅政策課、1983）
- ●「大阪市の住宅施策」（HOUSING POLICY OF OSAKA 1987）（編集・発行　大阪市都市整備局計画部住宅政策課、1987）
- ●「大阪市の住宅施策」（HOUSING POLICY OF OSAKA 1991）（編集・発行　大阪市都市整備局計画開発部住宅政策課、1991）
- ●「大阪市の住宅施策」（HOUSING POLICY OF OSAKA 1995）（編集・発行　大阪市都市整備局計画開発部住宅政策課、1995）
- ●「大阪市の住宅施策」（HOUSING POLICY OF OSAKA 1999）（編集・発行　大阪市都市整備局計画開発部住宅政策課、1999）
- ●「大阪市の住宅施策」（HOUSING POLICY OF OSAKA 2013）（編集・発行　大阪市都市整備司企画部住宅政策課、2013）
- ●「大阪市の住宅施策」（HOUSING POLICY OF OSAKA 2015）（編集・発行　大阪市都市整備局企画部住宅政策課、2015）
- ●「住環境整備を促進するための方策について」（報告）（大阪市住宅審議会、1974）
- ●「今後の住宅政策の方向について」（答申）——居住水準の向上と人口の市内定着をめざして（大阪市住宅審議会、1978）
- ●「魅力ある大都市居住の実現」（答申）——市民の切実な居住ニーズへの対応等（大阪市住宅審議会、1991）
- ●「魅力ある大都市居住の実現」（答申）——住宅政策から居住政策への転換等（大阪市住宅審議会、1997）
- ●「活気あふれる多様な居住の実現」（答申）——「まちに住まう」新時代をめざして（大阪市住宅審議会、2004）
- ●「今後の住宅施策の方向について」（答申）住みたい、住み続けたい、住まいとまち大阪の実現——「まちに住まう」新時代をめざして（大阪市住宅審議会、2010）
- ●「大阪市における居住構造の変容に関する調査研究」（大阪市建築局発行、1978）
- ●「中高層分譲集合住宅の２戸１化に関する調査研究」（大阪市都市整備局発行、1983）
- ●「21世紀都市居住イベント構想（大阪市HOPE計画）」報告書——都市居住の魅力の創出とその活性化をめざして（大阪市都市整備局発行、1986）
- ●「21世紀都市居住イベント構想（大阪市HOPE計画）」冊子（編集・発行 大阪市都市整備局計画部住宅政策課、1986）
- ●「桜之宮中野地区都市型集合住宅プロジェクト開発設計競技：作品集」（編集・発行 大阪市都市整備局計画部住宅政策課、大阪都市協会、1987）
- ●平野地区HOPEゾーン事業（大阪市都市整備局）（http://www.city.osaka.lg.jp/tosiseibi/page/0000116286.html）
- ●住吉大社周辺地区HOPEゾーン事業（大阪市都市整備局）（http://www.city.osaka.lg.jp/tosiseibi/page/0000116287.html）
- ●住吉大社周辺地区HOPEゾーン協議会（http://sumiyoshi-hope.com/）
- ●空堀地区HOPEゾーン事業（大阪市都市整備局）（http://www.city.osaka.lg.jp/tosiseibi/page/0000116288.html）
- ●マイルドHOPEゾーン事業——上町台地地区（大阪市都市整備局）（http://www.city.osaka.lg.jp/tosiseibi/page/0000110798.html）
- ●上町台地マイルドHOPEゾーン協議会（http://uemachi-hope.net/）
- ●「都市居住魅力の戦略的推進に向けての提言」（大阪市都市居住魅力戦略推進会議、2007）
- ●船場地区HOPEゾーン事業（大阪市都市整備局）（http://www.city.osaka.lg.jp/tosiseibi/page/0000191299.html）
- ●船場地区HOPEゾーン協議会（http://semba-hope.main.jp/）
- ●天満地区HOPEゾーン事業（大阪市都市整備局）（http://www.city.osaka.lg.jp/tosiseibi/page/0000116291.html）
- ●田辺地区HOPEゾーン（大阪市都市整備局）（http://www.city.osaka.lg.jp/tosiseibi/page/0000116292.html）
- ●田邊HOPEゾーン協議会（http://ninyakatanabe.sakura.ne.jp/）

- 法善寺横丁における火災からの復興経過について（大阪市都市計画局、2014）

- 年報・大阪都市計画2014（大阪市都市計画局）

- 大阪市の建築物環境配慮制度（大阪市都市計画局）
（http://www.city.osaka.lg.jp/toshikeikaku/page/0000114438.html）

- 建築計画事前公開制度（大阪市都市計画局）
（http://www.city.osaka.lg.jp/toshikeikaku/page/0000011986.html）

- 「大阪市営住宅ストック総合活用計画」（大阪市都市整備局）（http://www.city.osaka.lg.jp/tosiseibi/page/0000006221.html）

- 「今後の市営住宅のあり方について──市民住宅への再編」（大阪市営住宅研究会報告、2005）

- 「大阪市営住宅の事業分析」（大阪市市政改革本部・住宅局、2007）

- 「大阪市住宅供給公社経営改善計画──住宅供給公社から住まい公社へ」（「大阪市住宅供給公社経営改善計画策定員会」、2005）

- 「市設建築物のファシリティマネジメント」（報告）---第３回市政改革推進会議資料（大阪市住宅局・市政改革室、2006）

- 「市設建築物のファシリティマネジメントについて」──平成18年度の取組み概要と今後の方向性─
（大阪市資産流動化プロジェクト施設チーム、2007）

- 「密集住宅市街地整備の戦略的推進に向けての提言」（大阪市密集住宅市街地整備推進戦略策定委員会、2008）

- 北山啓三「大阪市の住宅政策」（都市問題研究、大阪市、1992）

- 北山啓三「大阪市の住宅政策」（都市問題研究VOL47、大阪市、1995）

- 北山啓三「戦前長屋地区整備の新たな取り組み──大阪市生野区南部地区」（住宅44、日本住宅協会、1995）

- 北山啓三「自治体住宅行政からみた都市住宅研究」（都市住宅学２号、都市住宅学会、1993）

- 北山啓三「住宅・都市整備公団の今後の方向について」（都市住宅学18号、都市住宅学会、1997）

- 北山啓三「密集市街地再開発事業における今後の取り組みについて」（「シテ・レトル」THEME FORUM AUGUST 1999、大阪市都市工学情報センター、1999）

- 北山啓三・中野直樹「大阪市における密集住宅市街地整備の戦略的推進」（都市計画273号、日本都市計画学会、2008）

- 北山啓三「大阪市の環境政策の新たな展開と住宅・建築分野の役割」（都市住宅学76号、都市住宅学会、2012）

- 北山啓三「今後の都市住宅学の課題について」（都市住宅学 都市住宅学会20周年記念誌、都市住宅学会、2013）

写真・図表等出典一覧

第1章　戦前の住宅政策

1．大阪のまちの原点——近世の大坂
- 江戸時代（天保年間）の大坂の町並み（大阪市立住まいのミュージアム、京極寛氏撮影）
- 松屋呉服店「浪花百景」（大阪城天守閣蔵）
- 順慶町の夜店「雲煙過眼」（大阪歴史博物館蔵）
- 明暦期の大坂城下町復元図（『まちに住まう—大阪都市住宅史』大阪市発行、財団法人 大阪都市協会 大阪市都市住宅史編集委員会編1989）
- 船渡御風景「浪速天満祭」五雲亭貞秀（大阪府立中之島図書館蔵）

2．明治時代の近代化の動き
- 明治初期の造幣局（大阪城天守閣蔵）
- 川口居留地模型（大阪市立住まいのミュージアム）
- 大阪市の煙筒と煤煙（『大阪府寫眞帖』、大阪府発行1914）（大阪市立住まいのミュージアム蔵）

3．大正時代から昭和へ
- 薬種問屋の荷造（『大阪府寫眞帖』、大阪府発行1914）（大阪市立住まいのミュージアム蔵）
- 昭和7年の北船場模型（大阪市立住まいのミュージアム）
- 天満橋（『大阪府寫眞帖』、大阪府発行1914）（大阪市立住まいのミュージアム蔵）
- 大阪港（『大阪府寫眞帖』、大阪府発行1914）（大阪市立住まいのミュージアム蔵）
- 四ツ橋電車交叉點（『大阪府寫眞帖』、大阪府発行1914）（大阪市立住まいのミュージアム蔵）
- 完成した御堂筋とビル群（1937頃）（『写真で見る大阪市100年』1989）（大阪歴史博物館蔵）

4．關一市長の理念と政策
- 大阪市廳（『近代建築畫譜』、近代建築畫譜刊行會編1936）（大阪市立住まいのミュージアム蔵）
- 大阪市中央公會堂と大集會場内部（『近代建築畫譜』、近代建築畫譜刊行會編1936）（大阪市立住まいのミュージアム蔵）
- 『住宅問題と都市計画』（關一、弘文堂、1923）（大阪府立中之島図書館蔵）
- 大阪市全景（『大阪府寫眞帖』、大阪府発行1914）（大阪市立住まいのミュージアム蔵）
- 大阪控訴院（『大阪府寫眞帖』、大阪府発行1914）（大阪市立住まいのミュージアム蔵）
- 安治川の船舶（『大阪府寫眞帖』、大阪府発行1914）（大阪市立住まいのミュージアム蔵）

5．關一論文以降の住宅政策・まちづくり政策の展開
- 市域変遷図（大阪市都市計画局）
- 地下鉄心斎橋駅（1933頃）（『写真で見る大阪市100年』1989）（大阪歴史博物館蔵）
- 大阪市土地区画整理一覧図（1937）（『大阪市政百年の歩み』、大阪市総務局発行、大阪都市協会編集協力、1989）
- 土地区画整理区域内の長屋地区（阿倍野区阪南町付近1948）（国土地理院地図）
- 邸宅風の長屋（和田康由氏撮影）
- 洋風の長屋（大阪市立住まいのミュージアム模型）
- 不良住宅地区改良事業による北日東町住宅（「不良住宅地区改良事業概要」大阪市社会部1937）
- 下寺町集合住宅（『近代建築畫譜』、近代建築畫譜刊行會編1936）（大阪市立住まいのミュージアム蔵）
- 市営貸付住宅　堀川住宅（「大阪市社会事業概要」大阪市社会部1923）
- 杭全分譲住宅（「大阪市住宅年報」大阪市建築局1954）

第2章　戦後復興期の住宅政策（戦後～昭和40年代）

1．国の住宅政策の確立と市営住宅等の建設
- 戦災地域図（『大阪市戦災復興誌』大阪市1958）
- 城北バス住宅（西山夘三記念すまい・まちづくり文庫蔵）
- 八幡屋住宅（昭和22年度）（「大阪市住宅年報」大阪市建築局1961）
- 高倉住宅（昭和23年度）（「大阪市住宅年報」大阪市建築局1961）
- 小宮住宅（昭和23年度）（「大阪市住宅年報」大阪市建築局1954）
- 鶴見住宅（昭和24年度）（「大阪市住宅年報」大阪市建築局1954）
- 勝山住宅（昭和24年度）（「大阪市住宅年報」大阪市建築局1961）
- ジェーン台風の被害住宅（「大阪市住宅年報」大阪市建築局1961）
- 八幡屋災害住宅（昭和25年度）（「大阪市住宅年報」大阪市建築局1961）
- 建設戸数と管理戸数の推移（大阪市都市整備局）
- 西喜連団地（昭和40年頃）（「大阪市住宅年報」大阪市建築局1965）
- 井高野団地・北江口団地（昭和38年頃）（「大阪市住宅年報」大阪市建築局1963）
- 長吉長原東、長吉長原第2団地（昭和38年頃）（「大阪市住宅年報」大阪市建築局1963）
- 抽選風景（「大阪市住宅年報」大阪市建築局1963）
- 申込受付（「大阪市住宅年報」大阪市建築局1963）
- 入居説明会（「大阪市住宅年報」大阪市建築局1963）
- 大阪市営古市団地 全景（「大阪市住宅年報」大阪市建築局1963）
- 大阪市営古市団地 配置図（「大阪市住宅年報」大阪市建築局1961）

- ●大阪市営古市団地 近景（「大阪市住宅年報」大阪市建築局1963）
- ●山之内モデル分譲住宅（昭和27年）（「大阪市住宅年報」大阪市建築局1954）
- ●法円坂団地 全景（昭和25～34年度）（「大阪市住宅年報」大阪市建築局1961）
- ●法円坂団地 室内（昭和25年度～）（「大阪市住宅年報」大阪市建築局1954）
- ●相生団地（昭和27年度）（「大阪市住宅年報」大阪市建築局1961）
- ●西長堀アパート（独立行政法人都市再生機構（UR都市機構）蔵）
- ●上六―下寺町防災建築街区（「大阪市住宅年報」大阪市建築局1967）
- ●池島団地（昭和47年頃）（「大阪市住宅年報」大阪市建築局1972）
- ●井高野地区（平成11年頃）（「大阪市の住宅施策 HOUSING POLICY OF OSAKA 1999」大阪市都市整備局1999）
- ●市営住宅建替事業の効果（大阪市都市整備局）
- ●戦前不良住宅地区分布図（「大阪市住宅年報」大阪市建築局1954）
- ●戦後不良住宅地区分布図（「大阪市住宅年報」大阪市建築局1954）
- ●不良住宅地区の一例（「大阪市住宅年報」大阪市建築局1954）

2．まちづくり政策としての住宅行政の必要性

第3章 人口回復に向けた住宅・まちづくり政策（昭和50年代～）

1．「大阪市住宅審議会」と企画室の設置
2．新たなまちづくり政策の展開 －毛馬・大東地区住環境整備事業－
   - ●毛馬・大東地区 全景（「大阪市の住宅施策 HOUSING POLICY OF OSAKA 1983」大阪市都市整備局1983）
   - ●毛馬・大東地区 整備構想図（「大阪市の住宅施策 HOUSING POLICY OF OSAKA 1983」大阪市都市整備局1983）
3．人口動態調査と都市政策としての住宅政策
   - ●人口、世帯数及び昼間人口の推移（「大阪市の住宅施策 HOUSING POLICY OF OSAKA 1987」大阪市都市整備局1987）
   - ●社会動態及び自然動態の推移（「大阪市の住宅施策 HOUSING POLICY OF OSAKA 1987」大阪市都市整備局1987）
   - ●5歳階級別5年経過人口増減率の推移（「大阪市の住宅施策 HOUSING POLICY OF OSAKA 1987」大阪市都市整備局1987）
   - ●行政区別人口増減率の推移（「大阪市の住宅施策 HOUSING POLICY OF OSAKA 1987」大阪市都市整備局1987）
4．新たな人口調査（ハウジングチェーン調査）
5．「本格的な人口移動メカニズムの解明」
   - ●人口移動推定モデル（大阪市都市整備局）
   - ●市内住宅の種類別住宅需給モデル（大阪市都市整備局）
   - ●人口移動推定モデル（人口表示）（「大阪市の住宅施策 HOUSING POLICY OF OSAKA 1987」大阪市都市整備局1987）
6．「淀川リバーサイド地区」など大規模な住宅地再開発の推進
   - ●淀川リバーサイド地区 全景（「大阪市の住宅施策 HOUSING POLICY OF OSAKA 1995」大阪市都市整備局1995）
   - ●淀川リバーサイド地区 土地利用現況図、整備計画図（「大阪市の住宅施策 HOUSING POLICY OF OSAKA 1995」大阪市都市整備局1995）
   - ●淀川リバーサイド地区 近景（「大阪市の住宅施策 HOUSING POLICY OF OSAKA 1991」大阪市都市整備局1991）
   - ●高見地区 全景（「大阪市の住宅施策 HOUSING POLICY OF OSAKA 1995」大阪市都市整備局1995）
   - ●高見地区 土地利用現況図、整備計画図（「大阪市の住宅施策 HOUSING POLICY OF OSAKA 1995」大阪市都市整備局1995）
7．中間所得者層対策
8．新婚世帯政策（家賃補助政策を含む）
9．都心居住政策
   - ●都心の夜景（「大阪市の住宅施策 HOUSING POLICY OF OSAKA 1991」大阪市都市整備局1991）
   - ●都心居住容積ボーナス制度 イメージ図（「大阪市の住宅施策 HOUSING POLICY OF OSAKA 1995」大阪市都市整備局1995）
   - ●都心居住容積ボーナス制度・住宅付置誘導制度の適用区域（「大阪市の住宅施策 HOUSING POLICY OF OSAKA 1995」大阪市都市整備局1995）
   - ●都心居住容積ボーナス制度 適用事例（「大阪市の住宅施策 HOUSING POLICY OF OSAKA 1995」大阪市都市整備局1995）
10．都市防災不燃化促進事業
11．「中高層共同住宅の2戸1化設計指導」

第4章 「大阪市HOPE計画」と都市居住の活性化をめざす住宅・まちづくり政策（昭和60年代～）

1．「大阪市HOPE計画」
   - ●都心（中之島付近）（「大阪市の住宅施策 HOUSING POLICY OF OSAKA 1999」大阪市都市整備局1999）
   - ●21世紀都市居住イベント 実施事例（「大阪市の住宅施策 HOUSING POLICY OF OSAKA 1991」大阪市都市整備局1991）
   - ●大阪市内の典型的住宅地（大阪市HOPE計画）（「21世紀都市居住イベント構想（大阪市HOPE計画）報告書」大阪市都市整備局1986）
2．桜之宮中野地区での都市型集合住宅開発設計競技（コンペ）
   - ●桜之宮中野地区 土地利用現況図（事業着手前）（「大阪市の住宅施策 HOUSING POLICY OF OSAKA 1991」大阪市都市整備局1991）
   - ●桜之宮中野地区 整備計画図（「大阪市の住宅施策 HOUSING POLICY OF OSAKA 1991」大阪市都市整備局1991）
   - ●桜之宮中野地区 事業着手前（「大阪市の住宅施策 HOUSING POLICY OF OSAKA 1991」大阪市都市整備局1991）
   - ●桜之宮中野地区 全景（「大阪市の住宅施策 HOUSING POLICY OF OSAKA 1995」大阪市都市整備局1995）
   - ●桜之宮中野地区 最優秀作品模型（「大阪市の住宅施策 HOUSING POLICY OF OSAKA 1987」大阪市都市整備局1987）

●桜之宮中野地区 全景 （「大阪市の住宅施策 HOUSING POLICY OF OSAKA 1999」大阪市都市整備局1999）
3．「ハウジングデザイン賞」の創設
　　●ハウジングデザイン賞 表彰銘板　（「大阪市の住宅施策 HOUSING POLICY OF OSAKA 1995」大阪市都市整備局1995）
　　●大賞（ベル・パークシティ）（「大阪市の住宅施策 HOUSING POLICY OF OSAKA 1995」大阪市都市整備局1995）
4．『大阪都市住宅史』
　　●大阪都市住宅史（「大阪市の住宅施策 HOUSING POLICY OF OSAKA 1999」大阪市都市整備局1999）
5．特定優良賃貸住宅（借り上げ住宅）
6．老朽鉄筋市営住宅の建替事業に着手
　　●建設戸数と管理戸数の推移（大阪市都市整備局）
　　●市営古市中住宅再生プロジェクト 設計競技入選案（「大阪市の住宅施策 HOUSING POLICY OF OSAKA 1999」大阪市都市整備局1999）
　　●南住吉第２住宅建替現況写真、完成予想図（「大阪市の住宅施策 HOUSING POLICY OF OSAKA 1991」大阪市都市整備局1991）
　　●地域リロケーション住宅メカニズム図（「大阪市の住宅施策 HOUSING POLICY OF OSAKA 1991」大阪市都市整備局1991）
7．酉島地区整備事業
　　●酉島地区 近景 （「大阪市の住宅施策 HOUSING POLICY OF OSAKA 1999」大阪市都市整備局1999）
　　●酉島地区 事業着手前（「大阪市の住宅施策 HOUSING POLICY OF OSAKA 1999」大阪市都市整備局1999）
　　●酉島地区 整備計画図（「大阪市の住宅施策 HOUSING POLICY OF OSAKA 1999」大阪市都市整備局1999）
　　●酉島地区 全景　（「大阪市の住宅施策 HOUSING POLICY OF OSAKA 1999」大阪市都市整備局1999）
8．民間老朽住宅の建替支援事業
　　●建替前住宅（「大阪市の住宅施策 HOUSING POLICY OF OSAKA 1999」大阪市都市整備局1999）
　　●建替後住宅（「大阪市の住宅施策 HOUSING POLICY OF OSAKA 1999」大阪市都市整備局1999）
　　●民間老朽住宅建替支援事業のしくみ（「大阪市の住宅施策 HOUSING POLICY OF OSAKA 1995」大阪市都市整備局1995）
9．生野区南部地区整備事業
　　●老朽住宅の分布状況（「大阪市の住宅施策 HOUSING POLICY OF OSAKA 1991」大阪市都市整備局1991）
　　●生野区南部地区 全景（「大阪市の住宅施策 HOUSING POLICY OF OSAKA 1995」大阪市都市整備局1995）
　　●古い木造住宅が密集する区域（「大阪市の住宅施策 HOUSING POLICY OF OSAKA 1995」大阪市都市整備局1995）
　　●道路の区域別現況（「大阪市の住宅施策 HOUSING POLICY OF OSAKA 1995」大阪市都市整備局1995）
　　●事業種地（「大阪市の住宅施策 HOUSING POLICY OF OSAKA 1995」大阪市都市整備局1995）
　　●まちづくり基本構想（「生野区南部地区整備事業パンフレット」大阪市都市整備局）
　　●住宅地区改良事業（事業実施前）（大阪市都市整備局）
　　●改良住宅（事業実施後）（大阪市都市整備局）
　　●受皿住宅（都市再生住宅）（大阪市都市整備局）
　　●狭隘道路の拡幅（大阪市都市整備局）
　　●まちかど広場（大阪市都市整備局）
　　●主要な生活道路 生野東西線（大阪市都市整備局）
　　●都市計画道路 河堀口舎利寺線（大阪市都市整備局）
10．「住まい情報センター」と「住まいのミュージアム（大阪くらしの今昔館）」
　　●住まい情報センター（大阪市都市整備局）
　　●住まい情報センター 全体構成図（大阪市都市整備局）
　　●住情報プラザ（４階）（大阪市都市整備局）
　　●ホール（３階）（大阪市都市整備局）
　　●住まいのミュージアム（９階）（大阪市立住まいのミュージアム・京極寛氏撮影）
　　●住まいのミュージアム（10階デッキ）（大阪市立住まいのミュージアム）
　　●住まいのミュージアム（８階）（大阪市立住まいのミュージアム）
　　●住まいのミュージアム（９階）（大阪市立住まいのミュージアム）
　　●町家衆とイベント（大阪市立住まいのミュージアム）
11．「HOPEゾーン事業」
　　●HOPEゾーン事業の概要（大阪市都市整備局）
　　●平野郷地区 修景事例（修景前）（大阪市都市整備局）
　　●平野郷地区 修景事例（修景後）（大阪市都市整備局）
　　●平野郷地区 地区計画の区域図（大阪市都市整備局）
　　●平野郷地区 事業区域と修景物件分布図（大阪市都市整備局）
　　●住吉大社周辺地区 HOPEゾーン事業区域図（大阪市都市整備局）
　　●住吉大社周辺地区 住みよし村ぎゃらりー（大阪市都市整備局）
　　●住吉大社周辺地区 すみよし村ひろば（大阪市都市整備局）
　　●空堀地区 HOPEゾーン事業区域図（大阪市都市整備局）
　　●空堀地区 修景事例（修景前）（大阪市都市整備局）
　　●空堀地区 修景事例（修景後）（大阪市都市整備局）
　　●空堀地区 路地空間の修景（修景前）（大阪市都市整備局）
　　●空堀地区 路地空間の修景（修景後）（大阪市都市整備局）

- ●広場の修景事例（修景前）（大阪市都市整備局）
- ●広場の修景事例（修景後）（大阪市都市整備局）
- ●マイルドHOPEゾーン 事業区域図（大阪市都市整備局）
- ●上町台地マイルドHOPEゾーン協議会会員（大阪市都市整備局）
- ●オープン台地 in OSAKA（マイルドHOPEゾーン事業イベント）（上町台地マイルドHOPEゾーン協議会）
- ●商店街のにぎわい（大阪市都市整備局）
- ●旧農村集落・街道集落（大阪市都市整備局）
- ●緑の集積や水辺空間（大阪市都市整備局）
- ●船場地区 HOPEゾーン事業 修景事例 グランサンクタス淀屋橋（「船場地区HOPEゾーン事業 まちなみ修景 事例集vol.2」船場地区HOPEゾーン事業協議会）
- ●船場地区 HOPEゾーン事業 修景事例 芝川ビル（「船場地区HOPEゾーン事業 まちなみ修景 事例集vol.2」船場地区HOPEゾーン事業協議会）
- ●船場地区 HOPEゾーン事業 修景事例 生駒ビルヂング（「船場地区HOPEゾーン事業 まちなみ修景 事例集vol.2」船場地区HOPEゾーン事業協議会）
- ●船場地区 HOPEゾーン事業 修景事例 北浜レトロビルヂング（「船場地区HOPEゾーン事業 まちなみ修景 事例集vol.2」船場地区HOPEゾーン事業協議会）
- ●船場地区 HOPEゾーン事業区域図（「船場地区HOPEゾーン事業 まちなみ修景 事例集vol.2」船場地区HOPEゾーン事業協議会）
- ●天満地区 HOPEゾーン事業区域図（大阪市都市整備局）
- ●天神新門界隈石畳整備（大阪市都市整備局）
- ●田邊地区 HOPEゾーン事業区域図（大阪市都市整備局）
- ●田邊法楽寺「摂津名所図会」（大阪市立住まいのミュージアム蔵）

12. 大阪市マンション管理支援機構
    - ●大阪市マンション管理支援機構の概要（大阪市都市整備局）
13. 耐震改修助成と大阪市耐震改修支援機構
    - ●大阪市耐震改修支援機構の概要（大阪市都市整備局）
14. 大阪市営住宅ストック総合活用計画
    - ●建設年代別活用手法別戸数（平成19年）（大阪市都市整備局）
15. 法善寺横丁の再生
    - ●法善寺横丁 連担建築物設計制度 適用区域（大阪市都市計画局）
    - ●法善寺横丁 連担建築物設計制度 適用要件（大阪市都市計画局）
    - ●火災前の法善寺横丁（大阪市都市計画局）
    - ●復興後の法善寺横丁
16. 建ぺい率の緩和と防火規定及び中間検査の強化
    - ●建ぺい率緩和 適用区域図（大阪市都市計画局）
17. 「CASBEE大阪」の創設
    - ●CASBEE制度の概要（大阪市都市計画局）
    - ●大阪市建築物環境性能表示（大阪市都市計画局）
    - ●CASBEE大阪のイメージ（大阪市都市計画局）
18. 建築計画事前公開制度
    - ●建築計画事前公開制度 標識見本（大阪市都市計画局）

第5章　住宅・まちづくり政策の今後の展開方向

1. 市政改革期の新たな政策展開
    - ●市民住宅構想の概要（大阪市都市整備局）
    - ●大阪市住宅供給公社経営改善計画策定委員会からの提言（概要）（大阪市都市整備局）
    - ●ファシリティマネジメントの方向性（大阪市都市整備局）
2. 密集市街地整備の戦略的推進
    - ●密集住宅市街地整備推進戦略の体系（大阪市都市整備局）
3. 都市居住魅力の戦略的推進
4. 政策立案のための基礎資料の調査・分析
5. 共同テーブル方式・パートナーシップ方式での事業展開

引用・参考文献一覧
写真・図表等出典一覧
おわりに

表紙・カバー
- ●大阪市パノラマ地図（大阪市立住まいのミュージアム蔵）

おわりに

　私は、昭和48年4月に大阪市に入庁し、平成23年12月に副市長を退職するまで約39年間地方行政に携わった。とりわけ副市長の約3年間は別として、残りの36年間の内33年間が住宅行政、営繕行政が2年間、建築指導行政が1年間であり大半が住宅行政を担当したことになる。住宅行政の中でも、設計・建設部門の7年間を除き26年間が企画・政策部門であり、その意味で特異なケースかもしれない。

　この間の住宅行政は、公営住宅中心の行政から民間も含めた幅広い政策へ、さらにソフト政策を含めた居住政策やまちづくり政策へ、さらに環境政策や観光政策との連携など大きく変化し発展してきている。退職を期に、大都市地域中心部の大阪市において、その時々の課題に行政としてどのように議論し対処してきたのか、市政改革の中でどのような考え方で改革を進めてきたのかをまとめておくことは、自分自身の整理の為だけでなく、今後こうした分野に携わる方々、また全国の専門家や研究者の方々の参考にもなるものと考え、今回本書を出版することにしたものである。そうした目的から、その当時作成したデータ類を出来るだけ掲載し、どのようなねらいで、どのような考え方で、それぞれの施策を進めてきたかが判るようにした。出来るだけ客観性を持って記載するよう努めたが、大阪市に対する長年の思いもあり、我田引水的なところが多々あると思う。それも含めて見ていただき、御批評をいただければ幸いである。

　第1章は「戦前の住宅政策」、第2章は「戦後復興期の住宅政策（戦後～昭和40年代）」、第3章は「人口回復に向けた住宅・まちづくり政策（昭和50年代～）」、第4章は「『大阪市HOPE計画』と都市居住の活性化をめざす住宅・まちづくり政策（昭和60年代～）」、第5章は「住宅・まちづくり政策の今後の展開方向」と章構成した。第1章及び第2章は、筆者が入庁するまでの住宅政策・まちづくり政策に係わる事項であり、筆者が経験した事項である第3章以降を論述するにあたって、歴史の脈絡としてどうしても触れておかなければならない点に絞って各方面の専門家の資料を基に整理したもので、元より筆者のオリジナルではない。

　第1章「戦前の住宅政策」を論述するにあたって、關一市長の業績の分析は不可欠であり調べを進めたが、進めれば進めるほど巨大な山脈であり我国住宅政策の源流であることを実感した。著作の一部である「都市社会政策」講演での住宅政策及び『住宅問題と都市計画』が、住宅政策に関する關市長の基本的考えが包括的にまとめられているため、これらの論文を対象にその要約を行い筆者の考えを述べた。そしてその後の大阪市の住宅政策やまちづくり政策にどのように反映されたかを記述した。

第2章は、戦後の復興期で公営住宅法や日本住宅公団法、住宅金融公庫法、住宅地区改良法等国の法律が創設され、それに基づき事業が展開され、地方公共団体は公営住宅を中心に量的な確保に追われていた時期であり、また他の論述もあるため、大阪市の住宅政策としては比較的簡略に取りまとめることとした。

　第3章、第4章は筆者が大阪市政の中で自ら経験した住宅政策やまちづくり政策であり、政策立案過程などを出来るだけ客観的・具体的に記すようにした。

　第5章「住宅・まちづくり政策の今後の展開方向について」は、市政改革期以降の新しい政策を紹介するとともに、今後特に重要と考えられる点について記述した。

　いずれも大阪市という限られた地域におけるケーススタディ的な性格と限界を有するものであることを申し上げておきたい。また行政施策は、行政マンはもとより学識経験者や専門家の方々、地域の方々やNPO等多くの人々の協力・連携の下で成立してきたものであることを記しておきたい。

　最後に本書を出版するにあたって多くの方々にお世話になった。谷直樹氏（大阪市立大学名誉教授、大阪市立住まいのミュージアム館長）には出版計画の当初から最後まで貴重なアドバイスをいただき本当に感謝している。また「未来へ手渡すHOUSING POLICY 大阪　住宅・まちづくり政策史」のタイトルは大阪ガス（株）エネルギー・文化研究所（CEL）の弘本由香里さんにご提案いただいた。筆者の思いが表現されたタイトルを考えていただき御礼を申し上げたい。また今回の出版を引き受けていただいた大阪公立大学共同出版会（OMUP）の足立泰二理事長、金井一弘編集長、児玉倫子さんには大変お世話になった。（株）国際印刷出版研究所の喜田りえ子さんには、原稿の隅々まで目を通していただき的確なご指示をいただいた。またHoriuchi Design Officeの堀内仁美さんには、オシャレな表紙デザインや本文レイアウト等を考えていただいた。大阪市都市整備局住宅政策課の下中裕史氏には各種の資料提供等にご協力いただいた。さらに大阪市住まい公社の酒井裕一氏、川幡祐子さん、谷岡美里さんには巻末地図の作成等にご協力をいただいた。ご協力いただいた皆様方に心から御礼を申し上げたい。

　筆者としては、本書が完成・出版され、やっと責任を果たせた思いである。

　住宅・まちづくり事業が、今後とも全国の都市や地域において、引き続き大きく発展していくことを心から念願するものである。

　　　　　　　　　　　　　　　　　　　　　　　2016年夏　　　北山啓三

北山 啓三　　Keizo Kitayama

昭和22年和歌山県に生まれる。京都大学工学部建築学科卒業、同大学院修了後、昭和48年に大阪市に入庁。住宅政策課長、都市整備局長、大阪市住まい公社理事長、大阪市副市長などを歴任。現在積水化学工業 環境・ライフラインカンパニー顧問。
大阪市在任中は、新婚家賃補助制度、生野区南部地区密集市街地整備事業、HOPEゾーン事業、大阪市立住まい情報センター及び住まいのミュージアムの設立など、住宅・まちづくり政策の骨格づくりに携わる。
趣味で各地の街並みを訪ねるなど地域文化への思いが深い。主な著書に『行政建築家の構想』（共著 学芸出版社）など。

未来へ手渡す HOUSING POLICY
大阪　住宅・まちづくり政策史

2016年8月10日　初版第1刷

著　者　北山啓三
発行者　足立泰二
発行所　大阪公立大学共同出版会（OMUP）
　　　　〒599-8531 大阪府堺市中区学園町1-1
　　　　大阪府立大学内
　　　　TEL. 072-251-6533
　　　　FAX. 072-254-9539

装　丁　堀内仁美
印刷所　株式会社　国際印刷出版研究所

©2016 by Keizo Kitayama,Printed in Japan
ISBN978-4-907209-61-2

OMUPの由来

大阪公立大学共同出版会（略称OMUP）は新たな千年紀のスタートとともに大阪南部に位置する5公立大学、すなわち大阪市立大学、大阪府立大学、大阪女子大学、大阪府立看護大学ならびに大阪府立看護大学医療技術短期大学部を構成する教授を中心に設立された学術出版会である。なお府立関係の大学は2006年4月に統合され、本出版会も大阪市立、大阪府立両大学から構成されることになった。また、2006年からは特定非営利活動法人（NPO）として活動している。

Osaka Municipal Universities Press (OMUP) was established in new millennium as an association for academic publications by professors of five municipal universities, namely Osaka City University, Osaka Prefecture University, Osaka Women's University, Osaka Prefectural College of Nursing and Osaka Prefectural College of Health Sciences that all located in southern part of Osaka.
Above Prefectural Universities united into OPU on April in 2005. Therefore OMUP is consisted of two universities, OCU and OPU. OMUP was renovated to be a non-profit organization in Japan since 2006.